상식 밖의 부자들

BUSINESS BRILLIANT

10년간 1,000명의 백만장자들을 통해 본 새로운 부의 공식 7

상식 밖의 부자들

루이스 쉬프 지음 | 임현경 옮김

청림출판

한 그루의 나무가 모여 푸른 숲을 이루듯이
청림의 책들은 삶을 풍요롭게 합니다.

불황, 격차, 원칙을 넘어
부를 만드는 특별한 상식 7

미식축구는 전사들의 경기다. 매 경기마다 무승부 없이 승자와 패자
가 결정되는데, 이것이 바로 수많은 팬들이 미식축구에 열광하는 이
유다. 이러한 미식축구만의 특성을 누구보다도 제대로 이해하고 있
던 사람은 바로 워싱턴 레드스킨스^{Washington Redskins}의 전설적인 코치
조 깁스^{Joe Gibbs}였다. 누구보다 승리에 대한 열망이 넘쳤던 깁스는 경
기 시즌만 되면 집에 가지 않고 잠도 사무실에서 잘 정도로 경기 준
비에만 전념했다. 그러한 노력이 있었기에 슈퍼볼에서 수차례 승리
할 수 있었고 평균 승률 0.683이라는 기록을 세울 수 있었다. 이 덕
분에 그는 미식축구 명예의 전당에 이름을 올리게 되었으며, 어디
를 가든 레드스킨스 팬들의 사랑을 받을 수 있었다. CBS 방송국의
유명한 NFL^{National Football League}(미국의 프로 미식축구 리그) 분석가이

자 깁스와 함께 레드스킨스의 단장으로 활약했던 찰리 캐설리[Charley Casserly]는 그를 '누구도 부정할 수 없는 리그 역사상 최고의 코치'라 칭했다.

성공적인 팀을 만들기 위해서는 재능 있는 유망주를 발굴하는 것이 중요하다. 깁스 역시 NFL의 다른 팀 코치들과 마찬가지로 차세대 유망주를 찾아 미국 전역의 미식축구장을 샅샅이 뒤졌다. 하지만 깁스는 선수들의 잠재력을 측정하기 위해 당시 널리 사용되었던, SAT[Scholastic Aptitude Test](미국 수학능력시험)가 포함된 전통적인 적성 검사에는 한계가 있음을 절실히 느꼈다. 캐설리는 이렇게 말했다. "우리는 교육적인 성과에 중점을 두지 않는 검사를 찾고 있었습니다." 즉, 그들은 순간의 판단에 따라 승패가 나뉘는 경기 상황에서는 거의 쓸모 없는 읽기와 쓰기 능력에 중점을 두지 않는 검사를 찾고 있었다.

1984년에 깁스는 시력 전문가 해리 와치스[Harry Wachs], 조지워싱턴대학교의 시력 측정 의사 론 버저[Ron Berger]와 함께 미식축구에서 두각을 나타내는 데 꼭 필요한 재능을 정확히 측정할 수 있는 새로운 검사 개발에 착수했다. 새로운 검사를 개발하기 위해 깁스는 먼저 최고의 선수들 4명을 와치스와 버저에게 소개했다. 이들은 깁스가 보기에 모든 시합에서 최고의 역량을 발휘하는 법을 본능적으로 알고 있었던 선수들로, 새로운 검사 대상으로 적합했다. 이들이 개발한 와치스-버저 검사[Wachs-Berger test]는 시력, 신체 조정 능력, 적극성, 그리고 스트레스 환경에서도 침착할 수 있는 능력을 평가하는 것으로, 이후 레드스킨스의 선수 선발에 큰 도움이 되었다. 전통적인 검사가 단순한 일상적 상황에서의 사고 능력만을 평가했던 데 반해 와치스-버저 검사는 경기 도중의 사고 능력 또한 평가할 수 있었기 때문이다. 캐설리는 이렇게 말했다. "선수가 방어를 하고 있다고 해봅시다. 심판의 신호와 함께 선수들이 움직이기 시작합니다. 그와 동시에 모든 선수가 상황에 맞게 역할을 바꿔야 하고, 선수들은 그 모든 변화를 눈앞에 그려볼 수 있어야 합니다." 레드스킨스의 선수 선발팀은 눈앞의 선을 비뚤게 보여주는 고글, 작은 블록들, 다양한 크기의 둥근 플라스틱 조각 등 여러 독특한 품목들로 구성된 와치스-버저 검사 도구를 들고 미국 전역을 누볐다. 레드스킨스 선발팀이 와치스-버저 검사를 통해 선수들을 선발하기 시작한 후로 레드스킨스는 깁스 코치의 지도 아래 1988년과 1992년 두 차례에 걸쳐 슈퍼볼 우승컵을 거머쥐었다.

와치스는 그 검사에 대해 〈로스앤젤레스 타임스Los Angeles Times〉에 이렇게 말했다. "전 세계 어디에서든 그 검사로 인간의 잠재력을 측정할 수 있을 겁니다." 깁스도 이에 동의했지만 그는 단 한 가지에만 집중했다. 바로 미식축구 경기에서의 승리였다. 깁스는 전반적으로 똑똑한 선수가 누구인지는 알 필요가 없었다. 그가 원한 것은 미식축구를 할 때 똑똑한 선수, 바로 '풋볼 브릴리언트football brilliant'였다. 깁스는 그 검사를 통해 선수들이 정말로 '풋볼 브릴리언트'인지 아닌지 판별할 수 있다고 믿었다.

깁스가 경기장에서 빛나는 선수를 만드는 요인이 무엇인지 밝혔던 것과 마찬가지로 나는 이 책에서 평범한 사람들과 다른 상식으로 부를 창조하고 사업을 키우는 사람들, 즉 '비즈니스 브릴리언트business brilliant'가 되기 위해서는 무엇이 필요한지를 탐구할 것이다.

여러분은 비즈니스 브릴리언트 역시 풋볼 브릴리언트와 마찬가지로 아이큐나 교육 수준과는 거의 관련이 없다는 사실을 곧 알게 될 것이다. 그 예로 재무제표를 볼 줄 몰랐던 영국 버진 그룹Virgin Group의 회장 리처드 브랜슨Richard Branson이 어떻게 억만장자가 되었는지, 고등학교 졸업장이 전부였던 서커스 광대 기 랄리베르테Guy Laliberté가 어떻게 '태양의 서커스Cirque du Soleil'를 만들어 오늘날 세계적인 부자가 되었는지도 살펴볼 것이다.

더불어 이 책에서 논의할 7가지 비즈니스 브릴리언트 원칙을 통해 자기 자신에 대해 더 잘 알 수 있게 될 것이다. 그리고 자신의 열정을 따르는 것만큼 돈을 따르는 것도 중요하다는 사실을 알게 될 것이다.

또한 반짝이는 아이디어보다는 바로 옆자리의 동료가 성공에 더 도움이 될 수 있다는 사실, 인간관계를 더 넓힐 것이 아니라 더 좁혀야 하는 이유, 그리고 경제적 자유를 누리고 성공하기 위해서는 자신이 특별히 잘하는 몇 가지에 집중하는 것이 중요하다는 사실을 알게 될 것이다. 마지막으로 실패 그 자체는 전혀 나쁜 것이 아니지만, 흔히 사람들은 어떤 일에 실패했을 때 새로운 것에 눈을 돌리며 억지로 실패의 경험을 부정하고 밀어내려고 하기 때문에 실패가 나쁜 것이 되어버린다는 사실을 알게 될 것이다. 실패해도 과감하게 다시 시작하는 것, 일단 행동하는 것이 얼마나 중요한지 깨달을 것이다.

이 책에서 논의할 7가지 원칙은 나 혼자서 생각해낸 것이 아니다. 그 원칙들은 수년간의 독창적인 연구와 세심한 분석, 실패에도 굴하지 않고 다시 행동하는 적극성, 그리고 수많은 사람들의 도움이 있었기에 만들어질 수 있었다. 사실 여러분의 손에 들린 이 책이 바로 비즈니스 브릴리언트 원칙의 성과이자 러스 프린스^{Russ Prince}라는 멋진 친구와 내가 힘을 모아 함께 시작한 프로젝트의 결과물이다.

이 책이 부를 창출하는 부자의 탁월한 재능과 상식을 발견하고 따르는 데 도움이 되길 바란다.

차례

서문 불황, 격차, 원칙을 넘어 부를 만드는 특별한 상식 7 • 5

1장 부자와 우리는 무엇이 다른가

부자가 될 준비가 되어 있는 사람들 • 17

부자의 상식은 전혀 다르다 • 22

돈을 부르는 7가지 황금 원칙 • 25

착실하게 살아라, 확실하게 파산하고 싶다면! • 29

2장 부자는 돈도, 좋아하는 일도 놓치지 않는다

열정과 의욕만으로는 부자가 될 수 없다 • 39

일단은 최선을 다해 돈을 좇아라 • 44

가장 좋아하는 일을 하면서 돈 버는 수단을 챙기는 법 • 50

월급의 달콤함에 속지 마라! • 56

다른 사람들은 지나치는 기회를 발견하는 법 • 64

3장 부자는 동전을 세지 않는다

절약은 좋은 습관이지만, 부자 되는 방법은 아니다 · 71

지출을 줄이지 않고 수입을 늘리는 법 · 74

우물쭈물하다가는 아무것도 얻지 못한다 · 77

부자는 더 요구하고, 잘 요구한다 · 85

아무도 내 돈을 따로 챙겨주지 않는다 · 89

4장 부자는 혁신가가 아닌 모방가다

부의 원칙을 다시 세운 빌 게이츠의 방식 · 97

선두가 놓친 공을 들고 뛰어라 · 105

반짝이는 아이디어보다 빠른 행동력이 필요하다 · 110

강자의 등에 올라타야 돈을 번다 · 114

평범한 아이디어가 가진 놀라운 힘 · 120

사소한 차이가 부의 격차를 만든다 · 125

모방을 뛰어넘어 돈 버는 상식을 가져라 · 129

5장 부자는 친구를 많이 두지 않는다

부자는 이기는 게임만 한다 • 137

'노하우Know-how'보다 '노후Know-who'가 중요하다 • 144

곁에 있는 비공식 투자자를 찾아라 • 148

부자일수록 핵심 네트워크는 작다 • 154

부자를 더 부자로, 가난한 사람을 더 가난하게 만드는 네트워크의 힘 • 158

6장 부자는 더 좋은 인상이 아닌 더 많은 돈을 남긴다

협상의 가장 좋은 무기는 최소 관심의 원칙 • 167

부자들이 원하는 것을 잡는 3W 협상 공식 • 175

부자는 상대방의 입장을 고려하지 않는다 • 185

협상에서 성공했을 때 부를 가질 수 있다 • 189

7장 부자는 절대 혼자 일하지 않는다

난독증 덕분에 억만장자가 된 사람들 • 199

누구에게 맡겨도 나보다는 잘한다고 생각하라 • 204

약점에 신경 쓰면 더 약해질 뿐이다 • 209

누군가 당신을 배신해도 옆의 사람을 믿어라 • 214

오늘도 일만 했다면? 더 큰 부를 만들지 못한다! • 221

경제적 자유를 얻고 은퇴하는 삶을 살아라 • 226

8장 부자는 일단 실패하고 다시 시작한다

처음부터 부자인 사람은 없다 • 233

실패의 경험은 더 큰 돈으로 돌아온다 • 238

웅덩이에 빠지면 더 들어가라 • 244

부자는 시행착오로 찾은 퍼즐 한 조각에 집중한다 • 250

실패는 부를 얻기 위한 필수 조건 • 259

부자를 만드는 상식 밖의 도구 17

STEP 1 학습 • 275

STEP 2 수입 창출 • 284

STEP 3 지원 • 293

STEP 4 인내 • 302

감사의 글 경제적 자유를 보장하는 새로운 이정표를 찾아서 • 309

1장

부자와 우리는
무엇이 다른가

부자가 되고 싶은가? 평범한 사람도 부자도 모두 돈에 대해 건전한 관심을 보였다.
두 집단은 '충만한 삶을 위해서 돈이 꼭 필요하다'는 생각에 비슷한 응답률을 보였다.
그런데 왜, 누군가는 부자가 되고, 누군가는 그렇지 않을까?
부자가 된 이들은 무엇이 남다른가?

BUSINESS BRILLIANT

부자가 될
준비가 되어 있는 사람들

누구나 뛰어나게 돈을 잘 버는 사람 한 명쯤은 알고 있을 것이다. 그런 사람들은 마치 돈 버는 재능을 타고난 것처럼 보인다. 혹은 돈을 벌 수 있는 기회가 그들을 따라다니는 것 같기도 하다. 그들은 자신에게 꼭 필요한 사람이 누구인지 언제나 정확히 알고 있으며, 엄청난 위기 상황에서도 손해를 보기보다는 이득을 얻는 경우가 훨씬 많다.

지난 25년 동안 러스 프린스는 전 세계에서 가장 부유한 사람들을 대상으로 그들의 행동 뒤에 숨은 비밀을 밝혀내기 위해 노력했다. 깁스가 최고 선수들의 경기 모습을 낱낱이 분석해 풋볼 브릴리언트의 기본 요소를 밝혀냈던 것과 흡사한 방법이었다. 두꺼운 안경테를 쓰고 큰 키에 호리호리한 체격으로 1980년대에 홍콩에서 이종격투기 선수로 활약했던 프린스는 지금 코네티컷 외곽에 위치한 4,000제곱미터에 달하는 보안이 철저한 복합 단지에서 부자 고객들을 만나고 있다.

경쟁이 심한 이종격투기에 심취했던 시절, 프린스는 아시아 최고 부호로 손꼽히는 사람을 만나 친분을 쌓게 되었는데, 그 후로 그는 대부분의 사람들이 결코 범접하지 못할 부의 왕국에 발을 들여놓게 되었다. 그리고 이 일을 계기로 그는 성공을 이룬 사람들의 개인적인 신념과 습관들에 대한 연구를 시작했다. 아마 그는 전 세계의 그 어떤 사회과학자들보다 억만장자들과 깊이 있는 대화를 더 많이 나누었을 것이다.

"제 학교 성적은 엉망이었습니다." 프린스는 브루클린 지역의 억양이 강하게 남아 있는 말투로 이렇게 말했다. 그의 말투에는 엄청난 부와는 전혀 상관없던 브루클린 카나르시 지역에서 보낸 어린 시절이 그대로 담겨 있었다. "하지만 어떻게 하면 부자가 될 수 있는지는 알고 있죠."

일생에 걸친 연구 끝에 프린스는 부를 축적하기 위해서라면 무엇이든 할 용의가 있는 전 세계에서 가장 부유한 가문들의 코치, 즉 '웰스 위스퍼러Wealth whisperer'가 되었다. 프린스는 이미 엄청난 부를 소유하고 있는 고객들에게 보통 사람들은 상상조차 할 수 없는 재정적인 목표를 어떻게 달성할 것인지를 지도한다. 해마다 미국에서 가장 부유한 사람 400명을 발표하는 〈포브스Forbes〉의 '400대 부자' 목록에 이름을 올리는 것과 같은 목표 말이다.

나는 수년에 걸친 프린스의 성공적인 코치 활동에 감명을 받아 그에게 이 책을 집필할 수 있도록 부자들의 숨겨진 비결을 알려달라고 부탁했다. 미식축구에서 천재적인 선수를 만드는 요소를 발견했던 깁스와 마찬가지로 모든 사업 기회를 최대한 활용해 부를 창조하고 자수성가한 사람들을 만드는 요인이 무엇인지 밝혀내고 싶었다.

프린스와 나는 오랫동안 알고 지낸 사이였다. 우리는 초콜릿밀크셰이크를 마시며 부를 창조하는 기술이 과연 배워서 얻을 수 있는 것인가에 대해 수차례 열띤 토론을 했을 뿐만 아니라, 재무상담사들이 부유한 고객들의 돈을 어떻게 불려야 하는지에 대한 교육 과정을 함께 개발하기도 했다.

그리고 프린스와 나는 또 다른 프로젝트를 위해 힘을 모았고, 그 성과로《부의 영향력The Influence of Affluence》이라는 책을 공동 집필했다. 그 프로젝트는 프린스보다는 내 관심 분야에 걸맞았는데, 바로 금융권에서 '대중부유층Mass Affluent'이라고 부르는 집단이자 우리가 '자수성가한 백만장자'라고 부르는 집단에 관한 내용이었다.

우리는 평범한 가정에서 자라 자수성가하여 백만장자가 된 사람들의 사고방식과 행동 양식, 구매 의사결정에 대해 자세히 알고 싶었다. 그래서 부모로부터 증여 또는 상속받은 재산이 전혀 없거나 아주 적으며, 현재 순자산이 100만 달러에서 1,000만 달러 사이인 사람들로 조사 대상을 제한했다. 그리고 비교를 위해 평균 연봉이 5만 달러에서 8만 달러 사이로, 미국 가계소득 상위 25퍼센트를 차지하는 중산층 가정 표본 집단에도 같은 질문을 했다.

우리는 연구 초기 단계에서부터 보유 자산이 상위 10퍼센트에 해당하는 자수성가한 백만장자들이 중산층 사람들보다 더 똑똑한 것은 결코 아니라는 사실을 발견했다. 사실 보유 자산의 엄청난 차이에도 불구하고 두 집단의 교육 수준이나 가치관은 서로 몹시 비슷했던 것이다.

두 집단 모두 90퍼센트 정도는 전문대 이상을 졸업했으며, 그중 최소 40퍼센트는 학사 학위를 소지하고 있었다. 또한 두 집단 모두 75퍼센트 정도가 결혼을 했고, 그중 65퍼센트 정도는 재혼 가정이었다. 중산층 가정의 자녀수가 평균적으로 조금 더 많기는 했지만, 가정을 이룬 두 집단 모두 95퍼센트 이상은 적어도 1명 이상의 자녀가 있었다.

재정적인 희망 사항도 비슷했다. 중산층 집단과 자수성가한 백만장자 집단 모두 응답자 중 대다수가 돈에 대한 건전한 관심을 보였다. 두 집단은 "돈보다는 사랑과 건강이 더 중요하다"라는 질문과 "충만한 삶을 위해서는 돈이 꼭 필요하다"라는 질문에 대해서도 비슷한 응답률을 나타냈다.

또한 두 집단 모두 85퍼센트 이상의 사람들이 "돈으로 행복을 살 수 있다"는 명제에 동의했다. 다시 말해, 대부분의 응답자들이 삶의 행복과 만족을 위해서는 돈이 중요하다고 생각하고 있었다.

반면 두 집단의 결정적인 차이는 돈을 버는 가장 좋은 방법에 대한 믿음에서 드러났다. 중산층 응답자들은 대부분 "좋아하는 일을 하면 돈도 따라올 것이다"라고 답했다. 하지만 자수성가한 백만장자들 중 그렇게 답한 사람은 단 2퍼센트밖에 되지 않았다. "사소한 지출을 줄이는 것이 중요하다"라는 명제에 대해서도 중산층 응답자들은 대부분 그렇다고 답했지만, 자수성가한 백만장자들은 결코 그렇게 생각하지 않았다.

또한 중산층의 대다수는 "자기 자산으로 투자하기", "수입 창구 다각화하기", "성공을 위한 태도 갖추기", "백만장자처럼 생각하기" 등이 재정적 안정을 확보하는 데 중요하다고 답했다. 그러나 이 각각의 명제에 대해 자수성가한 백만장자들은 이렇게 답했다. "아니다", "아니다", "아니다", "아니다".

자세히 살펴보니 자수성가한 백만장자들의 우선순위는 그와 아주 달랐다. 그들은 성공하고 싶다면 주인 의식을 발휘해 일하고, 투자자를 모으기 위해 다른 사람들을 설득할 수 있어야 하며, 중요한 사람들을 알아야 하고, 실수에서 배우는 것이 다른 어떤 것보다도 중요하다고 확신하고 있었다. 하지만 중산층은 대부분 이에 대해 대수롭지 않게 여기고 있었다.

우리는 두 집단 간의 극명한 차이에 깜짝 놀랐다. 한편으로는 안타까운 일이기도 했다. 어쨌든 일반적인 응답자 중 대다수가 재정적으로 성공하고 싶다고 말하지 않았는가. 그들은 가족의 안녕과 개인의 행복을 위해 더 많은 돈을 벌고 싶어 했다.

하지만 재정적으로 성공하는 방법에 대한 그들의 사고방식은 '실제로 재정적 성공을 이룬' 사람들의 사고방식과는 몹시 달랐다. 멀리 있는 도시까지 반드시 가야 한다고 하면서도 고속도로는 타지 않겠다고 버티는 사람을 생각해보라. 그것이 바로 평범한 사람들의 모습이라고 생각했다.

부자의 상식은
전혀 다르다

프린스와 나는 자수성가형 백만장자 집단에 대한 프로젝트 결과를 검토하면서 많은 사람들이 부유한 사람들을 자신과 다른 종류의 인간, 돈을 버는 데 특출한 재능이나 능력을 타고난 사람, 남다른 상식을 갖고 있는 사람이라고 생각하는 이유를 확실히 알게 되었다. 와치스-버저 검사가 전통적인 적성검사로는 측정하지 못했던 풋볼 브릴리언트로서의 능력을 측정할 수 있었던 것과 마찬가지로, 우리의 프로젝트 역시 일반적인 사람들과 같은 위치에서 시작해 백만장자가 된 사람들의 실질적인 습관과 태도를 밝혀낼 수 있었다.

결론부터 말하자면 많은 응답자들이 백만장자들은 알고 있는 부를 창조하는 방법을 전혀 모르고 있었다. 재정적으로 성공하는 방법이 많은 사람들에게 여전히 수수께끼인 이유는 아마도 프린스와 그의 고객들이 부를 쌓아온 과정이 흔히 생각하는 '돈이란, 안정적으로 꾸준히 모아야 하는 것'이라는 개념과 완전히 다르기 때문이다.

이후에 나는 프린스에게 '비즈니스 브릴리언트 설문조사'라는 또 다른 조사를 의뢰했다. 그 조사는 우리 두 사람이 전에 함께 진행했던 프로젝트와 비슷했지만, 이번에는 프린스의 성공적인 지도 방법을 토대로 작성한 더 많은 질문이 포함되었다.

우리는 성공하기 위해 필요한 요소가 무엇인지 세세한 부분까지 깊이 있게 파악해보고 싶었고, 앞서 언급했던 백만장자들에 대한 잘못된 견해가 바뀔 가능성은 없는지도 살펴보고 싶었다. 질문에는 목표 설정, 개인의 자율성, 업무 습관, 사업상 인간관계, 은퇴 설계 등에 대한 내용이 포함되었다.

우리는 이전 프로젝트 대상이었던 두 집단과 더불어 다른 두 집단을 추가했다. 순자산이 1,000만 달러에서 3,000만 달러 사이인 자수성가형 백만장자 집단과 순자산이 3,000만 달러 이상인 자수성가형 백만장자 집단이었다. 우리는 기본적으로 어떤 신념과 행동이 평범한 이들과 부유한 이들을 판가름하는지 알아보고 싶었으며, 거기서 더 나아가 어떤 요소가 재산이 100만 달러에서 1,000만 달러 사이 정도인 부유한 사람들과 '정말로 돈이 넘쳐나는 굉장한 부자'의 차이를 가져오는지도 알아보고 싶었다.

그 프로젝트의 결과물인 이 책에는 21세기 부 창조에 관한 신화를 파헤치려는 내 노력이 담겨 있다. 나는 깁스가 사용했던 방법으로, 그리고 프린스가 부유한 고객들과 함께 성취한 결과를 낱낱이 해부해 이를 통계학적으로 의미 있는 미국인들에게 적용해봄으로써 7가지 확실한 원칙을 밝혀냈다. 이는 평범한 가정에서 태어난 사람들에게 '비즈니스 브릴리언트'라고 불릴 수 있을 만한 부를 가져다주는 원칙이다. 여러분은 이 7가지 원칙과 이해를 돕기 위해 곁들인 몇 가지 사례들을 통해 지금과 같은 불안한 시대에 재정적으로 성공하기 위해 반드시 필요한 요소가 무엇인지 깨닫게 될 것이다. 흔히 행운은 전혀 예기치 못한 순간에 우연히 다가오는 것이라고 생각하기 쉽지만, 이 책은 행운이 우연이 아니라 보이지 않는 곳에서 작용하는 시너지 효과로 생겨나는 것이라는 사실을 알려준다. 기본 요소를 숙지하고 쉽게 따라할 수 있는 실천 단계를 차근차근 밟아나가다 보면, 멀게만 느꼈던 행운의 기회와 행복한 우연을 만나게 될 것이다. 삶을 꾸려가는 방법에서부터 어떤 재능을 발전시켜야 하는지, 그리고 업무 조건을 어떻게 재정비해야 하는지에 관한 요소들이 곧 당신이 얼마만큼 성공할 수 있는지를 결정할 것이다.

그렇다고 이 책을 읽는 모든 사람들이 백만장자가 될 수 있을까? 물론 아니다. 프린스 역시 평범한 사람들이 부를 창조하는 기술을 배워 얼마나 적용할 수 있을지에 대해 우려했다. 그러나 이 책은 충분한 교육을 받고 지적 호기심이 왕성하며 지금까지 각자의 인생 규칙에 따라 만족스러운 삶을 살아왔지만, 그 규칙의 신통한 효과가 더 이상 나타나지 않는 수백만 명의 사람들에게 새로운 전환점을 마련해줄 것이다.

그런 사람들은 이 책에서 제시하는 비즈니스 브릴리언트가 되기 위한 원칙의 3분의 1만 숙지해도 바로 수입이 오를 거라고 장담할 수 있다. 그리고 비즈니스 브릴리언트 원칙 전부를 이해하고 실천하는 사람은 프린스의 고객이 될 수 있을 정도로 부를 쌓을 수 있을 것이다. 하지만 그 전에 명심해야 할 것이 있다. 습관을 바꾸고 이를 날마다 실천할 수 있어야만 꿈꿔오던 재정적 성공을 이룰 수 있다는 점이다. 그리고 너무 쉬워 보일 수도 있지만, 단순하고 평범한 방법이 어떻게 재능과 교육, 훈련이라는 전통적인 개념보다 훨씬 확실하게 기적과 같은 결과를 가져올 수 있는지를 보여주는 사례가 있다. 바로 자동차 산업의 무결점 공정 방식을 도입해 전례 없는 비율로 중환자실 환자들의 목숨을 구한 피츠버그의 한 병원 이야기다. 이 이야기를 통해 당신은 평범함의 마법을 목격할 수 있을 것이다. 그리고 이와 같은 마법이 왜 늘 일어나는 것은 아닌지, 어째서 수많은 성공 비결들이 안타깝지만 여전히 비밀로 남아 있을 수밖에 없는지도 알게 될 것이다.

돈을 부르는
'7'가지 황금 원칙

2003년 5월, 리처드 섀넌Richard Shannon 박사는 많은 사람들이 절대 불가능하다고 여겨왔던 프로젝트에 착수했다. 피츠버그에 있는 앨러게니Allegheny 종합병원 원장이었던 섀넌은 중환자실 의사들에게 환자의 생명을 위협하는 감염을 완전히 근절하라는 임무를 맡겼다. 해마다 수만 명의 입원 환자들이 감염으로 목숨을 잃는다. 하루 250명꼴이라고 추산하기도 하는데, 이는 피츠버그에서 유방암, 비행기 추락, 자동차 사고, 에이즈로 인한 하루 사망자 수를 합한 것보다 더 많은 수다. 수많은 돈과 목숨이 이처럼 무의미하게 사라지는 문제를 해결하기 위해 셀 수 없이 많은 의학 학회가 열렸으며, 병원 관리자들 또한 감염을 줄이기 위해 할 수 있는 모든 일을 다 하고 있다고 주장한다. 하지만 그 어떤 병원도 감염률 제로에 도전해보겠다는 시도조차 하지 못했다.

그보다 한 해 앞서 섀넌은 지역 의료협력단에서 보건 의료 서비스 전달 체계에 도요타Toyota의 자동차 제조 공정을 도입하는 내용의 5일짜리 단기 교육 과정을 이수했다. 처음에 그는 과연 수없이 다양한 질병에 걸린 환자들의 치료에 규격화된 부품을 사용하는 단순한 공장 방식을 적용할 수 있을지에 대해 몹시 회의적이었다.

하지만 교육 과정이 끝날 무렵 그는 확신에 차 있었다. 그는 완벽함을 강조하는 도요타의 품질 관리 체계를 의료 분야에도 적용할 수 있을 뿐만 아니라 삶의 질을 높이기 위해 노력하는 모든 분야에 반드시 필요한 것으로 여겼다.

중환자실 환자들은 동맥에 튜브를 삽입하는 과정에서 감염될 확률이 가장 높다. 이를 '중심정맥도관 패혈증'이라고 한다. 2003년 앨러게니 종합병원의 중환자실 두 곳에서 47명의 환자가 중심정맥도관 패혈증에 감염되었고, 감염 환자 중 19명이 목숨을 잃었다. 섀넌은 중환자실 두 곳 모두에 도요타의 제조 공정에서 착안한 수술 방식을 도입하고 싶었다. 섀넌의 목표는 90일 안에 감염 사망률 제로를 만드는 것이었다.

도요타 방식은 우수한 품질, 공정의 효율성, 지속적인 개선 등을 강조하는 14가지 원칙 위에 세워진 전설적인 경영 철학이다. 이 14가지 원칙에서는 특히 공정을 규격화하고 체계화하는 것을 중요시하며, 문제가 발생하면 그 즉시 드러날 수 있도록 관리 기법을 시각화한다. 그래서 문제 발생 시에는 모든 작업자가 작업을 중단하고 실수가 무엇이었는지 분석하여 표준 절차에서 벗어난 결함이나 편차를 해결한다. 앨러게니 종합병원은 환자들이 병원 내에서 어떤 경로로 감염이 되는지 조사해본 적이 없었다. 처치 기준은 있었지만 의사와 간호사는 각자 자기만의 전문적인 소견을 바탕으로 튜브를 교환하고 상처를 소독해왔다. 감염 경로를 추적할 수 있는 시스템은 물론이고 의심되는 원인을 보고하는 시스템조차 없었다.

하지만 도요타 방식을 적용하면서 그 모든 것이 변했다. 먼저 튜브 삽입을 위한 소독 도구가 규격화되었고, 감염의 예방·관찰·치료의 모든 단계 또한 체계화되었다. 다른 기관에서 이송되어 온 환자에게도 통일된 절차에 따라 새로운 튜브를 삽입했다. 감염 사례를 검토하면서 쇄골 하부 동맥에 튜브를 삽입할 때 감염률이 훨씬 낮다는 사실이 밝혀졌기 때문에 대퇴동맥 주변의 튜브는 가능하면 피하도록 했다.

앨러게니 종합병원의 모든 의료진은 어느 한 사람 빠짐없이 그 새로운 기준을 준수해야만 했다. 한번은 방사선과에서 바쁘다는 이유로 표준화된 과정에 따른 새 튜브 삽입을 거부하자 간호사가 즉각 치료를 멈추고 섀넌에게 전화를 했다. 그로부터 2시간이 채 지나기 전에 방사선과 과장은 직접 튜브를 갈아 끼워야만 했다.

감염률에 대한 도요타 방식의 효과는 즉각 나타났다. 한 달도 되지 않아 중심정맥도관 패혈증 감염 수치는 급격히 감소했고, 앨러게니 종합병원은 불가능을 가능으로 만들어나가기 시작했다. 한 달만에 감염률 제로에 도달한 것이다. 도요타 방식을 적용했던 첫해에 발생한 감염 환자 수는 6명에 불과했고, 그로 인해 사망까지 이른 환자는 단 1명뿐이었다. 그 직전 해의 감염 환자는 47명, 그로 인한 사망자는 19명이었다. 이에 관한 후속 연구에 따르면 앨러게니 종합병원은 도요타 방식을 도입함으로써 50만 달러의 의료비를 절감할 수 있었고, 이와 같은 감염 통제를 병원 전체에서 실시할 경우에는 100만 달러를 아낄 수 있었다. 그 후로 3년 동안 앨러게니 종합병원의 중환자실 감염률은 극히 낮은 수준으로 유지되었다. 감염률 제로가 새로운 기준이 된 것이다.

앨러게니 종합병원의 사례를 통해 우리는 2가지 흥미로운 사실을 발견할 수 있다. 첫째는 감염률 문제를 해결하기 위해 중환자실에 경험이 많고 능력 있는 새로운 인물을 영입할 필요가 없었다는 점이다. 대부분의 직장에서는 어떤 부서에 문제가 생기면 보통 다음과 같은 결론을 내린다. '부서를 이끌 새 인물이 필요하다. 대대적인 인사이동을 단행하자.' 하지만 문제는 능력이 아니었다. 섀넌은 19명의 환자를 감염으로 잃었던 당시의 그 의료진을 그대로 데리고서 최상의 결과를 만들어냈다.

두 번째는 도요타 방식이 치료 방법의 혁신 또한 필요로 하지 않았다는 점이다. 섀넌은 병원 측에 값비싼 레이저 기기, 의학용 카메라, 로봇 등에 투자하라고 요구하지 않았다. 물론 튜브를 삽입하고 소독하는 방법은 표준화했지만, 그 방법 또한 새롭게 익혀야 할 낯선 기술은 아니었다.

이 점에 대해 잠시 생각해보자. 고등교육을 받은 고도로 숙련된 전문 의료진이 단순한 실수로 한 달에 1명 이상의 환자를 잃는다. 인력 충원도, 추가 훈련도, 최고의 기술도 사망자 수를 줄이지는 못했을 것이다. 필요한 것은 오직 최상의 방법을 충실히 따를 때 발생하는 시너지Synergy였다. 앨러게니 종합병원이 채택했던 도요타 방식은 아주 기초적이고 이해하기 쉬운 것으로, 이 방식을 이용하면 전 세계의 자동차 공장에서 중학교 정도의 교육만 받은 노동자들도 완벽한 자동차를 만들어낼 수 있다.

그렇다면 앨러게니 종합병원에서 새로 도입한 여러 단계의 처치 과정 가운데 환자들의 목숨을 살리는 데 가장 중요한 단계는 무엇이었을까? 정답은 아무도 모른다. 그것이 바로 시너지를 불러일으키는 모든 시스템의 마법이다. 도요타 방식도, 깁스의 선수 선발 검사도, 그리고 이 책에서 언급할 비즈니스 브릴리언트 원칙도 마찬가지다. 반복 가능한 일련의 행동 양식을 (완벽하지는 않더라도) 날마다 충실히 이행한다면, 상상조차 할 수 없었던 엄청난 결과를 얻을 수 있을 것이다.

착실하게 살아라, 확실하게 파산하고 싶다면!

2008년 경제 위기 전후로 미국의 가계 순자산은 점점 감소했다. 인구조사국은 미국인들이 2005년에서 2010년 사이에 가계 순자산의 3분의 1 이상을 잃었을 거라고 추정했다. 또한 화이트칼라 실업률은 1983년 경기 불황이 시작된 이래 보기 힘들었던 6퍼센트 대를 유지했다. 이러한 화이트칼라 실업률 뒤에는 혹여 일자리를 잃지는 않을지, 자신이 선택한 직종과 직장에서 오랫동안 살아남을 수 있을지 걱정하고 있는 수백만 명의 직장인이 있다.

2009년 2월, 비즈니스 브릴리언트 설문조사를 진행하고 있을 당시 월스트리트는 한없이 추락하고 있었다(주식시장은 그해 3월 9일, 14년 만에 최저를 기록했던 그때로 치닫고 있었다). 주변의 모든 사람들이 날마다 얼마나 많은 돈을 잃었는지 한탄하고 있었기 때문에 우리는 조사 결과가 과연 어떻게 나올지 예측조차 할 수 없었다. 그와 같은 엄청난 투자 손실은 각각의 집단에 어떤 영향을 끼쳤을까? 조사 결과, 프린스와 나는 부의 격차가 더 벌어지고 있음을 발견했다. 2009년 초의 시장 붕괴는 두 집단의 격차를 더 굳건하게 만들었고 중산층과 자수성가한 백만장자들의 소득 차이는 그 어느 때보다 더 커 보였다.

더불어 프린스가 자문을 맡고 있는 고객들의 놀라운 성과는 비즈니스 브릴리언트 원칙들을 널리 알려야 한다는 내 조급함을 부채질했다. 나는 우리 시대의 위대한 성공 사례들에서 비즈니스 브릴리언트의 징후를 밝혀내고 싶었고, 그래서 계속해서 그 작업을 해왔다. 하지만 다들 알다시피 성공 사례의 주인공들은 보통 자신의 성공 비결을 전부 알려주지 않거나 감추려고 하기 때문에 이는 쉽지만은 않은 작업이었다.

나는 이 책을 통해 누구나 하나쯤은 알고 있는 부의 창조에 관한 신화를 깨뜨리고 자수성가한 백만장자들과 억만장자들이 쉽게 털어놓지 않는 그들의 성공 비결을 말해줄 것이다. 미국의 경제 월간지 〈Inc.〉에서 발표하는 'Inc. 5000(미국에서 가장 급성장하고 있는 유한회사 목록)'의 기업 설립자들은 대부분 예전 상사의 아이디어를 슬쩍 본떠 자기만의 사업을 시작했다고 털어놓았다. 하지만 그와 같은 사실은 좀처럼 알려지지 않는다.

그리고 이 책의 마지막에서는 자수성가한 백만장자들의 훌륭한 생활 습관을 정리한 4단계 프로그램을 제안할 것이다. 이 프로그램을 따르기 위해서는 먼저 비즈니스 브릴리언트 원칙에 관한 신념이 필요하다. 생활 습관 4단계를 전부 명심하고 그에 따른 17가지 항목을 하나씩 차근차근 실행하다 보면 여러분의 수입도 훌쩍 뛰어오를 것이다.

물론 돈과 같이 일상적이면서도 자극적인 주제에 대해서 낯선 정보에 저항하는 것은 인간의 본능이다. 앨러게니 종합병원의 감염률 제로 성과에 대해 다른 의료 기관들이 보인 냉담한 반응을 예로 들어보자.

대부분의 병원에서는 여전히 감염을 안타깝지만 피할 수 없는 일이라고 생각한다. 그렇지 않다는 증거가 속속 등장하고 있음에도 불구하고 말이다. 앨러게니 종합병원은 그 이후에도 일상적인 처치 과정을 좀 더 숙달시켜서 감염률을 훨씬 낮추었다. 하지만 대부분의 의료 기관은 여전히 도요타 방식이나 그와 비슷한 처치 방법을 선뜻 도입하지 않고 있다. 섀넌이 동료들과 함께 이룬 '감염률 제로'라는 놀랄 만한 성과에도 불구하고 미국 전역의 병원 내 감염률과 치사율은 지난 몇 년에 이르러서야 아주 천천히 감소하고 있을 뿐이다.

그렇다면 이는 '동기부여'의 문제일 수도 있다. 많은 산업 전문가들은 다음과 같은 사실에 주목했다. 미국 연방 항공국이 비행기 조종사들에게 운항 규정과 안전 수칙을 반드시 준수해야 한다는 생각을 심어주는 데에는 얼마 걸리지 않았지만, 병원에서 의사들이 손 씻기와 같은 아주 기본적인 일을 실천하게 만들기 위해서는 온갖 회유와 간청이 필요했다는 사실 말이다. 비행기 조종사와 의사라는 두 직종은 모두 재빠른 사고와 세심함, 높은 책임감을 필요로 한다. 그런

데 이처럼 비슷한 점이 많은 두 직종 사이에 왜 이렇게 극명한 차이가 발생하는 것일까? 이들 두 직종의 동기를 살펴보면 분명한 차이의 원인을 추측해볼 수 있다. 단순하게 설명하자면, 비행기 조종사는 승객들과 같은 비행기를 타지만, 의사는 환자들과 함께 수술대에 오르지 않는다. 의사들이 안전에 다소 관심이 있는 정도라고 한다면, 비행기 조종사들은 안전에 자신의 목숨을 건다고 할 수 있다. 그렇다면 이 책을 읽는 여러분의 동기는 무엇일까?

〈하버드 비즈니스 리뷰Harvard Business Review〉는 런던 출신의 젊은 컨설턴트 우마이르 하크Umair Haque를 세계 최고의 경영 사상가 50인 중 한 명으로 지목했다. 2012년 3월, 하크는 〈하버드 비즈니스 리뷰〉의 웹 사이트에 독특한 글 하나를 실었다. "최근에 나는 '세상에 어떻게 이런 일이! 나는 이제 어떻게 되는 거지?'라는 생각이 절로 드는 삶의 위기를 겪었다." 그리고 그는 주변의 많은 동료들도 그와 비슷한 감정을 느끼고 있는데, 그 모습을 보며 우리가 "거대한 시스템의 실패"로 대변되는 시대에 살고 있는 건 아닌가 하는 생각이 들었다고 덧붙였다. "곳곳에서 어제의 제도가 시장을, 정부를, 대학을, 기업을 무너뜨리고 부수고 방해하고 있다." 그러면서 하크는 시스템이 사회적 안정과 우리가 지켜야 할 규칙을 제공해주길 바라지만 모든 규칙이 파괴된 것이 분명하다며 다음과 같이 말했다. "당신도 알고, 나도 안다. 오늘날 규칙대로 착실하게만 살다가는 결국 파산하고, 홀로 남겨지고, 착취당하고, 빈털터리가 될 수밖에 없다."

2008년 금융 위기가 전 세계를 휩쓸기 전부터 베이비붐 세대가 지켜왔던 규칙들은 글로벌 커뮤니케이션과 경쟁으로 대변되는 새로운 시대에는 더 이상 효과가 없을 것이라는 의견이 팽배했다. 하크의 말에 따르면 베이비붐 세대는 "번영으로 향하는 고속도로, 즉 출구만 제대로 찾으면 '짠!' 하고 성공이 눈앞에 펼쳐지는" 안정적인 사회 구조의 보호 아래 성장했다.

하지만 지금은 그 고속도로가 어디로 이어지고 있는지, 심지어 어디에서 빠져나가야 하는지 아무도 모른다. 많은 사람들이 더 이상 할 수 있는 일이 없다며 손을 놓아버렸다.

미국 역사상 처음으로 자기 자식이 자신보다는 더 나은 삶을 살 거라고 확신하는 성인 비율이 절반에도 미치지 못하는 것으로 드러났다. 갤럽Gallup의 여론조사에 따르면, 이러한 비관주의는 연봉이 7만 5,000달러 이상인 사람들 사이에서 가장 두드러졌으며, 밝은 미래를 그리는 사람들은 그중 37퍼센트밖에 되지 않았다.

최근 몇십 년 동안의 주요 이슈는 바로 이러한 '위기'였다. 나날이 심해지는 경제 위기는 치솟는 교육비와 주택 시장의 거품 형태로 드러나고 있으며, 충분한 교육을 받은 중산층조차 상당수가 노후 준비는커녕 건강보험료도 내지 못하는 신세로 전락했다. 물론 과거에는 여러 기업의 경영자들이 근면과 책임, 순응, 충성의 대가로 위기에서 우리를 보호해주었다.

하지만 그 계약은 50년 전에나 유용했을 뿐 이제는 더 이상 소용이 없다. 여전히 그 계약을 믿으며 경영자들이 우리의 충성에 보답해주길 바라는 것은 지금 시기에 무엇보다도 가장 위험한 행동이다. 다시 말하면 이제 우리는 원하든 원하지 않던 간에 모두 개인 사업가가 된 것이다.

비즈니스 브릴리언트 설문조사의 결과를 관통하는 중요한 주제는 다음과 같다. 자수성가한 백만장자들은 대부분 기업가 정신으로 삶을 꾸려오고 있었으며, 그랬기 때문에 다른 사람들보다 위험에 더 잘 대처할 수 있었고, 결국 예측 불가능한 새로운 경제 상황에서 살아남아 성공할 수 있었다는 것이다.

그렇다고 그들이 위험을 무릅쓰는 모험가라는 것은 아니다. 단지 그들은 위기 상황에서 다른 이들보다 경제적으로 올바른 판단을 내리는 데 훨씬 능숙했다. 그들은 오랫동안 위기를 삶의 한 요소로, 끊임없는 관심을 요구하는 도전으로 받아들였기 때문이다.

날로 심각해져가는 경제 위기는 번영으로 가는 고속도로에 있다고 생각했던 수백만 명의 사람들을 위협하고 있다. 그렇기 때문에 나는 비즈니스 브릴리언트 원칙이 이를 따를 의지가 있는 명석하고 교육받은 사람들에게 부로 향하는 가장 훌륭하고 매력적인 새로운 길을 제시할 수 있을 거라고 믿는다.

물론 여러분을 설득하기는 쉽지 않을 것이다. 대부분의 NFL 코치들은 천재적인 선수를 가려내기 위한 깁스의 혁신적인 선수 선발 방법을 활용하지 않았다. 그 방법으로 깁스가 명예의 전당에 이름을 올렸다 해도 말이다. 또한 대부분의 병원은 아직도 감염에 의한 사망 문제에 대해 '필연성의 이론'에 집착하고 있다고 섀넌은 말한다. 섀넌이 도요타 공정에서 착안한 간단한 단계별 절차를 통해 감염을 거의 뿌리 뽑는 광경을 목격했음에도 불구하고 말이다. 서로 다른 그 두 분야의 이야기를 통해 우리는 고도의 능력을 필요로 하는 전문가들조차 자신의 선입견이나 몸에 밴 습관에 대해 좀처럼 재고해보려 하지 않는다는 사실을 알 수 있다. 그 새로운 방법이 목표를 이루는 데 아무리 큰 도움이 된다 해도 말이다.

나는 명예의 전당에 오른 코치 깁스와 저명한 의사 섀넌을 같은 직종의 동료들과 다르게 만든 공통점을 발견할 수 있었다. 그것은 바로 오랫동안 믿어왔던 일반적인 통념에 기꺼이 의문을 제기했다는 것이다. 모든 사람들이 이미 진실이라고 믿고 있는 통념을 의혹의 눈길로 바라볼 수 있었던, 익숙한 것을 새로운 눈으로 바라볼 수 있었던 그들의 호기심과 용기가 자기 자신은 물론 자신이 속한 곳에 경이로운 결과를 가져다주었다.

그렇다면 여러분은 어떤가? 여러분은 안전하게 목적지에 도착하기 위해 기꺼이 기초 사항을 숙지할 의향이 있는 실용적인 비행기 조종사인가? 아니면 새로운 사고가 절대적으로 필요하다는 증거가 명확한데도 불구하고 전통과 습관, 특권에 파묻혀 변화는 생각조차 하지 않는 자만심 가득한 의사인가? 부에 관해 여러분이 지금 이 순간 '알고' 있는, 사실이 아닐지도 모르는 명제는 무엇인가? 또한 자기 자신에 대해, 그리고 새로운 아이디어를 시도해볼 수 있는 자신의 능력에 대해 얼마나 알고 있는가? 깁스와 섀넌이 그랬던 것처럼 지금 '알고' 있는 것을 다시 한 번 살펴봐야 할지도 모른다는 사실을 기꺼이 받아들일 준비가 되어 있는가?

2장

부자는 돈도,
좋아하는 일도 놓치지 않는다

평범한 사람 70퍼센트가 '좋아하는 일을 하면 돈도 따라올 것'이라고 믿고 있었다.
하지만 자수성가한 백만장자들은 이에 동의하지 않았다.
좋아하는 일을 할 때 돈도 따라온다고 믿는 사람은 20퍼센트밖에 되지 않았다.
그들은 좋아하는 일을 두고 타협하지 않았으며,
절대로 돈도 포기하지 않았다.

BUSINESS BRILLIANT

열정과 의욕만으로는
부자가 될 수 없다

1983년, 당신이 만약 기 랄리베르테의 부모였다면 아마 스물세 살 된 아들 때문에 걱정깨나 했을 것이다. 프랑스어권 캐나다에서 자란 랄리베르테는 고등학교 졸업 후 대학에 가지 않고 유럽으로 갔다. 그리고 1년 동안 거리에서 아코디언을 연주하며 근근이 먹고살았다. 그가 처음 도착한 곳은 런던이었으며, 가진 돈이 1,000달러도 되지 않기 때문에 돈을 아끼려고 밤마다 하이드파크 공원에서 잠을 잤다. 하지만 영어가 능숙하지 못했던 그는 런던에 오래 머물지 못하고 곧 파리로 건너갔다. 거기서 다른 거리의 악사들과 어울리면서 저글링juggling(물체를 교대로 공중으로 던지고 잡는 기술), 스틸트워킹stilt walking(발판이 달린 2개의 나무다리를 착용하고 걷는 기술), 그리고 서커스 형태의 거리 공연 중 가장 위험도가 높은 불 뿜는 묘기를 배웠다. 이 묘기의 방법은 다음과 같다. 먼저 안전을 위해 셔츠를 벗고 머리를 묶은 다음 독한 인화성 액체를 한 모금 입에 문다. 그리고 한 손에 횃불을 들고 3미터 상공에 춤추는 주황빛 불기둥을 내뿜는 것이다. 이후 불 뿜는 묘기는 관객들이 가장 환호하는 랄리베르테의 주특기가 되었다.

랄리베르테는 회사를 경영하는 대가족 집안에서 경제적으로 어렵지 않게 자랐고, 대학에 갈 생각이 전혀 없었던 것은 아니었다. 하지만 유럽에서 돌아와서는 스틸트워커들과 곡예사들이 꾸린 비영리 공동체 '르 끌럽 데 딸롱 오뜨Le Club des Talons Hauts(영문 이름으로 '하이힐 클럽the High Heels Club'이라고도 한다)'에 합류했다. 그리고 그 후로 몇 해 동안 여름이면 퀘벡의 조그만 휴양 도시 베생폴의 유스호스텔에 머물며 딸롱 오뜨 거리 축제의 운영을 도왔다. 돈과 재산은 랄리베르테에게 그리 중요해 보이지 않았다. 그리고 겨울이 되면 플로리다나 하와이로 날아가 여름 동안 번 돈을 쓰며 즐겼다.

1983년 초, 퀘벡 주정부는 다가오는 여름에 캐나다 발견 450주년을 축하하는 의미의 행사를 개최하겠다고 발표했다. 퀘벡만의 특성을 선보일 수 있는 축하 공연을 위한 예산이 책정되었고, 딸롱 오뜨는 12주 동안 퀘벡 내 14개 도시에서 공연을 펼칠 서커스단 운영비로 160만 달러를 지원받았다. 이 행사를 진두지휘했던 랄리베르테는 서커스단에 그럴듯한 이름까지 붙였다. 바로 '태양의 서커스'였다.

하지만 순회공연 준비는 엉성하기 그지없었다. 천재지변으로 공연이 엉망이 된 적도 있었다. 공연을 위해 새로 제작한 대형 천막을 치는 것부터 불가능에 가까웠다. 사전 행사를 진행하고 있을 때 폭풍우에 천막이 무너져 내린 적도 있었다. 단원들의 근무 환경 또한 열악해서, 기존 단원들의 부족한 실력을 보충하기 위해 유럽에서 초빙한 전문 서커스 단원들이 폭동을 일으킬 뻔한 적도 있었다. 하지만 태양의 서커스 공연 자체는 퀘벡 전역의 대중과 언론으로부터 극찬을 받았다.

원래는 1년 기한으로 기획된 순회공연이었지만 랄리베르테는 태양의 서커스를 계속 이어가기로 결심했다. 그리고 1985년에 한 차례 더 행사를 진행해도 좋다는 정부의 허가를 받았다. 하지만 퀘벡 이외 지역에서는 반응이 크게 엇갈렸다. 토론토와 나이아가라 폭포에서의 공연은 관객조차 거의 없었고, 이제 막 첫발을 뗀 서커스단은 결국 그해 75만 달러의 빚만 지게 되었다. 하지만 그다음 해 캐나다 8개 도시 순회공연에서는 훨씬 발전된 모습을 선보였고, 결국 밴쿠버에서 열린 세계 박람회장에서 시범 공연까지 할 수 있었다.

태양의 서커스는 격식 없는 공동체 형식의 조직이었지만, 사실상 랄리베르테가 경영자 역할을 맡고 있었다. 랄리베르테는 더 웅장하고 극적이며 시각적으로도 보다 풍성한 공연을 제작하라고 창작팀에게 지속적으로 주문했다. 그 결과 1986년이 되면서 관객 수는 점차 늘었지만 서커스단의 빚 또한 함께 늘어갔다. 랄리베르테는 있는 돈 없는 돈을 모조리 끌어다 쓰기로 작정한 듯이, 지불할 능력도 없으면서 프랑스까지 날아가 거대한 새 천막도 구입해 왔다. 그렇게 3년 가까이 태양의 서커스단은 부도수표와 채권자 설득, 정부 지원금 구걸 등으로 간신히 맥을 이어가고 있었다.

그러던 중 1987년 태양의 서커스는 로스앤젤레스 예술 축제에서 공연할 기회를 얻었다. 당시 태양의 서커스는 랄리베르테가 불안한 재정 상태로 무모하게 사업을 확장하면서, 이에 반대하던 핵심 단원 몇 명이 그만두고 나가는 등 내부 문제에 시달리고 있었다. 하지만 이러한 문제와 별개로 태양의 서커스는 곧 축제에서 가장 인기 있는 공연이 되었다. 총 30회의 공연이 전부 매진되었고, 19달러짜리 좌석은 암표상을 통해 무려 200달러에 거래되기도 했다. 유명 인사들 또한 태양의 서커스 팬임을 속속 밝혔다. 그중에는 엘튼 존Elton John과 프란시스 포드 코폴라Francis Ford Coppola도 있었으며, 제인 폰다Jane Fonda는 2주 동안 7번이나 공연을 봤다고 말했다. 태양의 서커스는 150만 달러를 들고 퀘벡으로 돌아왔고, 재정 문제는 이제 먼 옛날의 이야기가 되었다. 그 후로 5년 동안 그들은 유럽과 아시아를 넘나들며 공연했다. 그로부터 다시 20년이 넘게 태양의 서커스는 전 세계에서 가장 거대하고 가장 많은 수익을 올리는 엔터테인먼트 브랜드로 성장했다.

현재 랄리베르테는 몬트리올에 자리한 초현대식 서커스 본부 겸 훈련 센터에서 3,000명의 직원을 이끌고 있다. 태양의 서커스 운영 팀은 라스베이거스에서 6개, 디즈니월드에서 1개의 상시 공연을 올리고 있으며, 전 세계를 순회하는 서커스단 9개를 운영하고 있다. 태양의 서커스의 연간 티켓 수익은 8억 달러에 이르는데, 이는 브로드웨이 모든 공연의 매표 수익과 맞먹을 정도다.

랄리베르테가 가진 엄청난 지분 덕분에 그의 순수익은 25억 달러에 달한다. 2009년 랄리베르테는 3,500만 달러를 내고 12일 동안 국제 우주정거장을 여행하기도 했다. 둥글납작한 빨간 코를 붙이고 자신이 '우주의 첫 번째 광대'라고 선언한 랄리베르테는 우주에서 진행한 인터뷰에서 이렇게 말했다. "저는 모든 아이들이 꿈꾸는 일을 하고 있습니다. 바로 집에서 달아나 서커스 단원이 되는 거죠."

랄리베르테의 이야기는 가난뱅이에서 부자가 된 전형적인 성공 사례로 종종 거론된다. 그의 엄청난 성공 이야기는 누구든지, 심지어 길거리 광대라도 굳은 마음으로 열심히 노력하면 결국 엄청난 돈을 거머쥘 수 있을 거라고 믿게 만든다.

하지만 랄리베르테는 열정과 의욕만으로 성공한 것은 아니었다. 넘치는 열정과 창의력을 가지고 부지런히 삶을 꾸려가면서도 먹고살기조차 버거운 사람들이 얼마나 많은가. 랄리베르테는 20년 이상 자신의 열정을 따라왔기 때문에 억만장자가 된 것이 아니었다. 그는 자신의 열정을 따랐을 뿐만 아니라, 사업을 확장하는 과정에서 동료들을 잃어가면서까지 자신의 몫을 챙기고 늘리기 위해 노력했기 때문에 억만장자가 된 것이다.

사람들은 좋아하는 일을 하면 자연히 돈도 따라올 것이라고 말한다. 왠지 힘도 덜 들 것 같고, 더 믿을 만한 신조처럼 들리지 않는가? 비즈니스 브릴리언트 설문조사에서도 중산층 집단은 그 매력적인 생각에 다수가 동의했다. 10명 중 7명 이상이 "좋아하는 일을 하면서 돈도 따라오게 하는 것"이 재정적 성공을 위해 중요하다고 답한 것이다. 하지만 자수성가한 백만장자 응답자들은 이에 동의하지 않았다.

좋아하는 일을 할 때 돈도 따라온다고 믿는 사람은 10명 중 2명밖에 되지 않았다.

좋아하는 일을 하면 돈도 따라올 것이라는 말은 중산층이 좋아하는 말이기도 하지만, 자기개발서의 전형적인 제목이기도 하다. 마샤 시네타Marsha Sinetar의 책《좋아하는 일을 하면 돈도 따라온다Do What You Love, The Money Will Follow》는 미국에서 100만 부 이상 팔렸으며, 출간된 지 30년이 지난 오늘날에도 여전히 팔리고 있다.

일단은 최선을 다해
돈을 쫓아라

마샤 시네타는 1984년 어느 날 출근길에 그 아이디어가 떠올랐다고 한다. 로스앤젤레스에 있는 한 공립학교 관리자로 일하고 있던 그녀는 더 이상 도전적이지 않은 안정적인 직장 생활을 그저 견디고만 있었다. 그녀가 정말 원했던 일은 경영 컨설턴트가 되어 책을 집필하며 시골에서 사는 것이었다. 하지만 그녀는 거기까지 가기 위해 감수해야 할 모든 위험이 두려웠다.

그러던 어느 날 아침 윌셔대로를 운전하다가 시네타는 문득 깨달았다. '좋아하는 일을 하라! 돈도 따라올 것이다!' 시네타는 그 아이디어가 매우 실질적으로 다가왔다며 이렇게 말했다. "마치 누군가가 내 옆에서 이야기해주는 것 같았어요." 학교에 도착했을 때쯤 그녀는 새로운 인생을 살기로 마음먹었다. 비록 그 새로운 삶을 시작하기에는 꼬박 2년이 걸렸지만 말이다. 먼저 시네타는 기업 간 계약 분쟁을 중재하는 경영 컨설턴트 일을 병행하기 시작했다. 그리고 로스앤젤레스 외곽의 고요한 시골 마을로 이사를 했다. 마침내 충분한 고객이 확보되자 학교를 그만두었다. 그때까지 시네타는 자신이 앞으로 쓸 책을 위해 필요한 아이디어를 모으고 있었다. 시네타는 자신처럼 전혀 다른 새로운 일에 도전했던 사람들에 관한 책을 쓸 생각이었다.

《좋아하는 일을 하면 돈도 따라온다》는 1987년 작은 출판사를 통해 출간되어 깜짝 놀랄 만한 베스트셀러가 되었다. 시네타는 그 책을 통해 좋아하는 일을 하면서 행복과 부를 찾기 위해서는 어디서 돈이 나올 것인가에 대한 두려움과 자기 의심을 떨쳐버려야 한다고 주장했다. 그 책은 당시 직장에서의 위기, 혹은 위태로운 경력 때문에 가시밭길을 걷고 있던 젊은이들 사이에서 큰 인기를 끌었다.

시네타의 책에는 도예공이 되려고 직장을 그만둔 교사, 영문학 석사 학위를 썩히고 있는 목수, 도배공이 된 전직 비서, 그리고 사무실 임대업에 뛰어든 또 다른 전직 비서 등이 등장했다. 그중에서도 그녀는 대공황 때 초등학교를 그만두고 도급업에 뛰어들어 성공한 일흔다섯 살의 웨인이라는 남자의 이야기를 가장 좋아했다.

웨인은 책에서 이렇게 말했다. "제가 지금까지 먹고살 수 있었던 건 집 짓는 능력이 있어서가 아니라 바로 제 자신 덕분이었습니다. 대공황 시기에 일자리가 없어 다들 고생할 때도 저는 일을 하고 있었습니다. 어디든 가서 내가 무슨 일이든 잘할 수 있다고 사람들을 설득했죠. 그들은 저를 먹여주었을 뿐만 아니라 돈도 주었습니다. 당시에 저는 지붕을 청소하며 하루에 100달러씩 벌었습니다. 자신이 무엇을 할 수 있느냐의 문제가 아닙니다. 자신이 어떤 사람이냐의 문제입니다."

책에서 중요하게 언급되지는 않았지만 자신이 좋아하는 일을 하는 사람들은 대부분 웨인처럼 작은 사업체를 경영하거나 집에서 자영업을 하고 있었다. 그들이 자신이 좋아하는 일에 대해 표현한 만족감은 대부분 하고 있는 일에 대한 주인의식에서 비롯된 것이었다. 시네타 자신도 다르지 않았다. 그녀는 자신이 충분히 좋아할 만한 또 다른 일자리를 구하지 않았다. 그녀는 경영 컨설턴트이자 작가라는, 자신이 좋아하는 일을 병행하면서 그 일에서 비즈니스 브릴리언트로서의 재능을 발휘해 스스로 성공을 일구었다. 정확히 말하자면 시네타의 책 제목은 '좋아하는 일을 하되, 돈도 좇아라'가 되어야 할 것이다. 그 책의 등장인물들은 대부분 좋아하는 일을 하며 돈을 좇았다. 돈을 좇으면 모든 일이 한 방에 해결될 거라고 생각해서가 아니었다. 자신의 생활수준을 높이고 다른 사람들에게 가치 있는 서비스와 제품을 제공하기 위한 것뿐이었다. 그들은 그런 일들까지 사랑했다. 진정 즐길 수 있는 일을 찾고 새로운 수입의 원천을 찾아 이를 현실화시키는 데에는 창조적인 도전 의식이 필요하다.

랄리베르테도 마찬가지였다. 지금까지 중요한 기로에 섰을 때마다 돈을 추구했던 랄리베르테의 개인적인 노력이 없었다면 태양의 서커스는 그 자리에서 무너지거나 완전히 다른 방향으로 바뀌었을지도 모른다. 그가 탐욕스러웠다거나 돈벌이에만 사로잡혀 있었다는 뜻은 아니다. 사실 랄리베르테는 창조성을 위협받을 수 있다는 이유로 쉽게 돈을 긁어모을 수 있는 방법도 거부한 적이 있었다. 몹시 변덕스러웠던 그의 경영 방침 중 변하지 않았던 원칙은 바로 앞으로 더 발전할 태양의 서커스의 자기 지분을 보전하고 늘려가는 것이었다.

태양의 서커스 초기 단계에서는 비영리 단체라는 점이 서커스단의 생존에 몹시 중요했다. 그 덕분에 정부 보조금과 기부금을 받아 초창기 손해를 만회할 수 있었다. 서커스 광대들은 돈벌이에 수완이 좋지 않을 거라고 생각했기 때문에 정부는 보조금 지원에 관대했고, 채권자들은 많은 인내심을 보였다. 심지어 은행에서 20만 달러의 부도수표를 탕감해준 적도 있었다.

나중에 랄리베르테는 그 모든 손해가 일시적인 현상일 뿐이었다며《태양의 서커스: 태양 아래 20년Cirque du Soleil: 20Years Under the Sun》이라는 태양의 서커스 공식 역사집을 통해 이렇게 말했다. "나는 자금을 제공하는 정부 기관들에게 5년 안에 모든 지원이 필요 없게 될 것이라고 말했습니다." 그리고 서커스단의 수입이 한창 상승세를 타게 되자 정부에서 제공한 보조금 수표를 되돌려주었다.

서커스단의 재정 능력 이상을 지출했던 몇 년간은 랄리베르테와 태양의 서커스 창작팀이 미래에 대한 구체적인 비전을 그릴 수 있었던 시간이었다. 그들은 관객들에게 천편일률적인 서커스 공연에서는 느낄 수 없는 감동과 극적 경험을 제공하기를 원했다. 다시 말해 태양의 서커스를 예술의 경지까지 끌어올리고자 했던 것이다. 이를 위해서는 독특한 의상과 무대, 조명, 참신한 음악 등이 필요했고, 모든 공연자들은 연극처럼 서사가 있는 공연 전체의 내용을 완벽하게 이해해야만 했다. 이는 당연히 추가 연습을 필요로 하는 것이었고, 자연스럽게 추가 급여가 발생했다. 많은 돈이 필요한 청사진이었지만 랄리베르테는 무지개 너머에 금덩어리가 있으리라 확신했다. 랄리베르테는 극장을 찾는 사람들이 전통적인 서커스 공연을 찾는 사람들에 비해 훨씬 값비싼 표를 주저 없이 구입한다는 데 주목했다. 연극적 요소를 담은 서커스는 비록 제작비는 많이 들겠지만 높은 수익을 낼 가능성 또한 컸다.

1986년, 캐나다 순회공연을 성공적으로 마친 뒤 랄리베르테와 다른 경영진 2명은 태양의 서커스를 이윤을 추구하는 개인 기업으로 전환해 각각 3분의 1의 지분을 갖는 계획에 착수했다. 당시 세 사람의 그런 행동을 비난하며 그만둔 단원들도 있었는데, 그중에는 랄리베르테의 오랜 친구이자 멘토였던 예술 감독 기 캐론Guy Caron도 있었다. 하지만 랄리베르테는 대부분의 단원들은 공연만 계속할 수 있다면 그만두지 않을 거라 생각했고, 그의 예측은 정확히 맞아떨어졌다. 랄리베르테가 '연극 같은 서커스'라는 청사진을 그릴 수 있었던 데에는 캐론의 공도 상당히 컸다. 하지만 이를 실현시킬 방법에 대한 둘의 의견은 너무 달랐다. 퀘벡 서커스 학교 설립자이기도 했던 캐론은 태양의 서커스가 단원들이 공동 소유권을 갖는 비영리 단체로 계속 유지되기를 원했으며, 설사 영리 기업으로 전환한다 하더라도 이러한 문제는 단원들의 의견을 수렴해 결정해야 한다고 주장했다. 그러나 랄리베르테의 주장은 정반대였다. "저는 늘 사업상의 목표를 갖고 있었습니다. 여행이나 즐거움이라는 목표를 갖고 있는 것처럼 말이죠. 그리고 항상 이렇게 말했습니다. '만약 서커스가 성공한다면 이는 바로 예술과 비즈니스가 성공적으로 만났기 때문'이라고 말입니다."

만약 캐론이 서커스단을 이끌었다면 태양의 서커스는 퀘벡 서커스 학교의 오른팔 역할을 하는 퀘벡 주립 서커스단으로 발전했을 것이다. 오케스트라나 합창단처럼 정기적으로 순회공연을 하는 유명한 지역 공연단으로 훌륭하게 성장했을지도 모른다. 하지만 캐론은 태양의 서커스를 전 세계적인 문화 현상으로까지 끌어올리지는 못했을 것이다. 캐론의 서커스단은 1년에 1,000만 장의 티켓을 팔지도 못했을 것이고, 1,000명 이상의 공연자들, 교사들, 트레이너들을 고용할 수도 없었을 것이다.

그러한 대립 끝에 결국 랄리베르테와 캐론은 갈라섰다. 들리는 말에 따르면, 캐론은 다른 단원들에게 랄리베르테를 일컬어 중고차나 팔아야 할 사람이라고 비난했다. 그 말이 사실이라면 이는 캐론이 랄리베르테가 정말 원했던 것이 무엇인지 전혀 모르고 있었다는 방증이다. 두 사람이 서로 등을 돌릴 무렵, 랄리베르테는 평범한 중고차 판매원이라면 분명 덥석 받아들였을 할리우드의 제안을 거절했다. 서커스단의 모든 재정 문제를 한 방에 해결할 수 있을 만큼 큰돈을 준다는 제안이었는데도 말이다.

태양의 서커스가 예술 축제에 참가하기 위해 로스앤젤레스에 머물 당시의 일이었다. 컬럼비아픽처스Columbia Pictures의 직원들이 랄리베르테를 찾아와 태양의 서커스를 영화로 만들자고 제안했다. 테이블 위에 어마어마한 돈을 올려놓은 그들은 랄리베르테가 파산 직전의 상태로 오랫동안 버티고 있던 만큼 두말 않고 자신들의 제안을 받아들일 거라고 생각했다. 하지만 랄리베르테는 그들이 태양의 서커스라는 브랜드에 대한 권리를 완전히 양도받으려 한다는 사실을 간파했다. 눈앞에 놓인 엄청난 금액의 돈에 현혹된다면, 그 대가로 태양의 서커스는 동업자가 아니라 말단 직원 신세가 되어 컬럼비아픽처스를 위해 일하게 될 수도 있었다. 랄리베르테는 과감하게 그들의 제안을 거절했다. 공연 예술에 대한 이야기로 2장을 시작한 이유는 바로 이것이다. 앞으로 소개할 비즈니스 브릴리언트가 되기 위한 7가지 원칙은 부를 창조하는 아주 기초적이고 근본적인 원칙들이기 때문에 지구상에 존재하는 모든 일들, 심지어 예술처럼 수익 창출을 최우선에 두지 않는 분야, 혹은 재능과 예술적 기량에 가장 큰 가치를 두는 분야에도 두루 적용될 수 있다는 것을 보여주고 싶었다.

실제로 큰돈을 버는 대부분의 사람들은 돈을 좇아야 한다는 사실을 절대 잊지 않는다. 이를 잘 보여주는 예가 하나 더 있다. 랄리베르테가 세상에서 가장 돈 많은 서커스 광대로 우뚝 선 과정은 세상에서 가장 돈 많은 예술가인 데미언 허스트^{Damien Hirst}의 성공 사례와 놀랄 만큼 비슷하다.

가장 좋아하는 일을 하면서 돈 버는 수단을 챙기는 법

허스트는 랄리베르테보다 더 보잘것없는 환경에서 태어났다. 그는 자신의 친아버지가 누군지도 몰랐고, 새아버지도 허스트가 열두 살 때 집을 나갔다. 영국 리즈에서 자란 허스트는 어린 시절부터 일을 해야 했기 때문에 학교 성적은 형편없었고, 종종 가게에서 물건을 훔치다 잡혀가기도 했다. 2007년 〈타임^{Time}〉과의 인터뷰에서 허스트는 이렇게 말했다. "저는 가난에 찌든 환경에서 자랐습니다. 뭐든 제가 좋아하는 일을 하면서 돈도 벌 수 있는 가능성은 전혀 없어 보였죠." 허스트는 어렸을 때부터 그림 그리기를 좋아했지만 리즈베켓대학교는 그의 입학을 거절했다. 그래서 허스트는 런던으로 가 2년 동안 건설 현장 노동자로 일했다. 그리고 마침내 두 번째 시도에서 골드스미스예술학교에 입학할 수 있었다. 허스트가 대학에 다닐 당시 예술계는 침체기를 걷고 있었고, 갤러리들도 좀처럼 새로운 인재를 채용하지 않았다. 그래서 1998년, 허스트는 아무도 눈여겨보지 않던 런던의 후미진 지역인 도크랜즈에서 골드스미스 학생들의 작품을 모아 독자적인 전시회를 기획해 진행했다. 그러면서 그는 비어 있는 창고를 빌리고, 작품을 준비해 전시하고, 프로그램을 인쇄하기 위해 돈을 긁어모았다. 랄리베르테가 젊은 나이에 베생폴의 소규모 거리 축제 운영에서부터 경력을 시작했던 것처럼 허스트도 예술가로서가 아니라 전시 기획자로서, 그리고 큐레이터로서 예술계에 첫발을 내딛었다.

'프리즈Freeze'라는 제목의 그 전시회는 영국의 신세대 개념미술가들에게 미술계에 입문하는 전설적인 방법으로 각인되었다. 하지만 그 전시회에 정작 허스트가 출품한 작품은 보잘것없었다. 종이 상자들을 접착제로 붙여놓고 페인트칠한 게 전부였다. 당시 공영주택에 살고 있던 허스트는 컴퓨터에 디자인해놓은 작품들을 실제로 제작할 돈이 없었다. 하지만 운 좋게도 〈프리즈〉를 통해 만난 미술상으로부터 제대로 된 첫 작품을 제작할 수 있는 돈 6,000달러를 지원받을 수 있었다. 허스트는 하늘이 준 기회를 놓치지 않았다. 그는 늘 마음속에 품고 있던 주제로 작품을 만들었다. '죽음과 부패'라는 주제에 매료되어 영안실에서 아르바이트를 하며 시체들을 스케치하기도 했던 허스트는 수중에 들어온 돈 6,000달러로 커다란 유리 상자 안에 도축된 소머리가 놓여 있는 〈천 년A Thousand Years〉이라는 작품을 제작했다. 유리 상자 안에는 썩어가는 소의 머리 위에 구더기를 낳는 파리떼도 있었으며, 잘린 소머리 위에는 전기 살충 장치가 설치되어 있었다. 런던의 한 예술 블로거는 그 작품에 대해 이렇게 말했다. "먹이를 향해 돌진하다 대량 학살되는 파리떼. 삶이 곧 죽음이다."

끔찍한 작품이었다. 하지만 이 작품이 1990년 대중에게 처음 공개되었을 때, 전 세계에서 가장 유명한 미술품 수집가 찰스 사치 Charles Saatchi는 경외감에 입을 벌린 채 그 작품 앞에서 떠나지 못했다. 사치는 허스트에게 다음 작품 제작비로 6만 달러를 지원했다. 허스트는 다음 작품으로 포름알데히드가 가득 든 거대한 수조 안에 4미터가 넘는 뱀상어를 매달았다. '살아 있는 자의 마음속에 있는 불가능한 물리적 죽음The Physical Impossibility of Death in the Mind of Someone Living'이라는 제목의 그 작품은 허스트의 대표작이자 1990년대 영국 개념미술의 아이콘이 되었다. 그리고 2004년에는 사치가 허스트의 썩지 않는 상어를 뉴욕의 헤지펀드 거물에게 1,200만 달러에 팔았다는 소문이 돌기도 했다. 그즈음 허스트는 역사상 가장 돈 많고 성공한 예술가로 당당히 자리를 잡아가고 있었다. 2006년에 마흔 살이던 그의 재산은 약 1억 6,000만 달러(약 1,700억 원)로 추정되었는데, 이는 앤디 워홀 Andy Warhol과 파블로 피카소Pablo Picasso, 살바도르 달리Salvador Dali가 그 나이에 벌어들인 순수익을 모두 합친 것보다 더 많은 금액이었다.

허스트는 공장 같은 스튜디오에서 직원 120명의 도움을 받아 이를 이루었다. 그의 '오리지널' 작품은 스튜디오에서 그의 감독 아래 제작되기는 했지만 대부분은 허스트의 손끝조차 닿지 않은 것들이었다. 그가 스핀아트spin-art(빙빙 돌아가는 판 위에 페인트를 뿌려 작업하는 형태의 그림)로 3분 만에 제작한 그림은 1만 달러에 팔렸다. 흰 캔버스 위에 각양각색의 점들로 그린 〈도트 페인팅Dot Painting〉 시리즈에 대해 허스트는 자신은 전문 기술이 부족하다고 인정하면서, 최고의 작품들은 레이첼이라는 조수의 손길에서 나온다고 밝혔다.

랄리베르테와 마찬가지로 허스트 역시 예술과 상업의 접점에서 역사를 다시 썼다. 2003년, 허스트는 사치가 구입했던 자신의 초기 작품 15점을 1,500만 달러에 다시 사들였다. 연작의 수요와 공급을 조절하기 위해서였다. 전문가들은 허스트만큼 멀리 내다보며 현명한 투자를 했던 예술가는 지금까지 아무도 없었다고 입을 모았다.

2008년 9월 리먼브라더스Lehman Brothers의 파산으로 전 세계 금융 시장이 뒤흔들렸을 무렵에도 허스트는 비관론자들의 말을 무시하고 소더비Sothby's 경매에서 최고 예상가를 훨씬 넘어서는 가격으로 1억 9,800만 달러어치의 작품을 팔아치웠다. 이는 런던과 뉴욕의 미술상들에게 엄청난 수수료를 낼 필요 없이 예술가가 자기 작품을 대중에게 직접 선보인 최초의 경매였다. 허스트는 약간의 지분을 갖고 있었던 런던의 파머시Pharmacy 레스토랑에서 그 아이디어를 얻었다. 2004년, 레스토랑을 처분할 때 허스트는 내부에 있던 모든 물건을 성냥갑 하나까지 직접 경매에 내놓았고, 이를 통해 레스토랑 매매가보다 훨씬 많은 금액인 2,000만 달러를 벌었다.

하지만 무엇보다도 가장 큰 논란거리가 되었던 허스트의 기발한 경제적 수완은 바로 〈신의 사랑을 위하여For the Love of God〉라는 작품에서 발휘되었다. 그 작품은 예술 역사상 가장 값비싼 작품이었다. 2006년, 허스트는 골동품 가게에서 구입한 18세기 인간의 두개골을 백금으로 도금한 뒤, 그 위에 2,800만 달러 상당의 8,601개의 흠 없는 다이아몬드를 붙였다. 허스트는 그 작품을 1억 달러에 팔겠다고 발표했고, 이듬해 8월 익명의 단체가 현금을 지불하고 그 작품을 구입했다고 발표했다. 하지만 평론가들은 허스트와 그의 비즈니스 매니저들이 바로 그 익명의 단체 구성원일지도 모르며, 실제 가격은 1억 달러에 미치지 못했을 것이라고 추측했다. 만약 그것이 사실이라면, 이는 바로 허스트가 자신이 만든 가장 값비싼 작품의 소유권을, 나중에 언제라도 되팔 수 있도록 어느 정도 유지하고 있었다는 뜻이다.

그 발표가 나왔을 즈음 〈뉴욕타임스New York Times〉는 사설을 통해 허스트에게 다음과 같은 쓴소리를 던졌다. "허스트는 예술가가 아니라 데미언 허스트 예술 작품의 헤지펀드 매니저가 된 것일까? 자기 작품의 가격을 그처럼 기발하게 끌어올린 예술가는 지금껏 없었다. 그것이 바로 그가 말하는 '진짜 개념'이며, 그는 가장 최근의 짓궂은 작품으로 그 정점을 찍었다."

〈뉴욕타임스〉의 사설은 흥미롭게도 예술 작품 전반에 터무니없이 높은 가격이 책정되고 있다는 사실에 대해서는 아무런 불만도 제기하지 않았다. 그들은 아마도 미술상이나 수집가들이 예술 작품에 투자해 높은 이익을 남기는 것은 괜찮지만, 자기 작품을 팔아 돈을 버는 재주가 있는 예술가는 예술가의 고결함을 잃게 될 수밖에 없다고 말하고 싶었던 듯하다.

한편 〈뉴욕타임스〉의 사설은 돈에 대해 중산층이 갖고 있는 모순된 태도를 반영하고 있는 것처럼 보이기도 한다. 하지만 허스트는 전형적인 중산층 백만장자처럼 자기 작품을 통해 얻을 수 있는 이익에 관심을 기울였던 것뿐이다. 비즈니스 브릴리언트 설문조사에 따르면 자수성가한 백만장자 10명 중 8명은 자기 일의 결과물에 대해 확실한 소유권을 갖고 있었고, 10명 중 1명은 지금은 비록 소유권이 없지만 그것을 얻어낼 방법을 찾고 있었다.

　자수성가한 백만장자들과 중산층의 차이는 바로 그 부분에서 두드러졌다. 중산층 10명 중에서 자기 일에 대해 소유권을 갖고 있는 사람은 단 1명뿐이었으며, 10명 중 2명만이 소유권을 확보할 방법을 찾고 있다고 말했다. 하지만 그보다 훨씬 흥미로운 결과가 또 있다. 10명 중 6명 이상이 자기 일에 대한 소유권을 갖는 것이 중요하다는 데 동의했다는 것이다. 다시 말해, 중산층의 3분의 2는 자기 일에 대한 소유권을 갖는 것이 중요하다는 것을 이해하고 있었지만 그것을 해결하기 위해 실질적으로 노력하는 사람은 3분의 1도 되지 않았다.

　왜 중산층 사람들은 좋아하는 일을 하면서 '동시에' 돈을 챙기지 않는 것일까? 왜 중산층의 3분의 1은 소유권 확보가 중요하다는 사실을 알면서도 이를 위해 아무런 노력도 하지 않는 것일까? 마샤 시네타의 말대로 정말 자기 의심과 두려움을 극복하지 못하기 때문일까? 물론 랄리베르테와 허스트는 자기 의심과 두려움에 주저앉지 않았다. 그렇다고 자신감이 전부인 것은 아니었다. 세상에는 넘치는 자신감과 대담함으로 성공에 이르고, 그 과정에서 많은 돈을 번 예술가들도 많다. 그런데 그들 중 허스트처럼 자신의 초기 작품들을 다시

사들이거나 직접 자기 작품의 경매에 나섰던 사람들은 왜 없었을까? 공급량을 조절하고 불필요한 중개 수수료를 줄이는 것이야말로 수세기 동안 사용되어온 기본적인 사업 전략이다. 세월이 증명하는 그 전략을 자기 경력에 적용한 예술가가 허스트 이전에는 왜 아무도 없었을까? 한번 생각해보자.

랄리베르테는 70명에 달하는 태양의 서커스 신입 단원들에게 자신을 포함한 3명의 경영진이 태양의 서커스를 인수해 영리를 추구하는 개인 기업으로 만들고자 한다고 발표했다. 그 계획을 위해서는 기존 단원들과 창작팀도 반드시 함께해야 했다. 그때 태양의 서커스 단원 수는 당시 불거졌던 불화로 이미 많이 줄어 있었다. 어찌 보면 랄리베르테에게 몹시 불안한 상황일 수도 있었다. 그러므로 핵심 단원 중 누구라도 태양의 서커스에 잔류하는 조건으로 랄리베르테에게 조금이나마 자기 몫을 요구할 수 있었을 것이다. 단원들 중 몇 명은 아마 영리 기업이 될 태양의 서커스의 의결권 없는 소유권 1퍼센트 정도는 받을 수 있었을 것이다.

태양의 서커스의 지분 1퍼센트는 현재 약 2,000만 달러에 달한다. 하지만 단원 중 누구도 그런 요구조차 하지 않았다. 왜 그랬을까?

월급의 달콤함에 속지 마라!

1969년 봄, 에드워드 데시^{Edward Deci}라는 젊은 심리학자가 카네기멜론대학교에서 몇 차례의 실험을 진행했다. 대학생들이 '소마Soma'라는 퍼즐 게임을 하는 모습을 관찰하는 실험이었다. 데시의 실험은 사람들이 일하고, 배우고, 즐기는 이유와 방법에 대한 일반적인 사회 통념을 깨뜨리는 결과를 보여주었다. 이 실험을 통해 데시는 특정한 사람들이 다른 사람들보다 자기가 좋아하는 일을 더 쉽게 찾고, 돈도 좇을 수 있는 이유에 대해 흥미로운 관점을 제시했다.

소마는 간단해 보이는 3차원 입체 퍼즐로, 각기 다른 모양의 플라스틱 블록 7개로 구성되어 있다. 이들 블록은 서로 제대로 끼워 맞추면 정확히 3인치 크기의 정육면체가 되며, 조립하는 방식에 따라 벤치나 비행기, 강아지 등 다양한 모양으로 만들 수 있다.

실험은 다음과 같이 진행되었다. 먼저 두 그룹의 학생들이 각기 다른 방으로 안내되어 소마 퍼즐을 하나씩 받았다. 학생들은 30분 안에 최대한 다양한 모양으로 조각을 맞춰야 했다. 첫 번째 그룹 학생들에게는 그저 최선을 다하라고만 말했고, 두 번째 그룹 학생들에게는 퍼즐 모양 1개당 1달러를 받게 될 거라고 말했다. 30분 후 데시는 두 그룹 모두에게 실험이 끝났다고 알렸다. 그리고 잠깐 나가서 질문지를 출력해 올 때까지 기다려달라고 부탁했다.

학생들은 몰랐지만 데시가 방을 나간 후부터가 진짜 실험의 시작이었다. 데시는 정확히 8분 동안 자리를 비웠고, 그동안 특수 유리를 통해 학생들이 8분의 자유 시간을 어떻게 보냈는지 기록했다.

두 그룹 학생들의 행동에는 몇 가지 흥미로운 차이가 있었다. 첫 번째 그룹 학생들, 즉 보상을 약속하지 않은 학생들은 데시가 방을 비운 8분 동안에도 계속 퍼즐을 풀기 위해 애썼다. 하지만 퍼즐 모양당 1달러를 받기로 했던 두 번째 그룹 학생들은 데시가 방을 나서자마자 대부분 퍼즐을 내려놓았다. 이를 통해 데시는 금전적 보상이 소마 퍼즐을 통해 느낄 수 있는 본질적인 즐거움과 도전 정신을 방해했을 거라는 가정을 세웠다. 아무런 보상이 없었던 첫 번째 그룹 학생들은 퍼즐 자체를 즐겼을 것이고, 그랬기 때문에 실험이 끝났다는 말을 듣고도 퍼즐을 내려놓지 않았을 것이다.

두 번째 그룹 학생들에게는 1달러의 보상이 통제 도구로 작용했을 것이다. 그래서 실험이 끝나자마자 퍼즐을 내려놓았을 거라고 데시는 생각했다. 1달러의 보상이 퍼즐을 통해 느낄 수 있는 본연의 즐거움을 방해한 것이다. 데시는 이렇게 말했다. "사람들은 그러한 제약이 자신의 자율성을 해친다고 느낍니다. 그러므로 이와 같이 통제를 받는 활동은 사람들의 열정과 흥미를 떨어뜨릴 수 있습니다."

데시는 현재 로체스터대학교 심리학과 학과장이다. 그곳에서 그는 SDT$^{\text{Self-Determination Theory}}$라는 자기 결정 이론에 관한 아카데미 센터를 이끌고 있다. SDT에 대해 연구하는 심리학자들은 100여 가지의 실험을 통해 행동에 대한 단기 보상이 장기적인 흥미와 열정을 감소시킨다는 사실을 밝혔다. 헌혈에 대한 대가를 지불하면 사람들은 더 이상 자발적으로 헌혈하려고 하지 않는다. 그림을 잘 그렸다고 상을 받은 아이는 그림에 대한 흥미를 잃어버린다. 대학 신문에 자발적으로 글을 기고하던 학생은 한 번 원고료를 받기 시작하면 자발적으로 글을 쓰지 않는다.

"이것이 바로 선의를 가진 부모와 교사, 매니저들을 비롯한 수많은 사람들이 알게 모르게 보상받는 사람들에게 하고 있는 행동이다.

우리는 상대에게 보상을 줌으로써 상대가 하길 바라는 바로 그 부분에 대한 그들의 흥미를 죽이고 있다"라고 1993년 베스트셀러 《보상으로 벌주기Punishedby Rewards》의 저자 알피 콘Alfie Kohn은 말했다. 전국적인 피자 체인점에서 어린이 손님들에게 무료로 책을 나눠주기 시작하자 한 저명한 심리학자는 이에 대해 '책 읽기 싫어하는 뚱뚱한 아이들만 생길 것'이라고 비판하기도 했다.

콘은 보상 자체가 진짜 문제는 아니라고 지적했다. 문제는 우리가 얼마나 자연스럽게 보상을 '통제의 도구'로 받아들이고 있는가라는 것이다. 평범한 사무실에서의 통제 실험 결과를 보면, 세세한 업무 감독과 평가, 타인과의 경쟁 구도 등은 전부 일에 대한 흥미를 감소시켰다.

일에 대한 흥미 감소는 어느 정도 창조적인 사고가 필요한 일에서 더욱 두드러졌다. 최악의 경우는 보상과 통제가 동시에 존재하는 '당근과 채찍' 전략이다. 금전적인 보상과 철저한 감독으로 관리되는 업무 환경에서는 본래 일에 대해 흥미를 느꼈던 직원들의 열정이 감소한다. 또한 직원들은 자율성을 회복하고자 하는 욕구를 강하게 느끼기 때문에 생산성 역시 감소한다. 결국 소극적이게 된 직원들은 더 이상 최선을 다하지도, 능력을 전부 쏟아붓지도 않게 된다.

데시와 로체스터대학교의 동료 교수들은 자율성을 침범당하거나 통제받고 있다고 느낄 때 그처럼 부정적이고 자기 회의적인 반응이 나타난다는 사실을 발견했다. 자율성에 대한 감정적 욕구는 배고픔이나 갈증과 같은 신체적 욕구보다 더 미묘하게 드러난다. 사람들은 보통 일주일 동안 힘들게 일하고 나면, 자신이 자율성을 침해당하고 있다고 느끼기보다는 그 일에 싫증 난 것 같다고 생각하기 쉽다. 자신이 좋아하는 일이라고 확신했던 바로 그 일에서 말이다. 그래서 한 주가 끝날 무렵이면 기분이 좋아질 뭔가 다른 일을 하고 싶어 한다. 데시는 이에 대한 명확한 용어를 만들어내지는 않았지만, 이와 같은 상황을 지칭할 때 보통 '언더마이닝 효과undermining effect'라는 말을 사용한다. 하지만 나는 이 책의 목적에 더 잘 들어맞는 다른 용어를 사용하고자 한다. 바로 '월급봉투 무기력증Paycheck paralysis'이다.

당신 역시 좋아하는 일을 직업으로 삼았을 것이다. 그렇다면 그 일에 필요한 기술을 습득하고 능력이 향상될수록 즐거움도 커져야 한다. 그러나 당근과 채찍으로 대변되는 업무 환경이 즐거워야 할 그 감정을 망친다. 그것이 바로 월급봉투 무기력증이다. 가장 잘했던 일을 점점 더 잘해나가고 있다 해도, 그 일에 대한 지분을 획득하는 데 필요한 열정은 사라지고 있을지도 모른다. 월급봉투 무기력증은 일에 대한 애정을 갉아먹으며, 그러다 보면 돈도 제대로 벌지 못할 수 있다.

월급봉투 무기력증의 더 큰 문제는 일에 대한 애정이 클수록 괴로움도 커진다는 것이다. 아주 단순한 방정식이다. 일에 대한 열정과 자긍심이 높은 사람들은 직장에서의 보상과 통제로 그 열정이 가로막힐 때 그만큼 더 많은 것을 잃어버린다. 자율성을 잃고 억지로 붙들려 있다고 느낄 때, 그들은 애초에 열정이 없었던 사람보다 훨씬 비참함을 느낀다.

앞서 언급했듯이 비즈니스 브릴리언트 설문조사의 중산층 응답자 10명 중 6명은 지금 하고 있는 일에 대한 지분을 획득하는 것이 몹시 중요하다고 생각하고 있었지만, 10명 중 8명은 이를 얻기 위한 시도조차 하지 않고 있었다. 왜 이들은 정말 중요하다고 생각하는 부분에 대해서 의욕을 보이지 않는 것일까?

영어 교사가 자기 책을 쓰지 않는 이유, 회계사가 개인 사업을 시작하지 않는 이유를 월급봉투 무기력증이 어느 정도 설명해줄 수 있을 것이다. 정육점 주인이든 제빵사든 촛대를 만드는 사람이든 대부분의 사람들은 자기도 모르는 사이에 일종의 의욕 상실 마법에 걸려 좀처럼 제 손으로 돈을 좇지 않는다.

하지만 데시가 실시했던 소마 퍼즐 실험에서 월급봉투 무기력증에 면역성이 있는 흔치 않은 사람들을 발견할 수 있었다. 1달러를 위해 퍼즐을 풀었던 학생들 중 몇 명은 퍼즐 자체에 대한 흥미도 그대로 가지고 있는 것처럼 보였다. 그들은 30분이 지난 후에도 계속 퍼즐을 가지고 놀았다. 데시의 말을 빌리자면, 그러한 학생들은 보상을 '자율성을 훼손하는 통제 수단'으로 바라보지 않았다. 그들은 보상과는 상관없이 퍼즐 자체를 즐겼고, 그랬기 때문에 1달러라는 보상은 그들에게 단지 덤으로 받을 수 있는 돈일뿐이었다. 실험에 참가했던 다른 학생들과 달리 그들은 퍼즐과 돈, 2가지를 동시에 즐겼다.

데시는 그런 학생들이 바로 로체스터대학교 심리학과 교수들이 말하는 '자율 지향성'이 높은 학생들일 거라고 말했다. 자율 지향적인 사람들은 자신에게 흥미롭고 매력적인 일을 찾는 경향이 있다.

그들은 또한 주변 환경이나 타인을 탓하지 않고 기꺼이 자기 행동을 책임지는 편이다. 그 반대는 '통제 지향성'이 높은 사람들로, 그들은 자신이 원하는 것보다 타인의 요구나 보상에 의지한다. 이러한 통제 지향성이 바로 (불안해하기 쉽고 운명론적인 성향과 함께) 월급봉투 무기력증의 뿌리다.

로체스터대학교 SDT 프로그램의 웹사이트(www.selfdetermin-ationtheory.org/questionnaires)에는 자신이 어떤 성향에 가까운지 알아볼 수 있는 17가지의 질문이 있다. 질문 중 하나를 예로 들어보자. 만약 당신이 오랫동안 일해왔던 직장에서 새로운 자리를 제안받는다면 가장 먼저 무슨 생각이 들 것 같은가? '내가 그 일에 대한 책임을 다하지 못하면 어쩌지?' 혹은 '그 자리로 옮기면 월급을 더 많이 받을 수 있을까?' 하는 생각이 드는가? 그렇다면 당신은 통제 지향적인 사람이다. 반대로 '새로운 일은 얼마나 재미있을까?' 하는 생각이 든다면 당신은 자율 지향적인 사람이라고 할 수 있다.

만약 당신이 돈을 벌고는 싶지만 어떠한 시도도 하지 못했던 평범한 사람이라면, 이제부터는 자신이 늘 꾸물대기만 하는 사람이라거나 위험을 회피하는 사람, 게으른 사람이라는 편견은 버리자. 그동안 당신이 보여왔던 이러한 태도는 누군가로부터 통제받고 있다고 느낄 때의 당연한 반응이기 때문이다. 월급봉투 무기력증에서 빠져나와 자율성을 회복하기 위한 첫 번째 단계는 자신이 어떻게, 그리고 왜 그 주문에 사로잡혀 있는지 이해하는 것이다.

자율 지향성을 회복하기 시작하면 월급봉투 무기력증으로 대변되는 수많은 통제 상황을 조금 더 쉽게 헤쳐나갈 수 있다. 당신이 결심한 행동이 당신이 속한 사회의 환경을 만드는 데 일조하기 때문이다. 랄리베르테와 허스트의 경우가 바로 그랬다. 랄리베르테는 월급도 적고 일자리도 적은 서커스 광대 신세를 한탄하지 않았다. 심지어 태양의 서커스가 없었다면 존재하지도 못했을 서커스 관련 일자리를 수천 개 만들어냈으며, 이를 통해 억만장자가 되었다. 허스트는 예술에 발휘해야 할 창조성을 돈에도 똑같이 발휘함으로써 자신의 삶을 바꿨고, 예술계 또한 변화시켰다.

데시는 자신의 저서 《마음의 작동법Why We Do What We Do》에서 이렇게 말했다.

우리는 자신이 원하는 것을 세상이 줄 때까지 기다리는 대신, 원하는 일이 일어나도록 적극적으로 노력할 수 있다. 보다 자율적으로 행동함으로써 자신에게 유리한 상호작용을 만들어갈 수 있다. 또한 사회적 맥락에서 자신의 자율성을 위한 지원을 점점 더 많이 이끌어낼 수 있다. 개인의 성격과 그 성격이 드러나는 사회적 맥락은 서로 시너지를 불러일으키며, 그 2가지는 개인의 경험과 행동에 영향을 끼친다.

나는 이 글에서 상승 작용, 즉 '시너지'라는 말을 강조하고 싶다. 자율성을 발휘하기 위해서, 그리고 좋아하는 일을 하면서 돈도 추구하기 위해서는 대부분의 사람들이 두려워하는 선택을 해야 하며, 대부분의 사람들이 요구하지 못하는 것을 요구해야 한다. 그렇게 함으로써 주변 환경에 영향을 끼치고 새로운 내일을 창조할 수 있다. 이와 같은 자율적인 상승 작용을 확인하기 위해 또 다른 예술가인 할리우드의 연기파 배우 존 오헐리John O'Hurley의 이야기를 살펴보자.

다른 사람들은 지나치는
기회를 발견하는 법

1998년 5월 14일, 오헐리는 연예 정보 신문인 〈버라이어티^{Variety}〉에 전면 광고 하나를 실었다. 오헐리는 그 광고를 통해 엄청난 인기리에 끝이 난 시트콤 〈사인필드^{Seinfeld}〉의 제작진과 배우들에게 다음과 같은 글을 전했다.

> 갠지스 강의 황토빛 물속에 발을 담그고 선 채로, 나는 뉴델리의 거친 여인들이 강가에서 서로의 팔꿈치를 맞대고 빨래하는 모습을 바라본다. 여인들의 손에 들린 연하늘색 반바지는 물빛으로 반짝이고, 끝없이 이어진 강물 위로 노을이 내린다. 몇 척의 배들이 내 곁을 지나 천천히 나아가고 있다. 그리고 나는 여러분의 항구에 닻을 내릴 수 있었던 것이 얼마나 감사한 일인지 떠올린다. 내게 있어 지평선은 늘 잡힐 듯 잡히지 않았고, 그것이 바로 내가 계속해서 항해를 하는 이유다. 여러분 모두의 멋진 삶을 기원한다.
>
> — 제이코포 피터맨^{Jacopo Peterman}

1990년대 후반 3년 동안 존 오헐리는 대책 없는 모험가이자 거만한 카탈로그 회사 사장 제이코포 피터맨으로 〈사인필드〉에 출연했다. 비중은 별로 없는 단역이었다. 오헐리는 〈사인필드〉의 172개 에피소드 가운데 단 20개 에피소드에만 출연했는데, 그것도 9년 동안 방송된 전체 분량 중 마지막 두 시즌에 대부분 몰려 있었다.

제이 피터맨은 비록 단역이었지만 사람들에게 깊은 인상을 남긴 캐릭터였다. 〈사인필드〉가 막을 내린 지 15년이 지난 후에도 오헐리는 어딜 가든 "피터맨 씨다!"라는 소리를 들었다. 대부분은 등 뒤에서나 길 건너편에서 외치는데 가끔은 가까이 다가와 직접 인사를 건네는 사람들도 있었다. 오헐리의 자서전에 따르면 〈사인필드〉는 전 세계 85개국에서 방영되었기 때문에 미국뿐만 아니라 세계 곳곳에서 이런 일이 일어났다. 배우들은 보통 그와 같은 인기가 당장은 좋을지 몰라도 장기적으로는 자신의 배우 생활에 독이 된다고 생각한다. 대중들이 하나의 캐릭터로만 자신을 인식해 계속 비슷비슷한 배역만 맡게 되고, 드라마나 영화 관계자들도 자신이 다른 배역은 잘 해내지 못할 거라고 생각한다는 것이다. 〈사인필드〉를 통해 유명해진 20명 이상의 배우들이 〈사인필드〉의 캐릭터에서 벗어나려고 노력하는 것도 아마 그런 이유 때문일 것이다.

〈사인필드〉의 9개 에피소드에서 멍청한 자동차 수리공 데이비드 푸디로 등장했던 패트릭 워버튼Patrick Warburton도 마찬가지였다. 그는 〈로스앤젤레스 타임스〉와의 인터뷰에서 다른 모습을 보여주는 것이 배우의 사명이라 생각한다고 이야기했다. 그리고 배우가 비슷비슷한 역할만 맡는 것은 자신이 그런 역할만 원하거나 다른 역할은 할 수 없기 때문이라며 이렇게 말했다. "저는 어느 쪽도 아닙니다."

하지만 오헐리는 꼭 그렇지만도 않다고 생각했다. 그는 데시의 소마 실험에서 돈도 벌고 게임도 즐겼던 학생들과 비슷했다. 〈사인필드〉가 종영된 후 그는 자신이 맡았던 피터맨 역할을 더 널리 알리기 위해 〈버라이어티〉에 광고를 냈다. 그리고 그리스의 신 제우스가 된 피터맨으로 분장해 제록스^{Xerox}의 텔레비전 광고에 출연했다. 라디오 방송에서도 피터맨 목소리로 활약했으며, 한 온라인 비디오테크 회사와 모회사의 주식 지분을 받는 조건으로 피터맨 캐릭터의 대변인을 맡기도 했다. 2006년, 오헐리는 〈비즈니스위크^{Businessweek}〉와의 인터뷰에서 "대변인 피터맨 캐릭터는 회사를 위해 무슨 말이든 할 수 있는 광대로, 1년에 일곱 자리 숫자만큼의 돈 값을 한다"고 말했다.

그렇다면 오헐리는 피터맨과 같은 고정된 캐릭터 말고 다른 역할은 맡지 못했을까? 전혀 그렇지 않다. 오헐리는 이후 뮤지컬 〈시카고^{Chicago}〉를 통해 브로드웨이에 데뷔했으며, 영국의 전설적인 코미디 그룹 몬티 파이튼$^{Monty Python}$의 뮤지컬 〈스팸어랏^{Spamalot}〉에서 아서 왕 역할을 맡기도 했다. 2003년에는 텔레비전 쇼 〈댄싱 위드 더 스타$^{Dancing with the Stars}$〉에서 우승을 차지했고, 그해 잠깐 방영되었던 시트콤 〈더 멀리츠$^{The Mullets}$〉에 로니 앤더슨$^{Loni Anderson}$과 함께 출연했다. 또한 2006년부터 2010년까지 게임 쇼 〈패밀리 퓨드$^{Family Feud}$〉를 진행했다. 오헐리는 배우를 넘어 하나의 브랜드가 되었다. 그가 기르는 개들로부터 배운 삶의 교훈을 담아 집필한 책 《침대로 한 번에 뛰어오르지 못해도 괜찮아$^{It's Okay to Miss the Bed on the First Jump}$》는 〈뉴욕타임스〉 베스트셀러가 되었으며, 그가 발매한 클래식 건반 앨범은 빌보드 차트에 올랐다.

한편 제이 피터맨의 실제 모델이었던 존 피터맨은 〈사인필드〉의 오헐리만큼 삶에 적응하지 못했다. 존 피터맨의 카탈로그 회사는 공격적인 경영 전략을 밀어붙이다가 1999년에 파산했다.

그리고 2001년, 참으로 아이러니하게도 오헐리는 진짜 존 피터맨을 만나 'J. 피터맨'이라는 브랜드 명칭 사용 계약을 체결했다. 현재 오헐리는 자신이 사들여 부활한 'J. 피터맨 회사'의 이사회 구성원이 자 최대 투자자다. 오헐리는 한 인터뷰에서 이렇게 말했다. "제이 피 터맨 캐릭터가 제 삶을 얼마나 크게 변화시켰는지 아마 상상도 할 수 없을 겁니다. 이제는 제가 회사를 소유하게 되어 '제이 피터맨'이라는 이름을 계속 사용할 수 있어서 정말 기쁩니다."

지금까지 서커스 광대에서 억만장자가 된 기 랄리베르테, 공립학 교 관리자에서 베스트셀러 작가가 된 마샤 시네타, 썩어가는 소머리 로 값비싼 예술 작품을 만든 데미언 허스트 등 강점으로 발휘되기 힘 든 상황을 최대로 활용했던 사람들에 대해 중점적으로 살펴보았다. 그렇다면 이제 다른 문제에 대해 살펴보자. 왜 〈사인필드〉의 다른 배 우들은 오헐리와 비슷한 기회가 주어졌을 때 자신이 맡았던 캐릭터 에서 달아나려고만 했을까? 무엇이 오헐리를 그들과 다르게 만들었 을까? 이 질문에 답하기 위해서는 데시와 그의 동료들이 로체스터대 학교에서 실시했던 실험에 대해 다시 한 번 살펴볼 필요가 있다.

지난 30년간 데시가 매진했던 연구는 '직장이 어떻게 하면 직원 들에게 좀 더 자율성을 장려할 수 있는가'에 대한 연구나 마찬가지 였다. 직원들이 맡은 일에서 본질적인 즐거움을 느낄 수 있는 제도가 만들어진다면, 자율성을 보장받는다는 생각에 직원들의 생산성은 향 상될 것이다.

하지만 문제는 자율성을 보장하는 환경에 대한 생각이 사람들마 다 다르다는 것이다. 자신이 통제받고 있다는 느낌을 쉽게 받는 사람 들은 그렇지 않은 사람들이 도전 의식을 느끼는 환경에서도 위협을 느낄 수 있다. 한 연구에 따르면, 자율적인 성향이 높은 의과대학 학생들은 실제 모습과 상관없이 자기 교수를 자율성을 장려하는 사람으로 바라보는 경향이 크다고 한다. 심지어 이들은 지나치게 학생들을 통제하는 교수들조차 자율성을 장려하는 편이라고 생각했다.

기회는 볼 수 있는 사람에게만 열려 있다. 〈사인필드〉에 출연했던 다른 배우들은 오헐리와 달리 자신이 맡은 캐릭터가 앞으로의 배우 인생에 해가 될지도 모르거나 자신의 자유를 위협할 수도 있다고 생각했다. 하지만 피터맨 캐릭터는 오헐리의 배우 인생에 전혀 방해가 되지 않았다. 그는 자신에게 꼭 맞는 피터맨 캐릭터를 몸에 걸치고 그대로 은행으로 직행했다.

3장

부자는
동전을 세지 않는다

평범한 사람들 중 70퍼센트가 부자가 되려면 지출을 줄여야 한다고 답했다.
하지만 부자들의 생각은 전혀 달랐다.
그들 중 소비를 줄이는 것이 부를 쌓는 데 도움이 된다고 답한 사람은 10퍼센트에 불과했다.
그들은 아끼는 것보다 어떻게 하면 더 벌 수 있는지를 궁리하고 다양한 수입원을 찾아냈다.

BUSINESS BRILLIANT

절약은 좋은 습관이지만,
부자 되는 방법은 아니다

수지 오먼Suze Orman은 미국 최고의 자산 관리 전문가이자 미디어 슈퍼스타다. 그녀는 그 자리에 오르기 전 자신의 삶을 돌이켜보며, 중독에서 벗어난 사람이나 회개한 죄인이 유혹을 물리치려고 애쓰던 시절을 회고하듯 돈에 대해 말했다.

1987년, 당시 서른다섯 살이던 오먼은 빚에 허덕이고 있었다. 샌프란시스코 베이 지역에서 작은 재무 설계 사무실을 운영하던 그녀는 빚이 늘어날 수밖에 없는 생활을 하고 있었다. 오먼은 작은 집을 담보로 최대한 대출을 받은 상태에서 BMW를 빌리는 비용으로 매달

600달러씩 지출하고 있었으며, 신용카드 빚은 10만 달러에 달했다. 게다가 7,500달러짜리 까르띠에 시계를 사기 위해 퇴직연금까지 손을 댔다. 그런 세월을 보냈던 그녀가 이제는 과소비에 탐닉하는 사람들에게 쓴 소리를 던지고 있다. 9권의 베스트셀러를 펴낸 오먼은 〈오프라 윈프리 쇼The Oprah Winfrey Show〉에 지속적으로 출연하면서, 팬들을 향해 쓸모없는 사치품을 사는 데 낭비할 돈이 있으면 은퇴 설계에 투자하라고 충고했다.

1999년에 출간된 책《부자가 되기 위한 용기The Courage to Be Rich》에서 오먼은 여러 장에 걸쳐 부자가 되는 방법에 대해 이야기한다. 그 방법이란 이런 것이다. 슈퍼마켓 식빵 대신 꼭 프렌치 바게트를 먹어야 하는가? 유명 디자이너의 속옷은 필수품인가 사치품인가? 고가의 향기로운 비누를 안 쓰면 좀 어떤가? 오먼은 이렇게 말한다. "부자가 되길 꿈꾸지만 현실에서 여전히 부자와는 거리가 멀다면, 방법을 바꿔야 한다. 방법은 간단하다. 동전 한 푼부터 소중히 여기는 것이 바로 부자가 되는 길이다. 그리고 사치품을 꼭 사고 싶다면, 정말로 매우 신중하게 골라야 한다."

그렇게 아끼고 또 아끼는 것이 부자가 되는 지름길이라고 오먼이 확신하기 때문에 다들 그녀 역시 그렇게 살아왔을 거라고 생각할 것이다. 그리고 그녀가 동전 한 푼까지 아껴가면서 절망적이었던 재정 상황을 극복한 이야기를 듣고 싶을 것이다. 하지만 그녀는 말해줄 수 없다. 왜냐하면 그렇게 살아오지 않았기 때문이다.

오먼은 저축을 늘려서 빚을 청산한 것이 아니었다. 그녀가 빚을 청산할 수 있었던 건 소득을 늘린 덕분이었다. 오먼은 자신이 사랑하는 일에서 비즈니스 브릴리언트 기술을 효율적으로 발휘해 돈을 벌었다.

1987년 빚에 허덕이고 있을 당시 오먼은 직원들의 은퇴 설계를 제공하는 대가로 새로운 대기업과 좋은 조건의 계약을 맺었다. 오먼은 단 한 달간 일하고 25만 달러(약 2억 6,000만 원)를 받았다. 그 덕분에 그녀의 낭비벽에도 큰 문제가 생기지 않았다. 오먼은 집을 팔 필요도, BMW를 바꿀 필요도, 저렴한 속옷을 찾아 헤맬 필요도 없게 되었다.

오먼은 빚을 청산하기 위해서는 지출을 줄이는 것만으로는 충분하지 않다고 말한다. 지금 빚에 허덕이고 있다면, 가지고 있는 사치품을 헐값에라도 팔아서 돈을 마련해야 한다고 조언한다. 그렇다면 그녀는 과거 빚에 시달리던 때, 퇴직연금을 깨면서까지 구입했던 7,500달러짜리 까르띠에 시계를 헐값에 팔았을까? 아니다. 오먼은 그 시계를 친구에게 그냥 줘버렸다.

1980년대부터 주식 보유자들 사이에서 인기를 얻은 개인 은퇴 계좌는 오늘날 9,000만 개에 달한다. 오먼은 그 무렵 크게 늘어난 개인 자산 관리 전문가 중 가장 유명한 인물이다. 그들은 책을 쓰거나 텔레비전에 나와서는 한 푼이라도 아껴야 부자가 될 수 있다며 늘 똑같은 소리만 늘어놓는다. 덜 쓰고 더 저축해서, 그 돈으로 주식이나 세금 우대를 받는 뮤추얼 펀드에 투자하라고 말이다.

〈뉴스위크Newsweek〉의 칼럼니스트 제인 브라이언트 퀸Jane Bryant Quinn은 오먼이 나타나 왕좌를 빼앗기 전까지 그 분야의 여왕이었다. 데이비드 바흐David Bach와 로버트 기요사키Robert Kiyosaki가 제왕의 자리를 차지하고 있었고, 공인회계사 에드 슬럿^{Ed Slott}이 〈스테이 리치 포에 버^{Stay Rich Forever}〉라는 경제 정보 프로그램에서 입지를 다지고 있었다.

'절약'이라는 신조는 많은 사람들에게 통했다. 비즈니스 브릴리언트 설문조사에 참여한 중산층 10명 중 7명이 "재정적 성공을 위해서는 지출을 줄여야 한다"고 답했다. 또 "필요 없는 사치품은 사지 않는 것이 좋다"라는 항목에서도 그와 비슷한 응답률을 보였다. 2008년 경제 위기를 겪으면서 수많은 은퇴 계좌가 휴지 조각으로 변했음에도 불구하고 그러한 생각에 대한 사람들의 믿음은 흔들리지 않았다. 실제로 경제 위기 전과 후에 진행된 각각의 설문조사 결과를 보면, 저축을 통해 부자가 될 수 있다는 사람들의 믿음은 거의 변하지 않은 것을 알 수 있다.

지출을 줄이지 않고 수입을 늘리는 법

하지만 자수성가한 백만장자들의 생각은 그와 정반대였다. 10명 중 1명만이 사치품에 대한 지출을 삭감하거나 소비를 줄이는 것이 부를 쌓는 데 도움이 된다고 답했다. 그들은 지출을 줄인 것이 아니라 수입을 늘려서 재정적 성공을 이루었다. 물론 저축도 좋지만, 부자들이 재산을 늘리기 위해 사용한 방법은 저축이 아니었다. 다시 말해, 저축과 투자는 다른 방법을 통해 이미 확보한 수입을 지키기 위한 수단일 뿐이다.

주변에 부자가 많은 사람들은 그 사실을 알고 있을 것이다. VIP를 위한 경제·문화 잡지인 〈워스Worth〉를 창간했던 랜들 존스Randall Jones는 《잘 벌고 잘 쓰는 법The Richest Man in Town》을 집필하기 위해 2년 동안 수많은 억만장자들과 인터뷰를 했는데, 그 인터뷰를 통해 부자가 되기 위한 12계명을 도출할 수 있었다. 그러나 12계명 중 '검소', '저축', '투자'에 관한 내용은 하나도 없었다.

영국 미디어 업계의 거물 펠릭스 데니스Felix Dennis는 처음 사업을 시작했을 때 지독한 구두쇠처럼 굴었다. 그는 직원들에게 되도록 임금을 적게 주었고, 회사 차나 휴대전화 따위는 지원해주지도 않았다고 자랑한다.

하지만 그러는 동안에도 자기 자신을 위해서는 어떤 씀씀이도 줄이지 않았다. 그는 《부자 본능 How to Get Rich》이라는 자신의 저서에서 지난 20년 동안 프랑스산 와인에만 79만 달러를 지출했다며 이렇게 말했다. "그러고도 남은 돈은 그냥 펑펑 썼다."

이처럼 부자들은 그렇지 않다는 많은 증거에도 불구하고 오먼은 지출을 줄이고 저축을 늘리는 것이 부자들의 몸에 밴 특별한 습관이라고 주장함으로써 자신만의 금융 제국을 건설했다. 오먼은 《부자가 되기 위한 용기》에서 이렇게 말했다. "동전 한 푼까지 세고, 동전 한 푼까지 소중히 여겨라. 누가 그렇게 하고 있냐고? 부자들이다. 내가 장담한다."

오먼의 잘못을 들추고 싶지는 않지만, 나는 그녀가 어떻게 그처럼 말도 안 되는 장담을 할 수 있었는지 모르겠다. 나 또한 그녀의 기준으로 볼 때 부유하다고 할 수 있는 사람들을 많이 만나보았지만, 그들은 모두 돈을 버느라 너무 바빠서 동전 한 푼까지 셀 시간이 없었다. 2007년, 오면은 개인 전용기 비용으로만 1년에 적어도 30만 달러를 쓴다고 〈뉴욕타임스〉에 말했다. 일정이 많은 그녀에게는 시간이 곧 돈이기 때문이다. 하지만 그것이 바로 부자들이 동전까지 세지 못하는 이유이기도 하다. 부자들은 돈을 아끼기보다는 버는 데 더 많은 시간을 투자한다.

절약을 외치는 유명한 전문가들 모두 이 점을 잘 알고 있을 것이다. 왜냐하면 그들 역시 저축이 아니라 수입을 늘림으로써 부를 쌓았기 때문이다. 퀸과 슬럿을 비롯한 많은 사람들이 자기 일에서 비즈니스 브릴리언트 기술을 발휘해 돈을 벌었다. 그러므로 절약과 저축이 바로 "조금씩 부자가 되는 지름길"이라는 오면의 주장은 반만 맞다. 부가 차곡차곡 쌓인다는 말은 사실이다. 하지만 부자는 동전이 아니라 기회를 중시함으로써 부를 이루었다.

그렇다면 개인 사업을 꺼리는 많은 사람들은 어떨까? 내년도 예상 수입이 회사 연봉이 전부라면, 지출을 줄이고 최대한 저축하는 것이 이치에 맞지 않을까? 물론 그렇다. 하지만 그렇게 해서 부자가 될 수는 없다는 말이다. 저축은 저축일 뿐이다. 해서 나쁠 것은 없지만 부자가 될 수 있는 방법은 아니다.

'저축'이라는 신념의 가장 해로운 점은 바로 정작 중요한 문제가 무엇인지 잘 볼 수 없게 만든다는 것이다. 중요한 것은 더 많은 돈을 버는 것이다. 앞으로 내가 언급할 모든 비즈니스 브릴리언트 원칙에 조금도 관심이 없는 사람이 있다고 하자. 돈을 더 많이 벌고는 싶지만, 이를 위한 어떤 전략도 썩 마음에 들지는 않는다. 그래도 여전히 방법은 있다. 어떤 특별한 재능도, 새로운 기술이나 노력도 없이 더 많은 돈을 벌 수 있는 방법, 그것은 바로 '요구하는 것'이다.

당신이 지금 하고 있는 일을 통해 더 많은 돈을 벌지 못하는 단 하나의 이유는 요구하지 않았기 때문일 가능성이 크다. 정말 그렇다.

통계에 따르면 신입사원 4명 중 3명은 입사할 때 제시된 월급 이상으로 더 많은 월급을 요구하지 않는다고 한다. 채용 담당자 10명 중 9명은 요구한다면 월급을 올려줄 준비가 되어 있었음에도 불구하고 말이다. 4명 중 인상을 요구했던 1명마저도 대부분은 제대로 요구하지 못했고, 충분한 금액을 요구하지도 않았다. 오먼의 말대로 한 푼이라도 아끼기 위해 갖은 애를 쓰고 있는 수많은 사람들이 직장에서는 엄청난 돈을, 그야말로 요구하기만 하면 얻을 수 있는 돈을 그냥 흘려보내고 있는 것이다.

그렇다면 더 많은 돈을 요구하는 사람은 과연 어떤 사람들일까? 오먼의 말을 빌려 대답해보겠다. "부자들이다. 내가 장담한다."

우물쭈물하다가는 아무것도 얻지 못한다

1995년, 린다 뱁콕 Linda Babcock은 카네기멜론대학교에서 경제학과 조교수로 일하고 있었다. 어느 날 여학생 몇 명이 그녀를 찾아와 불만을 토로했다. 논문 자격시험 통과자들의 강의가 다음 학기에 개설될 예정이었는데 그 강의를 전부 남학생들이 맡았다는 것이었다. 그러면서 여학생들은 여성이라는 이유로 가르칠 기회를 박탈당했다고, 또 경제학과 전체가 남학생들을 중심으로 운영되고 있어 소외감을 느낀다고 말했다. 그래서 뱁콕을 찾아와 그 문제에 대해 살펴봐달라고 부탁한 것이다.

이에 뱁콕은 학과장을 찾아가 그 문제에 대해 논의하면서 문제의 이면을 파악할 수 있었다. 알고 보니 새로 개설될 강의는 모두 강의 제안서를 작성하여 학과장을 찾아온 박사 과정 수료생들이 맡은 것이었다. 그런데 우연히 전부 남학생들만 찾아왔던 것일 뿐 여학생들을 차별하려던 것은 아니었다. 다시 말해 남학생들은 먼저 찾아가 요구했기 때문에 강의를 맡을 수 있었고, 여학생들은 스스로 요구하지 않았기 때문에 강의를 맡지 못한 것이었다.

그 사건 이후 뱁콕은 동료 교수 몇 명과 함께 카네기멜론대학교에서 공공 정책 분야 석사 학위를 받고 최근에 졸업한 학생들의 급여에 대해 조사해보았다. 조사 결과, 남녀 학생들 모두 거의 동일한 자질과 능력을 갖추고 있었음에도 불구하고 남학생들이 여학생들보다 평균 7.6퍼센트 더 많은 급여를 받고 있었다. 그다지 놀랄 만한 결과는 아니었다. 수년 동안 실시된 급여 조사에 따르면, 어느 직종에서든 성별에 따라 그와 비슷한 수준의 급여 차이가 존재했기 때문이다. 그리고 그러한 차이가 바로 고용과 보상에 있어서 성별에 대한 편견이 존재한다는 증거로 여겨졌다.

하지만 뱁콕은 그와 같은 일반적인 급여 조사에 미처 포함되지 않았던 질문들을 새로이 포함시켰다. 바로 '요구'에 관한 질문이었다. 졸업생 중 몇 명이나 일자리 제안을 받아들이기 전에 임금 인상에 대한 협상을 시도해보았을까? 카네기멜론대학교 진로상담실은 구직 활동을 하는 학생들에게 최초의 급여 제안을 거절하고 더 많은 급여를 요구하라고 적극 권장하고 있었는데, 뱁콕은 얼마나 많은 학생들이 실제로 그 조언을 따르고 있는지 알아보았다. 놀랍게도 남학생 중에서는 절반 이상인 57퍼센트가 급여 인상을 요구했지만, 여학생 중에서는 단 7퍼센트만이 이를 요구했다. 즉, 여학생의 93퍼센트는 (그리고 남학생의 43퍼센트는) 임금 인상을 요구하라는 조언을 분명히 들었음에도 불구하고 인상 요구 없이 처음 제안받은 급여를 순순히 받아들였다. 뱁콕은 그 조사를 통해 급여 인상 요구에는 상당한 보상이 뒤따른다는 사실 또한 알아냈다. 남녀 학생을 통틀어 협상을 시도한 학생들의 평균 급여는 협상을 시도하지 않은 학생들의 급여보다 7.4퍼센트 높은 4,305달러였다. 그러므로 남성과 여성의 급여 차이는 남성이 여성에 비해 8배나 더 많이 급여 인상을 요구하기 때문이라고 할 수 있다. 다시 말해 뱁콕의 급여 조사에서 드러난 성별 차이는 사실 '협상 차이'였던 것이다.

뱁콕은 이 연구를 바탕으로 《여자는 어떻게 원하는 것을 얻는가 **Women Don't Ask**》라는 책을 공동 집필했다. 이 책에서 뱁콕은 자신의 이익을 위한 협상에 여성들이 보이는 일반적인 거부감에 대해 깊이 탐구했다. 하지만 이는 비단 여성에게만 국한된 문제는 아니었다. 남성의 거의 절반도 급여 인상 요구에 대한 비슷한 거부감으로 힘들어하고 있었다. 뱁콕의 조사 결과에 따르면, 남녀 통틀어 카네기멜론대학교 석사 졸업생들 중 단 25퍼센트만이 입사 전에 급여 인상을 요구했다. 그들은 모두 최고의 대학교에서 석사 학위를 취득한 인재들이었다. 게다가 진로상담실에서 급여 인상을 요구하라는 지도까지 받은 학생들이었다. 합리적이고 공손한 태도로 협상하는 방법 또한 알고 있었다. 그럼에도 불구하고 학교에서 배운 대로 급여 인상을 요구한 학생은 4명 중 1명뿐이었다.

여러 연구에서 이와 비슷한 결과가 도출되었다. 어느 분야에서든 구직자들은 좀처럼 급여 인상 협상을 시도하지 않았다. 로빈 핑클리 Robin Pinkley와 그레고리 노스크래프트 Gregory Northcraft 교수가 공동 집필한 《당신의 가치만큼 받아라 Get Paid What You're Worth》에 따르면, 가장 수준 높은 구직자들이라고 할 수 있는 기업체 간부 채용 지원자들 중에서 약 절반 정도만이 입사 과정에서 협상을 시도했다고 밝혔다. 그러나 이는 지면 조사가 아닌 대면 설문에 따른 수치이기 때문에, 실제로 협상을 시도하지 않은 구직자는 이보다 훨씬 많을 거라고 두 사람은 추측했다. 이러한 추측을 뒷받침하듯, 채용 담당 간부들은 입사 지원자 중에서 급여 협상을 시도한 사람은 4명 중 1명밖에 되지 않았다고 밝혔다. 이는 카네기멜론대학교 학생들을 대상으로 한 뱁콕의 연구 결과와 비슷한 수치다.

해마다 5,000만 명의 미국인이 새로운 일을 시작한다. 그리고 그들 중 대부분은 최초의 급여 제안을 그대로 수락할 것이다. 그들은 아무것도 요구하지 않으며, 미소 짓고 악수까지 하면서 더 받을 수도 있는 엄청난 돈을 뿌리칠 것이다.

혹시 믿기 힘들다면 경영진의 관점에서 채용 과정을 한번 살펴보자. 앞에서 언급했듯이 인사 담당자 10명 중 9명은 구직자가 요청한다면 급여를 인상해줄 용의가 있다고 답했다. 우선 인사 담당자들은 처음에 의도적으로 비현실적인 낮은 급여를 제시한다. 만약 구직자가 더 낮은 급여를 받아들일 가능성이 조금이라도 있다면, 예산에 신경 써야 하는 인사 담당자들은 '타당한' 제안으로 급여 협상을 시작할 이유가 없는 것이다. 더 정확히 말하자면, 인사 담당자는 구직자가 급여 인상을 요구할 때를 대비해야 한다. 그렇기 때문에 협상의 여지를 남기기 위해서라도 처음에는 최대한 낮은 급여를 제안할 수밖에 없다.

그러므로 공무원이나 조합원이 아니라면, 입사 과정에서 처음 제안받은 모든 급여는 의도적으로 낮게 책정된 것이라고 보아야 한다. 그 금액은 보통 회사 측에서 지급할 의사가 있는 돈보다 훨씬 낮은 금액이다. 그러므로 급여 인상 요구 없이 제안받은 급여를 그대로 받아들이는 것은 엄청난 돈다발을 눈앞에 두고 돌아서는 것이나 마찬가지다.

핑클리와 노스크래프트는 숙련된 전문가들과 능력 있는 수많은 사람들이 급여 협상을 꺼려 하는 진짜 이유가 무엇인지 자세히 조사해보았다. 그 결과 그들은 대부분의 구직자들이 채용 과정에서 자신이 약자라는 생각 때문에 불안해한다는 사실을 발견했다. 손해를 감수하는 이유가 '불안감' 때문에 비롯되는 것이다. 구직자들이 가장 흔히 느끼는 두려움은 급여 인상 요구를 하면 새로 만날 직장 상사가 불쾌해할지도 모른다는 것이었다. 협상을 요구하면 상대방이 자신을 '돈만 밝히고 이기적이고 자만하며 고마워할 줄 모르는 사람'으로 여길지도 모른다고 생각했다. 심지어 급여 인상을 요구했다가 일자리 자체가 위태로워질 수도 있다고 생각했다.

하지만 이 2가지 두려움은 전혀 근거 없는 두려움이다. 핑클리와 노스크래프트는 그 부분에 대해 고용주들을 대상으로도 조사를 진행했는데, 모든 고용주들은 구직자들이 자신이 제시한 급여보다 더 요구할 수도 있다고 생각하고 있었다. 게다가 협상이 구직자의 이미지를 깎아내리지 않는 것은 물론이고, 오히려 도움이 되는 경우도 있다. 고위급 인사 담당자들을 대상으로 한 조사에서 10명 중 8명은 그 자리에서 첫 번째 제안을 수용하는 구직자보다는 전문적인 태도로 협상에 임하는 구직자의 인상이 더 좋게 남는다고 대답했다. 누구든 자존감 높고 자신감 넘치는 사람을 채용하길 원하지 않겠는가? 급여 협상을 두려워하는 구직자라면 다른 업무를 처리하는 데에도 어려움을 겪을 수 있지 않을까?

핑클리와 노스크래프트는 일자리 제안이 철회될 가능성은 별로 없다는 사실 또한 밝혔다. 간혹 있다면 이는 이력서나 지원서에 문제가 있었기 때문일 것이다. 물론 아주 가끔 구직자가 채용 제안을 철회할 수밖에 없도록 만들기도 한다고 그들은 말했다. 협상에서 터무니없는 요구를 하거나 협상 자체를 너무 오래 질질 끈다면 회사 측에서 채용 제안을 취소할 수도 있다. 하지만 이는 협상을 시도했기 때문이 아니라 그 사람이 협상을 제대로 하지 못했기 때문이다.

핑클리와 노스크래프트에 따르면 대부분의 인사 담당자들은 새로 입사할 직원이 자신이 제안한 급여에 만족하며 일을 시작하길 원했다. 그들은 급여에 불만이 있거나 더 요구하지 못했다고 후회하는 사람은 채용하고 싶어 하지 않았다. 이를 증명하기 위해 두 사람은 급여 제안에 대한 가상의 구직자들의 반응을 다음과 같이 분류했다.

그리고 인사 담당자들에게 이를 보여주며 그들이 제안할 수 있는 최고 급여가 얼마인지 물었다.

이에 인사 담당자들의 약 40퍼센트가 구직자가 기쁜 마음으로 받아들일 수 있는 4만 4,000달러(약 4,700만 원)의 급여를 제안하겠다고 답했다! 급여에 만족하는 직원을 채용할 수 있다면 그만큼의 추가 금액은 충분히 지불할 용의가 있다고 그들은 답했다. 약 절반 정도는 구직자가 적어도 만족할 수 있도록 4만 1,000달러까지는 지불할 용의가 있다고 대답했다. 단 10퍼센트만이 구직자가 만족하지 않아도 수용만 한다면 최소한의 금액만 제안하겠다고 대답했다. 핑클리와 노스크래프트는 이렇게 말했다. "각각의 경우 인사 담당자들은 지원자가 협상을 시도한다면 그를 채용하기 위해 더 많은 돈을 지불할 의사가 있지만, 더 적은 돈으로도 그를 채용할 수 있다면 기쁠 것이라고 말했습니다."

이 말은 무슨 뜻일까? 즉, 급여를 제안받았을 때 지원자는 기쁘게 받아들일 자신이 있는 정확한 금액을 요구한다면, 그만큼 급여가 올

인사 담당자가 제안한 연봉	구직자의 반응
3만 5,000달러	거절
3만 8,000달러	만족스럽지 않으나 수용
4만 1,000달러	만족스럽게 수용
4만 4,000달러	기쁜 마음으로 수용
4만 8,000달러	몹시 기쁜 마음으로 수용

라갈 가능성이 40퍼센트라는 것이다! 최소한 만족할 수 있는 금액을 제시해 이를 확보할 수 있는 확률 또한 90퍼센트로 높다.

앞에서 제시한 급여 차이는 매우 중요하다. 그 차이는 뱁콕의 조사 결과와도 일치하는데, 급여 협상을 하게 되면 보통 7퍼센트 더 높은 급여를 받을 수 있다는 사실을 보여준다. 그보다 더 낮은 4퍼센트 전후의 비율로 급여 인상이 가능하다는 다른 조사 결과도 있었다. 하지만 4퍼센트라 해도 돈으로 환산한다면, 비즈니스 브릴리언트 설문조사에 참여했던 중산층 응답자들의 경우 2,000달러에서 4,000달러의 추가 수입을 얻을 수 있다는 것을 뜻한다. 한 유명한 협상 가이드에 따르면, 급여 협상은 어쩌면 '1분'이라는 시간 안에 1,000달러라는 돈을 벌 수 있는 생애 유일한 기회인지도 모른다.

게다가 1분에 1,000달러를 벌 수 있는 단 한 번의 협상 기회가 가져다주는 재정적 이익은 해가 갈수록 축적된다. 처음부터 좀 더 높은 급여로 일을 시작한다면, 다음 해의 급여는 그 높은 급여를 기준으로 책정될 것이기 때문이다. 한 번 협상한 가치는 그 일을 하는 기간 내내 해마다 불어날 것이다. 심지어 이직할 때 새로운 직장에서의 기본 급여에도 영향을 끼칠 수 있다.

핑클리와 노스크래프트는 가상의 대학 졸업자 A와 B의 예상 급여를 산출해 비교해보았다. A와 B 모두 5만 달러의 급여로 일을 시작했다. 그리고 해마다 3퍼센트 내지 4퍼센트 정도로 급여가 올랐고, 두 사람 모두 8년마다 직장을 옮겼다. 이 둘의 차이는 단 하나였다. A는 이직할 때 급여 협상을 하지 않았지만, B는 이직할 때마다 4.3퍼센트의 급여 인상을 요구했다. 이렇게 50년 동안 일을 한다고 가정하면 급여 인상을 요구했던 B는 결국 협상을 시도하지 않았던 A보다 170만 달러(약 18억 원)를 더 벌 수 있게 된다.

부자는 더 요구하고, 잘 요구한다

뱁콕은 카네기멜론대학교에서 협상 기술을 가르치는 워크숍을 진행하기 시작했다. 구직 상황에서 협상을 시도하면 시도하지 않는 것보다 더 많은 급여를 받을 수 있지만 대부분의 학생들은 급여 협상 실력은 형편없었다. 협상을 전혀 시도하지 않는 사람들보다는 더 많은 돈을 받았지만, 대부분 자신에게 주어진 기회를 최대한 활용하지 못했다. 물론 아예 시도조차 하지 않는 것보다는 서투른 협상이 나았다. 그러나 그들 역시 협상 테이블에 돈뭉치를 놓고 나오는 격이었다.

급여 협상에 나섰던 카네기멜론대학교 남녀 학생들이 얻은 결과를 통해 뱁콕은 성별에 따른 두 번째 차이점을 발견했는데, 이를 통해 협상에 관한 중요한 사실을 도출해낼 수 있었다. 바로 높은 목표가 언제나 더 나은 결과를 가져온다는 것이다. 뱁콕은 여학생들이 일반적으로 남학생들에 비해 적정선을 넘지 않는 범위 내에서만 요구할 뿐 아니라, 협상 자체도 너무 일찍 마무리한다는 사실을 발견했다. 그러니 여학생들의 급여가 낮을 수밖에 없었다.

급여 협상에 나섰던 MBA 지원자들에 대한 한 연구에 따르면, 남성들은 처음 제안받은 급여보다 4.3퍼센트 더 높은 급여를 받았지만 여성들은 2.7퍼센트 더 높은 급여를 받았다. 이 같은 차이는 남성들이 여성들에 비해 더 높은 목표를 세우고 협상에 임한다는 것을 보여준다. 그 결과 남성들은 요구한 만큼 다 받지는 못하더라도 여성들보다는 더 높은 급여를 받을 수 있었다.

뱁콕은 협상 워크숍을 통해 자신의 가치를 낮게 잡는 것이 아예 협상을 시도하지 않는 것보다 더 위험할 수 있다고 강조했다(워크숍은 여학생들을 대상으로 준비되었지만, 남학생들도 원한다면 참여할 수 있었고 실제로 참여했던 남학생들도 있었다). 그녀는 학생들에게 급여 협상에 나서기 전에 우선 각각의 분야에서 높은 수준의 급여가 얼마인지 조사해보라고 조언했다. 그런 다음 급여 제안을 받고 나서 타당하다고 생각하는 금액보다 훨씬 많은 금액을 요구할 준비를 해야 한다고 말했다. 실제로 원하는 금액보다 훨씬 높은 금액을 요구해야 정말로 원하는 수준의 급여를 받을 수 있기 때문이다.

뱁콕이 협상 워크숍을 진행한 지 3년째 되던 2005년, 카네기멜론대학교는 최근 졸업생들의 연봉 조사를 통해 그들의 행동에 커다란 변화가 있었다는 사실을 발견했다. 여성 석사 학위 소지자들의 연봉 협상 비율이 최초로 남성 석사 학위 소비자들의 연봉 협상 비율을 넘어선 것이다(여성 68퍼센트 대 남성 65퍼센트). 연봉 인상 비율은 그보다 더 놀라웠다. 협상을 시도했던 여학생들의 연봉은 14퍼센트 정도 증가했고, 협상을 시도했던 남학생들의 연봉은 16퍼센트 정도 증가했다. 성별에 따른 차이가 여전히 약간 존재했지만, 모든 졸업생들이 예전 졸업생들보다 더 많은 돈을 받고 있었다.

이직을 하지 않더라도 지금 다니고 있는 회사와의 연봉 협상에서도 같은 전략을 사용할 수 있다. 핵심은 지금 몸담고 있는 분야와 회사에서 현재 자신의 가치를 정확히 파악한 다음, 연봉 협상 시기에 '훨씬 많은 금액'을 요구하는 것이다. 인터넷 덕분에 다른 회사들과의 연봉 비교도 쉬워졌다. 또한 주변 사람들이나 같은 분야에서 일하는 다른 사람들에게 조언을 구하여 자신의 능력과 기술 중 현재 가장 요구되는 것이 무엇인지 파악하는 것도 중요하다. 그런 뒤 협상에서 바로 그 능력을 강조하는 것이다.

밥콕은 한 직장에서 오래 일하게 되면 직원으로서 자신의 가치를 폄하하기 쉽다고 말한다. 그녀는 두 번째 저서 《요구하라Ask for It》에서 버뮤다에 있는 한 고급 호텔의 객실 관리 지배인 이야기를 들려주었다. 이 여성은 일을 아주 잘해서 그 지역의 다른 호텔들이 종종 그녀에게 이직을 제안하곤 했다. 그녀는 지금 일하고 있는 호텔을 떠나고 싶지 않았지만, 이직 제안을 받을 때마다 이를 연봉 인상의 기회로 활용했다. 그때마다 그녀가 고민한 문제는 바로 이것이었다. '얼마를 더 요구할 것인가?'

역시 호텔 업계에서 일하고 있던 그녀의 남편은 도움이 되는 충고를 많이 해주었다. 그는 아내에게 '터무니없는' 금액을 말해보라고 했다. 그녀가 남편에게 5,000달러 정도면 터무니없는 금액 같다고 말하자 그는 그녀에게 1만 달러 인상을 요구하라고 조언했다. 그녀는 남편 말대로 했고, 결국 1만 달러를 더 받게 되었다. 다음에 또 이직 제안을 받았을 때, 그녀는 남편에게 6,000달러 정도면 말도 안 되는 금액일 것 같다고 말했다. 그러나 그는 이번에는 1만 2,000달러의 인상을 요구하라고 조언했다. 결국 그녀는 연봉을 1만 2,000달러 더 올릴 수 있었다. 그렇게 그녀는 이직을 제안받을 때마다 그 '터무니없는' 연봉 인상 요청을 되풀이했다. 6년이 지나자 그녀의 연봉은 3만 6,000달러가 되어 있었다. 말도 안 된다고 생각했던 금액의 2배 이상을 요구했기 때문에 가능한 일이었다.

물론 모든 사람들이 그녀처럼 쉽게 급여 인상을 요구할 수는 없을 것이다. 아마 버뮤다 섬의 열악한 노동시장도 어느 정도 도움이 되었을 것이다. 하지만 뱁콕은 핑클리와 노스크래프트처럼 협상 능력을 키워주는 몇 가지 간단한 기술만 익힌다면 대부분의 사람들이 지금보다 훨씬 더 많은 돈을 벌 수 있다고 확신했다.

하지만 여전히 많은 사람들은 그러한 생각에 별로 동의하지 않는다. 이유가 어떻든 간에 뱁콕이나 핑클리, 노스크래프트의 책보다는 오먼의 책이 훨씬 많이 팔리지 않았는가. 비록 세 사람의 주장이 오먼의 주장보다 더 많은 연구에 바탕을 두고 있으며, 결과로도 알 수 있듯이 더 믿을 만한데도 말이다.

하지만 직접적인 '요구'야말로 이 책에서 소개할 비즈니스 브릴리언트 전략 중 가장 강력한 방법이라고 할 수 있다. 왜냐하면 요구하는 데 돈이 필요한 것도 아니고, 요구한다고 무언가를 잃게 되는 것도 아니기 때문이다. 정기적인 임금 인상과 승진이 과거의 일이 되어버린 이 시대에 더 요구하는 것, 잘 요구하는 것, 그리고 자주 요구하는 것은 바로 자신의 가치에 합당한 돈을 받을 수 있는 유일한 방법이다.

아무도 내 돈을
따로 챙겨주지 않는다

오먼은 2011년에 출간한 책 《더 머니 클래스^{The Money Class}》에서 2008년 경제 위기가 절약이라는 신조에 대한 지지자들의 믿음을 뒤흔들어 놓았다고 인정했다. 수많은 경제 전문가들도 지금 1달러를 저축해 주식에 투자하면 30년이나 더 먼 미래까지 10퍼센트의 비율로 복리 이자를 받을 수 있다고 오먼과 비슷한 말을 되풀이해왔다. 하지만 그 후로 급변하는 주식시장의 상황이 뮤추얼 펀드의 수익률을 떨어뜨렸고, 저축에 대한 장기적 관점 또한 불투명하게 만들었다. 오먼 역시 저축을 통한 기대 수익을 6퍼센트 정도로 낮췄다. 하지만 그 6퍼센트에도 문제가 있다.

6퍼센트의 수익을 내 미래에 목돈을 얻으려면 미국인 평균 연봉보다 훨씬 많은 돈을 벌어야 하기 때문이다.

오먼 역시 "통신 요금과 미용실 가는 횟수를 줄이는 것으로 충분했던 시대는 이미 지났다"고 인정했다. 지금 그녀는 아메리칸 드림의 규모 자체를 줄여야 한다고 강조한다. 동시에 "집을 사지 마라. 할 수 있다면 무슨 일이든 하라. 아이들을 더 저렴한 대학에 보내라"고 한다. 그리고 부자들의 예를 따르라는 지난 시절의 조언도 거두었다. 그것이 부자들의 방법이 아니라는 것은 누가 봐도 확실했기 때문이다. 직업 세계의 변화 속도는 대부분의 사람들이 체감하는 것보다 훨씬 빠르게 이뤄지고 있다. 정년이 보장되는 직업은 점점 줄어들고 있고 임금 인상에 대한 전망도 어두워졌다. 노동부는 대학을 졸업한 1,700만 명의 미국인들이 대학 교육이 필요 없는 직종에서 일하고 있다고 추산했다. 31만 7,759명의 레스토랑 직원과 10만 7,457명의 건물 관리인도 이에 해당한다.

이러한 처참한 상황에서도 은퇴 후의 불완전한 상황과 보장도 못 받는 의료비 지출, 대학 등록금은 전부 올랐다. 1979년에는 민간 부문에서 일하는 미국인 중 약 28퍼센트가 직장에서 확정연금 지급 보증 제도의 보호를 받았다. 그러나 오늘날 그 수치는 3퍼센트밖에 되지 않는다. 1장에서 언급했던 경영 컨설턴트 우마이르 하크는 오늘날 직업 시장을 이렇게 평가했다. "엄청난 월급의 대가로 의미 없는 일에 삶을 바치는 것과 오르지도 않는 그저 그런 월급에 삶을 바치는 것은 다른 문제다." 월급을 받는 고용 형태는 공격적으로 상황을 헤쳐 나가지 않는다면 점차 가시밭길이 될 수 있다.

3장에서 내가 강조하고 싶은 것은 바로 두려움이다. 많은 사람들이 더 많은 돈을 벌지 못하는 첫 번째 이유는 바로 두려움이기 때문이다. 대부분의 사람들은 월급을 올려달라고 요구하지 않는다. 두렵기 때문이다. 또 경쟁 업체에서의 스카우트 제안도 함부로 발설하지 않는다. 왜? 두렵기 때문이다. 무려 75퍼센트의 사람들이 짧지만 소중한 몇 초 동안, 충분히 더 많은 돈을 지불할 의사가 있는 채용 담당자 앞에서 지나치게 낮은 급여를 받아들이라고 스스로를 타이른다. 바로 두렵기 때문이다. 비즈니스 브릴리언트 설문조사의 협상 관련 항목을 보면, 월급 인상 요구에 대한 사람들의 그와 같은 두려움을 엿볼 수 있다. 협상에 있어서 일반 사람들과 자수성가한 백만장자들의 가장 큰 차이는 바로 이것이었다. 대부분의 사람은 갈등을 회피하고, 더 많은 돈을 받기보다는 더 좋은 인상을 남기는 편을 선택한다. 하지만 자수성가한 백만장자들은 그와 정반대였다.

예를 들어보자. 중산층 응답자의 절반 정도가 "사업상 결정을 내릴 때 상대방이 나를 어떻게 생각할지가 중요하다"는 데 동의했다. 그러나 자수성가한 백만장자들 중에서는 10명 중 2명만이 그 점에 동의했다. 중산층은 또한 협상 과정에서 빠질 수 없는 이해관계의 근본적인 충돌을 거부했다. 중산층 응답자 3명 중 1명만이 "협상에서 사람들이 나를 이용할지도 모른다고 생각한다"는 데 동의했다. 백만장자들 중에서는 3명 중 2명이 이에 동의했다.

로빈 핑클리와 그레고리 노스크래프트의 연구에서 볼 수 있듯이 지금까지 여러분이 받은, 그리고 앞으로 받게 될 모든 채용 제안은 분명 여러분의 노동력을 싸게 이용하려는 시도나 다름없다. 채용 담당자들은 처음에 일부러 낮은 급여를 제안하며 당신과의 업무 관계를 시작하려 한다. 이는 그들이 인색하거나 이기적이어서가 아니라, 최대한 낮은 금액으로 당신의 능력을 확보하는 것이 그들의 일이기 때문이다.

그렇다면 우리는 어떻게 해야 할까? 답은 분명하다. 자신의 몫은 자신이 챙겨야 한다. 채용 담당자들도 그 점을 충분히 예상하고 있다. 협상의 여지를 남기기 위해 일부러 낮은 금액을 제안한 것이기 때문이다. 게다가 당신이 뛰어난 협상 실력을 보여준다면 더 긍정적으로 자신을 어필할 수 있을지도 모른다.

자기 몫을 챙기는 것은 무슨 일에서든 늘 중요한 부분이었지만, 직업 환경이 달라지고 불안정해짐에 따라 어느 직종에서든 자기 몫을 스스로 챙기는 것은 필수가 되었다. 하지만 오먼의 절약 신조는 그와 같은 사고방식과 좀처럼 어울리지 않는다. 어쩌면 오먼은 이렇게 말하고 싶었는지도 모른다. '당신은 보통 사람일 뿐이다. 인정해라. 최선을 희망해도 좋지만, 최악을 준비하는 편이 낫다.' 이는 중산층 응답자들의 답변에서 드러난 수치심과 자기 부정을 반영하는 메시지이기도 하다. 중산층 응답자들의 답변을 보면, 그들은 대부분 협상에 임할 때 상대방이 자신을 어떻게 생각할지를 걱정한다. 오먼은 아이들을 더 싼 대학에 보내라고 말한다. 하지만 백만장자들은 자식의 미래가 그 순간에 달려 있다는 듯 공격적으로 협상에 임하라고 말할 것이다. 절약이라는 신조는 급여 협상에서 자신을 약자로 바라보고 상대방의 약점은 간과하도록 유도한다. 채용 담당자는 구직 중이라는 상태를 당신의 약점으로 여기며 적정 수준보다 더 낮은 금액을 제안한다. 하지만 그 사람도 당신을 채용하고 싶어 할 것이다. 그것이 바로 스스로 만족할 만큼의 급여를 요구하는 데 당신이 이용해야 할 그의 약점이다.

그리고 처음에는 만족스러운 정도가 아니라, 그보다 훨씬 더 큰 액수를 요구해야 한다. 그 요구 역시 받아들여질 수 있을지도 모르기 때문이다.

비즈니스 브릴리언트 설문조사를 통해 드러난 중산층과 자수성가한 백만장자들의 가장 큰 차이는 바로 협상에 임하는 태도였다. 백만장자 10명 중 9명은 "협상에서 상대방의 약점을 활용하는 것이 중요하다"는 데 동의했다. 중산층 응답자 중에서는 10명 중 2명만이 이에 동의했다.

상대방의 약점을 활용하는 것이 협상의 핵심이다. 백만장자들은 대부분 그 사실을 이해하고 받아들이고 있었던 반면, 중산층의 대다수는 그렇지도 않았고 그럴 수도 없었다. 그것이 바로 구직자 4명 중 3명이 처음 제안받은 급여에 단지 "네, 알겠습니다" 혹은 "정말 감사합니다" 하고 답하며 그 제안을 받아들이는 가장 큰 이유다.

설문조사 결과에 따르면, 더 많은 돈을 버는 것은 두려움과 거절에 대한 본능적인 불편함을 얼마나 잘 다루느냐에 달려 있다. 자수성가한 백만장자들처럼 두려움 없이 더 많은 돈을 요구하는 사람들은 거절당하지 않을까 두려워하는 사람들보다 언제나 더 많은 돈을 벌 것이다. 만약 대학을 갓 졸업한 애송이들이 이러한 지식을 활용해 14퍼센트 더 높은 급여를 받을 수 있었다면, 그보다 경력이 많은 사람이라면 누구나 그 기술을 충분히 활용할 수 있을 것이다.

이때 중요한 점은 상대방이 '안 된다'고 말할 것 같은 느낌을 받았다고 해서 지레 포기해서는 안 된다는 것이다. 왜냐하면 이는 어디까지나 느낌일 뿐 진짜 거절된 상황은 아니기 때문이다. 직접 말로써 "안 됩니다"라는 대답을 듣기 전까지는 받을 수 있는 만큼 받은 거라고 확신할 수 없다.

3장의 마무리는 뱁콕에게 양보하고 싶다. 그녀는 이렇게 말했다. "안 된다는 대답을 듣지 못했다면, 아직 최선을 다하고 있지 않은 것이다."

부자는
혁신가가 아닌 모방가다

평범한 사람들의 70퍼센트가 부를 쌓는 데 있어
'새로운 아이디어'와 '혁신'이 중요하다고 답했다. 하지만 부자들의 생각은 달랐다.
그들 중 이에 동의한 사람은 30퍼센트뿐이었다. 부자들의 90퍼센트는
어설프게 새로운 일을 하느니 잘하는 일을 더 잘하는 게 낫다고 답했다.
사실 어떤 혁신이건 선두주자보다 똑똑한 모방으로 선두를 제친 이들이 부자가 되었다.

BUSINESS BRILLIANT

부의 원칙을 다시 세운
빌 게이츠의 방식

서른 살의 게리 킬달^{Gary Kildall}박사는 캘리포니아 몬테레이에 있는 미해군대학원에서 컴퓨터공학을 가르치고 있었다. 1972년 초, 그는 몬테레이 지역의 회사가 만든 '인텔 시스템'이라는 새로운 마이크로칩을 보게 됐다. 약 2.5센티미터 크기의 인텔 4004는 원래 전자계산기에 탑재하기 위해 고안된 장치였지만, 신기술에 열광하던 킬달과 그의 동료들은 인텔 4004가 얼마나 대단한 물건인지 곧 알아차렸다. 그것은 바로 소형 컴퓨터 혁명의 핵이었다. 역사상 최초로 컴퓨터의 중앙처리장치를 값도 저렴한 하나의 마이크로칩 안에 담을 수 있게 된 것이다. 당시 한 컴퓨터 관련 잡지의 발표대로 인텔은 '25달러 짜리 컴퓨터'를 판매하고 있는 것이나 마찬가지였다. 이론상으로는 2,300개의 트랜지스터가 엄지손가락보다 더 작은 칩 하나에 담겨 있는 인텔 4004만 있으면 책상 위에 올려놓을 수 있을 작은 컴퓨터를 만들 수 있었다. 킬달은 곧바로 그 이론이 정말로 가능하다는 것을 증명하는 데 착수했다. 그는 1년 이상 낮밤 없이 주말까지 그 프로젝트에 매달려 인텔 4004의 작은 용량을 극복할 수 있는 10여 가지 대안을 개발하기 위해 쉬지 않고 노력했다. 그 과정에서 킬달은 필요한 컴퓨터 부품들을 살 돈이 없어 직접 개발한 새로운 소프트웨어 코드 몇 가지와 인텔의 하드웨어들을 교환하기도 했다.

그 당시 킬달은 아내와 어린 아들을 둔 가장으로 약 2만 달러의 연봉으로 생활하고 있었다. 신경 써야 할 다른 일들도 많았지만 그는 머릿속에 아이디어가 떠오르면 이를 현실로 만들어야 직성이 풀리는 사람이었다. 1973년 어느 날, 그는 컴퓨터 공학과 사무실로 여행 가방만큼 큰 상자를 들고 가 책상 위에 둔탁하게 내려놓았다. 무겁고 볼품없던 그 상자 안에 바로 최초의 개인용 컴퓨터가 들어 있었다. 킬달은 학교 곳곳으로 그 컴퓨터를 들고 다니며 놀라움을 금치 못하는 동료 교수들과 학생들에게 자랑스럽게 보여주었다.

하지만 킬달의 가장 큰 업적은 하드웨어 개발이 아니었다. 그가 이룬 중요한 업적은 직접 개발한 새로운 소프트웨어 코드였다. 킬달은 상업적 성공 가능성을 고려하지 않고 오직 필요에 의해 컴퓨터 제어 프로그램을 개발했다. 이 프로그램을 이용해 개발한 하나뿐인 소형 컴퓨터로 그보다 훨씬 큰 독립형 장치들을 위해 고안된 유용한 응용 프로그램들을 직접 실행해볼 수 있었다. 바로 그렇게 해서 개인용 컴퓨터를 위한 최초의 운영체제 소프트웨어가 개발된 것이다. 더 새롭고 빠른 인텔 8080마이크로칩에서 사용할 수 있도록 몇 가지를 보완한 후 킬달은 자신이 개발한 운영체제에 'CP/M'이라는 이름을 붙였다. '초소형 컴퓨터를 위한 제어 프로그램Control Program for Microcomputers' 이라는 뜻이었다. 킬달은 컴퓨터 마니아들이 인텔 8080을 기반으로 자신들만의 가정용 컴퓨터를 만들기 시작하는 것을 보고서야 대단한 것을 발명했다는 사실을 깨달았다. 그는 컴퓨터 관련 잡지에 작은 광고를 내고 70달러에 CP/M을 복제해 판매하기 시작했다. 처음에는 마니아들을 중심으로 판매되었지만, 곧 소규모 컴퓨터 제조업체들이 킬달의 CP/M을 구입했다. 로버트 크링글리Robert Cringely는 자신의 저서 《우연의 왕국Accidental Empires》에서 앞으로 6년 안에 CP/M을 운영체제로 하는 수천만 대의 개인용 컴퓨터가 판매될 것이라고 말했다. 그리고 "킬달과 그의 아내는 가만히 앉아서 수백 만 달러를 벌 것이다"라고 덧붙였다.

개인용 컴퓨터 혁명이 시작되었던 1970년대 후반, 킬달의 CP/M은 빠른 속도로 세상에 알려졌다. CP/M이 나오기 전에 컴퓨터 제조업체들은 워드프로세싱과 데이터베이스 관리를 비롯한 모든 컴퓨터 프로그램을 기계마다 따로따로 개발하느라 골머리를 썩고 있었다. 하지만 킬달 덕분에 이제 그들은 사용 허가만 받으면 간단히 CP/M을 활용할 수 있게 되었으며, 소비자들 역시 CP/M과 호환만 된다면 어떤 소프트웨어라도 구미에 맞게 구입해 사용할 수 있게 되었다. 1980년까지 약 60만 대의 개인용 컴퓨터가 미국 전역에 보급되었고, 그중 약 90퍼센트가 CP/M 운영체제와 CP/M과 호환이 가능한 소프트웨어를 사용하고 있었다. 디베이스dBASE나 워드스타Word Star처럼 CP/M 운영체제에서만 구동할 수 있는 프로그램들이 널리 사용되기도 했다. 베스트셀러《그들이 미국을 건설했다They Made America》의 저자 해럴드 에반스Harold Evans는 이렇게 말했다. "킬달은 개인용 컴퓨터 소프트웨어 산업이 성장할 수 있는 기반과 토양을 마련했다."

사실상 경쟁자가 없는 상황에서 킬달이 세운 디지털 리서치Digital Research는 CP/M을 통해 수익 1달러당 85센트의 이윤을 남길 수 있었다. 한번은 디지털 리서치의 자금을 관리하던 은행 관계자들이 어떤 회사도 그렇게 높은 이윤을 남길 수는 없다며 모든 수치를 다시 확인하라고 소리를 지른 적도 있었다고 한다. 하지만 파티는 시작과 동시에 끝나버렸다. 1980년대 중반까지 킬달과 디지털 리서치는 사람들의 기억에서 사라져갔고, 오늘날 킬달은 컴퓨터 역사에서 그다지 중요하지 않은 인물로 다뤄지고 있다. 이는 킬달이 1980년에 내린 몇 가지 결정적인 판단 착오 때문이었는데, 이를 통해 우리는 모방이 가끔 혁신을 능가하기도 한다는 교훈을 얻을 수 있다.

1970년대 후반 CP/M의 성공을 가장 먼저 활용했던 컴퓨터 사업가가 있었으니, 그는 바로 어리지만 조숙했던 프로그래머 빌 게이츠Bill Gates였다. 1979년 스물네 살이었던 게이츠는 마이크로소프트Micro-Soft라는 소프트웨어 회사를 운영하고 있었다. 마이크로스프트는 컴퓨터 하드웨어와 운영체제 소프트웨어를 연결시켜주는 베이식BASIC과 같은 공용 프로그램 언어를 개발하고 대중화해 개인용 컴퓨터 산업에서 일찍이 틈새시장을 확보하고 있었다.

고등학교 동창이었던 빌 게이츠와 폴 앨런Paul Allen은 킬달이 디지털 리서치를 설립하게 된 경우처럼 어쩌다 우연히 소프트웨어 산업에 뛰어든 것이 아니었다. 게이츠와 앨런은 10대 시절부터 코드 개발에 대한 자신들의 열정을 바탕으로 돈을 벌 수 있는 방법을 찾고 있었다. 두 사람이 1976년 마이크로소프트의 베이식을 개발한 것은 가정에서 사용하는 개인용 컴퓨터 시장에 먼저 뛰어들면 유리한 위치를 선점할 수 있다는 사실을 일찌감치 간파했기 때문이었다. 킬달의 CP/M이 성공하자 게이츠는 마이크로소프트의 베이식 또한 컴퓨터 업계의 표준이 되기를 바라면서 킬달의 CP/M과 베이식의 특허 계약을 성사시키기 위해 노력했다.

게이츠와 킬달은 비슷한 점이 많았다. 우선 두 사람 모두 시애틀 근교에서 태어났다. 킬달이 아직 워싱턴대학교의 대학원생이고 게이츠가 컴퓨터만 붙잡고 있던 고교생 해커였던 시절, 어쩌면 두 사람은 시애틀 컴퓨터 센터에서 서로 마주쳤을지도 모른다. 두 사람 모두 소프트웨어 코드를 개발하는 것만큼 이에 관해 이야기하는 것도 좋아했다. 하지만 두 사람은 비슷한 점보다는 차이점이 훨씬 더 많았다. 일단 나이가 위였던 킬달은 한 가정의 가장이었으며, 프로그래머로서 이미 게이츠보다 이루어놓은 것이 더 많았다. 그는 기본적으로 컴퓨터공학 박사 학위를 딴 학자였다. 디지털 리서치의 회장 자리를 맡고 있긴 했지만 킬달은 사업상의 결정은 다른 사람들에게 미루고는, 보통 CEO들이 직원들에게 맡기는 복잡한 프로그래밍 작업을 더 즐겼다. 게이츠는 그와 정반대였다. 그는 사업가의 본분을 더 우선시했고, 그다음이 프로그래머로서의 일이었다. 게이츠는 하버드대학교 재학 중에 마이크로소프트를 설립하고, 컴퓨터 사업을 진척시키는 데 집중하기 위해 학업을 끝내지 않고 자퇴했다. 게이츠는 여전히 지저분한 원룸 아파트에서 대학생처럼 살고 있었다. 때로는 두 사람 모두 며칠씩 프로그램 개발에만 빠져 있기도 했는데, 그 동기는 서로 완전히 달랐다. 빌 게이츠는 킬달처럼 지적 호기심만으로 1년씩이나 맨땅에 헤딩을 하며 초소형 컴퓨터를 개발할 사람이 아니었다. 게이츠가 실질적인 사업상의 목표를 이루기 위해 밤을 지새우는 타입이었다면, 킬달에게는 예술가적인 기질이 있었다. 혹자는 킬달이 컴퓨터 코드를 개발하는 모습을 모차르트가 교향곡을 작곡하는 모습에 비유하기도 했다.

두 사람의 극명한 성격 차이는 1980년 IBM이 새로운 비밀 프로젝트를 위해 그들에게 연락을 취했을 때 뚜렷하게 나타났다. 당시 '빅 블루Big Blue'라고 불리던 IBM은 단연코 전 세계에서 가장 큰 컴퓨터 회사였다. IBM의 엄청난 시장 점유율 때문에 다른 7개의 경쟁 업체들은 한데 묶여 일곱 난장이로 불리는 상황이었다.

하지만 1970년대 후반에 들어서면서 IBM의 영업사원들은 대기업 고객들이 애플2Apple II를 비롯한 개인용 컴퓨터들을 쓰는 것을 하나둘씩 보게 되었다. 이에 위협을 느낀 IBM의 회장 프랭크 캐리Frank Carey는 개인용 컴퓨터 시장이 너무 커져버리기 전에 빨리 그 사업에 뛰어들어야 한다고 확신했다. 1980년 초, 캐리는 이듬해 9월까지 개인용 컴퓨터를 출시하겠다는 계획에 곧장 착수했다. 당시 IBM의 전략은 하드웨어는 이미 개발되어 있는 것을 사용하고, 소프트웨어는 다른 기업에서 만든 것과 사용 계약을 맺음으로써 수년이 걸릴 힘든 개발 과정을 없애는 것이었다. 따라서 새로 출시될 IBM의 개인용 컴퓨터는 IBM 로고만 붙어 있을 뿐 전혀 독창적이지 않은 제품이었다.

IBM의 개인용 컴퓨터에 필요한 소프트웨어 저작권 협상은 잭 샘스Jack Sams가 맡았다. 샘스는 당시 시장에 나와 있는 여러 개인용 컴퓨터 중에서 애플2가 가장 마음에 들었다. 하지만 애플2에는 문제점이 있었는데, 그것은 바로 애플2의 운영체제에서는 워드스타나 디베이스 같은 CP/M과 호환 가능한 응용 프로그램을 사용할 수 없다는 것이었다. 그래서 샘스는 자연스럽게 마이크로소프트에서 만든 소프트카드Softcard라는 제품을 주목하게 되었다. 소프트카드는 폴 앨런이 개발한 제품으로, 애플2의 컴퓨터 뒤에 꽂으면 CP/M과 호환 가능한 프로그램을 사용할 수 있게 만들어주는 작은 변환 카드였다. 소프트카드는 마이크로소프트의 주 관심 분야였던 컴퓨터 언어 소프트웨어에서 약간 벗어난 제품이었다.

하지만 게이츠는 소프트카드가 CP/M의 시장 점유율을 늘려줄 기회인 동시에 마이크로소프트의 베이식을 CP/M과 묶을 수 있는 기회 또한 제공한다고 생각해 소프트카드 사업에 뛰어들었던 것이다. 마이크로소프트는 결국 소프트카드로 막대한 돈을 벌었다. 그 결과 샘스는 소프트카드가 시장성이 있고 믿을 만한 제품이라고 확신하게 되었다. 샘스는 게이츠를 찾아가 IBM이 소프트카드를 포함해 마이크로소프트가 제공하는 다른 모든 프로그래밍 언어들을 독점으로 사용하겠다고 제안했다.

그러나 샘스가 몰랐던 사실이 있었다. 소프트카드가 마이크로소프트의 제품이긴 했지만, 더 중요한 요소는 바로 디지털 리서치의

CP/M 운영체제였던 것이다. 이에 게이츠는 샘스에게 킬달과 CP/M 독점권을 직접 계약할 필요가 있다며, 자신이 킬달과의 계약을 주선해주겠다고 말했다. 게이츠는 그 당시 마이크로소프트가 소프트웨어의 먹이사슬에서 신통치 않은 위치에 있다는 사실을 잘 알고 있었다. 그래서 CP/M의 시장 점유율 증가에 마이크로소프트 또한 이익을 볼 수 있는 구조를 마련한 것이다. 게이츠는 만약 CP/M이 마이크로소프트의 베이식과 결합되어 새로 개발될 IBM의 개인용 컴퓨터에 탑재된다면, 상호 보완적인 그 두 프로그램이 장차 컴퓨터 산업을 선도할 것이라고 확신했다. 그것이 바로 게이츠가 IBM과 킬달의 만남을 주선한 이유였다. 게이츠는 샘스 앞에서 킬달에게 전화를 걸어 아주 중요한 고객을 보낼 테니 "그를 제대로 대접해야 한다"고 말했다.

하지만 게이츠의 주선은 썩 효과가 없었다. 샘스는 팀원들을 데리고 킬달과 디지털 리서치의 경영을 맡고 있던 킬달의 아내 도로시를 만났지만 일은 순조롭게 풀리지 않았다. 우선 도로시는 엄격한 비밀 유지 조항이 포함된 IBM의 계약서에 서명할 생각이 전혀 없었다. 양측은 무엇을 논의해야 할지 결정하느라 꼬박 하루를 보냈다. 그리고 그 장애물을 넘고 나자 이번에는 킬달이 CP/M에 대한 건당 로열티를 지불하는 것이 아니라 권리를 양도받고 싶다는 IBM의 주장에 싸늘한 반응을 보였다. 또한 IBM의 제품들은 전반적으로 느리고 상상력도 부족하고 디자인도 형편없다는 킬달의 냉소적인 태도도 협상에 전혀 도움이 되지 않았다.

하지만 계약이 성사될 수 없었던 가장 큰 이유는 바로 킬달의 시간 개념 때문이었다. 킬달은 시간 약속에 대한 개념이 전혀 없는 사람이었다. IBM은 8086이라는 더 빠르고 새로운 인텔칩을 기반으로 개인용 컴퓨터를 개발할 계획이었는데, 이를 위해서는 먼저 CP/M을 업그레이드할 필요가 있었다. 당시 킬달은 CP/M-86이라는 업그레이드 버전을 준비하고는 있었지만, IBM의 개발 시한에 맞춰 서둘러 업그레이드를 마칠 수 있다고 장담하지도 않았고 또 장담할 수도 없었다. 그리하여 샘스가 IBM이 1980년 10월까지 개인용 컴퓨터 개발을 마쳐야 한다고 설명했지만, 킬달은 거기에 맞출 수 없다고 답했다. 어쩌면 킬달은 CP/M은 이미 시장 점유율의 90퍼센트를 차지하고 있으니, 아쉬운 입장인 IBM이 자신의 일정에 맞춰야 한다고 생각했는지도 모른다. 하지만 샘스는 킬달의 태도를 보고, 그는 믿음직한 파트너가 될 수 없으며 IBM은 개인용 컴퓨터 프로젝트를 위한 새로운 운영체제를 찾아야 한다는 사실을 깨달았다. 결국 샘스는 얼마 지나지 않아 킬달의 전화도 받지 않기 시작했다. 이 사건으로 킬달은 '빌 게이츠가 될 뻔했던 남자'로 컴퓨터 역사에 남게 되었다.

선두가 놓친 공을
들고 뛰어라

CP/M을 포기한 샘스는 마음이 급해졌지만, 게이츠가 두 발 벗고 그 문제를 해결해줄 거라는 사실을 알고 있었다. 킬달이 로열티와 개발 시한에 대한 답변을 차일피일 미루고 있었을 때, 게이츠는 시애틀에서 IBM의 개발 일정에 맞추기 위해 안간힘을 쓰고 있었다. 마이크로소프트의 모든 직원들은 다른 작업을 전부 제쳐두고 IBM 관련 작업에만 매달려 있었다. 이제 마이크로소프트의 생존을 위해서도 IBM의 개인용 컴퓨터 프로젝트를 반드시 성공시켜야만 했다. 1980년 늦은 여름, 샘스는 게이츠에게 킬달이 일을 진척시키지 않고 있다며, 이제 게이츠가 운영체제 문제를 해결해주어야 한다고 말했다.

게이츠는 곧바로 킬달이 놓친 공을 주워 들고 달렸다. 게이츠는 샘스에게 10월까지 운영체제에 대한 자세한 계획을 제출하겠다는, 킬달이 하지 못했던 약속을 했다. 심지어 작업할 운영체제가 사실상 없었음에도 불구하고 말이다. 이것이 바로 킬달과 게이츠의 결정적인 차이점이었다.

CP/M-86을 제때 출시하지 못했던 킬달의 실수 때문에, 새로운 8086 프로세서를 위한 운영체제가 필요했던 컴퓨터 제조업체들은 1980년대 내내 발을 굴러야 했다. 킬달의 출시 지연으로 컴퓨터 산업 전체가 발목이 묶여버린 것이다. 이때 난국을 타개할 실마리가 나타났다. 시애틀의 마이크로소프트 반대편에 있는 'SCP^Seattle Computer Products'라는 소규모 컴퓨터 제조업체가 임시방편의 해결책을 내놓은 것이다. SCP의 한 컴퓨터 프로그래머가 CP/M의 기술 설명서를 몇 달 동안 붙들고 있던 끝에 CP/M과 호환 가능한 모든 소프트웨어를 새로운 8086 프로세서에서 실행할 수 있도록 해주는, CP/M과 몹시 비슷한 새로운 운영체제를 개발해냈다. 그는 그 운영체제를 급조된^Quick 더러운^Dirty 운영체제^Operating System라는 뜻에서 'Q-DOS'라고 불렀다. 그리고 CP/M-86이 출시되기 전까지 SCP의 컴퓨터에 이를 탑재할 계획이었다.

Q-DOS의 존재를 알게 된 게이츠와 앨런은 Q-DOS를 구입해 약간만 다듬어 새로운 이름을 붙이면 IBM에서 요구하는 촉박한 일정을 맞출 수 있겠다고 생각했다. 마침 SCP의 사장을 무척 잘 알고 있던 앨런은 2만 5,000달러에 Q-DOS에 대한 모든 권리를 사들였다. 현금이 급했던 SCP 사장은 궁극적으로는 IBM이 Q-DOS를 사용하게 될 거라는 사실은 상상도 못한 채 기분 좋게 그 돈을 받았다. 마이크로소프트는 몇 달 동안 밤낮없이 매달려 Q-DOS를 보기 좋게 수정하고 테스트해 'MS-DOS'라는 새로운 이름으로 IBM의 기술자들에게 선보였다. 훗날 게이츠는 마이크로소프트가 운영체제를 처음부터 개발하려고 했다면 1년은 족히 걸렸을 거라고 말했다.

한편 IBM의 프로그래머들은 MS-DOS가 오류투성이라는 것을 곧 알아차렸다. 테스트용 컴퓨터에 MS-DOS를 실행해본 결과, 대충 살펴봐도 최소한 300개의 오류가 발견되었다. 결국 IBM은 프로그램 전체를 다시 개발하는 수밖에 없었다. 하지만 게이츠가 제때 제품을 건넨 덕분에 IBM의 개인용 컴퓨터 프로젝트는 일정대로 진행될 수 있었다. IBM은 개인용 컴퓨터 시장에서 전례 없던 엄청난 광고와 마케팅을 펼치며 1981년 8월 IBM의 개인용 컴퓨터를 처음으로 세상에 선보였다. 빅 블루의 새로운 데스크톱이 개인용 컴퓨터 시장 전체를 집어삼키는 데는 몇 년이 채 걸리지 않았다. 1983년까지 소비자들이 구입한 가정용 컴퓨터 3대 중 2대는 MS-DOS를 운영체제로 사용하는 IBM의 컴퓨터였다.

IBM의 개인용 컴퓨터를 처음 접한 킬달은 몹시 분노했다. 그는 MS-DOS가 CP/M의 조잡한 복제품에 지나지 않으며, 게이츠가 자신의 등에 칼을 꽂았다고 생각했다. 하지만 IBM과 마이크로소프트를 고소하지는 않기로 결심했다. 소프트웨어의 저작권을 법률적으로 명쾌하게 밝힐 수 없다는 이유도 있었지만, 무엇보다도 CP/M-86의 우수성에 자신이 있었기 때문이었다. 1982년 초, CP/M-86의 출시 준비를 마친 킬달은 컴퓨터 사용자 대부분이 MS-DOS에서 CP/M-86으로 넘어올 거라고 확신했다. 하지만 안타깝게도 그런 일은 일어나지 않았다. CP/M-86의 성능은 더 뛰어났지만, 그만큼 가격도 더 비쌌기 때문이다. 게다가 IBM은 개인용 컴퓨터 구입자들에게 MS-DOS를 사용하는 컴퓨터에만 기술 지원을 제공하겠다고 협박 아닌 협박을 했다. 그리고 어느덧 마이크로소프트는 컴퓨터 운영체제 시장을 잡고 있던 디지털 리서치를 밀어내고 그 자리를 차지하고 있었다. 다른 소프트웨어 회사들도 IBM의 시장 점유율 증가에 발맞춰 MS-DOS의 후속 버전에 사용될 새로운 응용 프로그램 개발에 박차를 가했다. 하지만 CP/M과 호환이 가능한 보유 제품들은 업그레이드조차 하지 않았다.

1980년대 중반까지 디지털 리서치는 추락에 추락을 거듭했고, 킬달은 결국 백기를 들었다. 킬달은 자신이 생각한 적정 가격인 2,600만 달러(약 277억 원)를 제시하며 게이츠에게 디지털 리서치를 인수할 의향이 있는지 물었다. 게이츠는 디지털 리서치의 가치는 1,000만 달러밖에 되지 않을 거라며 그 제안을 거절했다. 낙담한 킬달은 기울어가는 회사를 구해줄 다른 구세주를 찾아야 했다.

과연 킬달은 어디서부터 잘못한 것일까? 단 하나 분명한 잘못이 있다면, 그것은 바로 그의 자만심이다. 개인용 컴퓨터 혁명에 불을 붙였던 킬달은 다른 모든 업체들이 언제까지나 자신에게 의지할 거라고 생각했다.

킬달의 동료는 훗날 한 인터뷰에서 이렇게 말했다. "킬달은 CP/M이 최고이며, 언제까지나 최고일 거라고 생각했습니다. 그는 그 사실이 절대 변하지 않을 거라고 믿었습니다." 킬달은 CP/M-86의 출시가 늦어진 것이 IBM과 마이크로소프트, 그리고 SCP를 얼마나 극한으로 몰고 갔는지 전혀 이해하지 못했다. 그는 그 세 회사들 모두가 CP/M의 시장 점유율을 탈환하기 위해 자신에게 등을 돌리리라고는 상상조차 하지 못했다.

아이러니한 점은 그 세 회사에서 일했던 사람들 모두 초기에는 킬달과 CP/M-86의 성공을 원했다는 것이다. 하지만 그들은 끝내 킬달이 다른 선택의 여지를 주지 않았기 때문에 CP/M-86에 대항할 제품을 만들 수밖에 없었다.

하지만 킬달의 보다 근본적인 실수는 따로 있었다. 킬달은 돈을 중요하게 여기지 않았다. 그는 IBM의 수준 낮은 기술을 비웃고 그들의 거대한 시장 장악력을 간과했는데, 이는 어쩌면 그가 기술적 주제에만 관심이 있고 마케팅 전략에는 전혀 관심이 없었기 때문이었는지도 모른다.

하지만 게이츠의 우선순위는 킬달과 정반대였다. 그는 다른 사람이 개발한 겉만 번지르르한 모조품을 거리낌 없이 IBM에 건넸다. 게이츠에게 가장 중요했던 것은 바로 거대한 IBM이 제시간에 프로젝트를 완수하는 것이었기 때문이다. 혁신가였던 킬달은 기술적 우수성에 대한 자신의 열정만 따르다가 IBM이 등을 돌리자 충격을 받았다. 그러나 모방가였던 게이츠는 IBM의 행동을 유심히 보며 힌트를 얻었다. 빅 블루를 따르는 것이 돈을 벌 수 있는 가장 확실한 방법이라고 믿었기 때문이다. 게이츠의 생각은 옳았고, 덕분에 그는 오늘날 세상에서 가장 부유한 사람들 중 한 명이 되었다.

반짝이는 아이디어보다
빠른 행동력이 필요하다

게이츠의 성공과 킬달의 실패는 복잡하게 뒤엉킨 이야기이기도 하지만, 동시에 묘하게 익숙한 이야기이기도 하다. 누구나 흔히 떠올릴 수 있는 위대한 발명품, 예를 들면 전화, 전구, 자동차, 텔레비전과 같은 역사적 발명 뒤에는 게리 킬달처럼 낙담하고 상처받은 '진짜' 발명가들이 있었다. 전구는 토머스 에디슨Thomas Edison의 발명품이 아니었다. 1878년 에디슨이 '향상된 전기 램프'를 선보이기 전, 조지프 스완Joseph Swan이라는 영국인이 18년 동안 전구에 대한 특허권을 소유하고 있었다. 자동차 또한 헨리 포드Henry Ford의 발명품이 아니었다. 뉴욕 로체스터의 조지 셀던George Selden이 먼저 1895년 '쉽고 안전하고 저렴한 도로 기관차'에 대한 특허를 받았다. 포드가 에디슨의 전구 회사에서 중급 기술자로 일하고 있을 때였다.

　오늘날 조지프 스완, 조지 셀던, 그리고 게리 킬달이라는 이름을 기억하는 사람은 거의 없다. 이는 반짝이는 아이디어에 사로잡힌 고독한 발명가에 대한 신화가 우리 문화에서 강력한 힘을 발휘하기 때문이다. 발명의 역사에 대해 연구했던 유타대학교의 스타니슬라프 도브레프Stanislav Dobrev 교수는 이렇게 말했다. "우리는 위대한 아이디어를 떠올리고 이를 실현시킨 천재들에 대한 멋진 이야기를 갈망한다. 하지만 그런 이야기들은 대부분 사실이 아니다."

1895년부터 1981년까지 미국에 설립된 2,197개의 자동차 회사에 대한 도브레프의 조사에 따르면, 초기에 성공했던 기업 25개는 15년 안에 전부 흔적도 없이 사라졌다. 도브레프는 이를 통해 후발주자, 즉 모방자가 더 유리하다는 결론을 내렸다. 하지만 대부분의 사람들은 그와 반대로 생각하는데, 이는 어쩌면 킬달이나 셀던과 같은 실패한 혁신가들이 역사에서 사라져버렸기 때문인지도 모른다. 도브레프는 2011년 〈월스트리트저널Wall Street Journal〉과의 인터뷰에서 이렇게 말했다. "그들은 오래 살아남지 못하며, 또 많은 기록을 남기지도 않는다."

《이노베이션 신화의 진실과 오해The Myths of Innovation》를 집필한 스콧 버쿤Scott Berkun은 "사람들은 재미없고 복잡한 진실보다는 긍정적인 이야기를 믿고 또 전하길 좋아하기 때문"에 혁신가들이 미국 역사의 영웅적 인물로 등극할 수 있었다고 말한다. 버쿤은 또한 엄청난 부를 쌓기 위해서는 빛나는 아이디어 하나만 있으면 된다는 생각이 쉽게 받아들여지고 있어서 "하나의 아이디어가 성공의 충분조건은 아니라는 사실에 많은 사람들이 놀란다"고 지적했다. 이러한 혁신의 신화 때문에 대다수의 발명가들은 결국 크게 실망하게 된다. 2003년 캐나다에서 실시된 한 연구는 발명가들이 자기 아이디어로 수익을 낼 가능성이 얼마나 급격하게 줄어드는지 정확하게 보여주었다. 캐나다에서 특허를 받은 1,091개의 발명품 가운데 시장에 소개된 것은 75개로, 10퍼센트도 채 되지 않았다. 게다가 그중 45개 제품은 적자를 기록했다. 특허를 받은 1,091개의 발명품 중 단 6개 제품만이 발명가에게 엄청난 부를 가져다주었다.

모든 혁신은 개발 과정에서 재정적 성공을 이루기까지 디자인, 자금, 홍보 등을 포함한 8개의 분명한 장애물을 극복해야 하기 때문에 발명가들이 수익을 내기 어렵다고 버쿤은 말한다. 각각의 장애물을 넘어설 수 있는 가능성을 넉넉잡아 절반이라고 해도, 8개의 장애물을 전부 극복할 수 있는 가능성은 0.4퍼센트로 극히 낮아진다. 캐나다의 연구가 밝힌 성공 비율과 비슷한 수치다.

이처럼 혁신은 좀처럼 사업적 성공을 보장하지 않으며, 성공한 사업들 역시 대부분 혁신에 의존하지 않는다. 중소기업에 대한 한 연구는 신생 기업의 대다수가 조금도 혁신적이지 않았다는 사실을 보여주었다. 조지워싱턴대학교의 연구원 폴 레이놀즈Paul Reynolds의 연구에 따르면, 기업 설립자들 중 자신의 사업이 시장에 엄청난 영향을 끼칠 거라고 기대한 사람은 단 2퍼센트에 불과했다. 응답자 10명 중 9명 이상은 거의 영향을 끼치지 못하거나 아주 조금 영향을 끼칠 거라고 예상했다. 눈에 띄게 새롭거나 신선한 어떤 것을 계획했던 사람은 거의 없었다. 그들은 혁신 없이도 가능한 성공을 꿈꿨다.

그보다 훨씬 성공한 사업가들을 대상으로 한 연구에서도 혁신에 대해 그와 비슷한 생각이 드러났다. 2005년, 하버드 경영대학원의 아마르 바이드Amar Bhide는 〈Inc.〉에서 발표한 '미국에서 가장 급성장하고 있는 500대 기업' 중 100명의 설립자들을 인터뷰했는데, 그들

가운데 단 6퍼센트만이 독창적인 제품이나 서비스로 자신의 사업을 시작했다고 밝혔다. "특별하고 기발한 아이디어" 덕분에 성공했다고 답한 사람은 12퍼센트뿐이었다. 나머지 88퍼센트는 "평범한 아이디어를 실행에 옮긴 뛰어난 행동력"이 눈부신 성장과 성공의 원천이었다고 답했다.

이러한 결과는 비즈니스 브릴리언트 설문조사에서도 그대로 나타났다. 자수성가한 백만장자 10명 중 "새롭거나 뛰어난 아이디어를 떠올리는 것이 부를 쌓는 데 중요한 요소다"라는 명제에 동의한 사람은 단 3명뿐이었다. 10명 중 9명은 "새로운 것보다는 기존의 것을 잘하는 것이 더 중요하다"고 답했다. 바이드의 연구에서 "평범한 아이디어의 실행"이 중요하다고 답했던 〈Inc.〉 500대 기업 설립자들의 답변과 거의 정확히 일치한다고 할 수 있다.

그럼에도 불구하고 '반짝이는 아이디어'에 대한 맹신은 여전히 수많은 사람들에게 마법을 걸고 있다. 한 번도 부를 직접 경험해보지 못한 사람 10명 중 약 7명은 "새롭거나 위대한 아이디어"가 부자가 되는 데 필요하다고 믿는다고 답했다. 그리고 약 절반 정도가 "새로운 것을 시도하는 것이 기존의 것을 잘하는 것보다 더 중요하다"고 답했다.

반짝이는 아이디어 하나만 있으면 부자가 될 수 있다는 생각은 누구나 꾸는 꿈이다. 때문에 누군가 실제로 그 꿈을 이룬 것처럼 보이면 수많은 언론 매체가 달려들어 지대한 관심을 보인다. 문제는 언론은 현실을 극단적으로 왜곡해서 보여준다는 것이다. 사실 상어의 공격을 받아 죽는 사람보다 벌에 쏘여 죽는 사람이 더 많지만, 언론

매체는 여름철에 가끔 나타나는 상어에 대해서만 호들갑스럽게 보도하기 때문에 사람들은 좀처럼 그 사실을 모른다. 이는 번개에 맞아 죽는 사람에 대해서도 마찬가지다. 누군가 번개에 맞아 죽으면 저녁 뉴스에 보도되지만, 실제로는 그보다 사다리에서 떨어져 죽는 사람들이 더 많다. 상어의 공격이나 번개로 인한 죽음이 바로 사업을 성공하게 만드는 영리한 아이디어, 즉 극적이고 흥미로우며 흔치 않은 이야기들이다. 언론의 머리기사는 신선하고 솔깃한 이야기들로 장식되지만, 현실에서는 그렇지 않은 이야기들이 성공 가능성이 더 높다.

강자의 등에 올라타야 돈을 번다

문득 떠오른 기발한 아이디어로 부자가 된 사람들의 이야기를 좋아하는 언론 때문에, 역으로 언론이 좋아할 만한 '창조 신화'를 만들어내는 회사들도 많다. 그중 가장 악명 높은 경우가 이베이eBay다. 이베이의 설립자 피에르 오미디야르Pierre Omidyar는 인터넷을 통해 페즈 디스펜서PEZ dispenser(막대 형태의 사탕 보관함)를 수집하고 싶다는 약혼자의 바람을 들어주려고 온라인 경매 사이트를 만들었다고 몇 년 동안 주장해왔다. 〈비즈니스위크〉와 〈월스트리트저널〉, 〈뉴욕타임스〉는 사랑에 빠진 한 남자가 약혼자를 기쁘게 해주려고 쓸모없는 물건이나 다름없는 페즈 디스펜서를 사고팔 수 있도록 도와주다가 부자가 되었다는 그럴듯한 이야기에 달려들었다. 이베이의 최고경영진 또한 수년 동안 그 이야기를 반복해 퍼뜨렸다. 심지어 그들은 그 작고 바보 같은 장난감들을 들고 기사를 위한 사진까지 찍었다.

이베이가 만들어진 지 8년이 지난 2002년에 와서야 이베이에 관한 책에서 페즈 디스펜서 이야기가 완전히 허구였다는 사실이 밝혀졌다. 그 이야기는 이베이가 언론의 관심을 끌기 위해 고전하고 있던 당시 한 젊은 직원이 꾸며낸 것이었다. 사실 오미디야르는 취미로 '옥션웹Auction Web'이라는 웹사이트를 시작했고, 그가 거기서 가장 처음 판매한 것은 온갖 잡다한 물건들이었다. 실제로 오미디야르의 여자친구가 그 사이트를 통해 페즈 디스펜서를 사고팔긴 했지만, 이는 그 사이트가 만들어져 운영된 지 2년이 훨씬 지나고 난 뒤의 일이다.

그런가 하면 언론이 혁신의 신화를 꾸며내는 경우도 있다. 〈뉴요커New Yorker〉에 처음 실린 빌 게이츠에 대한 장문의 기사를 살펴보면 게리 킬달에 대한 언급은 전혀 없다. 그 기사는 게이츠와 IBM의 첫 만남을 이렇게 묘사했다. "1980년, IBM은 게이츠에게 접근해 자신들이 곧 출시할 개인용 컴퓨터의 운영체제를 개발해달라고 부탁했다." 정확한 이야기는 아니지만 만약 게이츠가 IBM 측에게 킬달을 만나보라고 했다는 이야기가 기사에 포함되었다면, 이는 소프트웨어의 미래를 예견했던 게이츠가 〈뉴요커〉에 실릴 만큼 가치 있는 인물이라는 기사의 기본 전제를 약화시켰을 것이다.

이베이의 페즈 디스펜서 이야기나 빌 게이츠의 창조 신화가 초래할 수 있는 해악이 있다면, 그것은 바로 대중에게 성공하기 위해 진짜 필요한 것이 무엇인지에 대한 왜곡된 생각을 심어준다는 것이다. 2004년, 캘리포니아대학교와 버클리대학교의 교수 2명은 '차고 신화'의 힘에 대해 탐구했다. 차고 신화란 대부분의 사업가들이 차고나 지하 작업실, 혹은 기숙사 방에서 서투르고 어설프게 창업에 도전했다는 대중들의 일반적인 생각을 말한다. 피노 아우디아Pino Audia와 크리스 라이더Chris Rider의 연구에 따르면, 경영대학원 학생들은 대부분 모든 신생 기업의 약 절반 정도가 그와 같은 방법으로 시작되었다고 믿고 있었다. 하지만 실제로 신생 기업 가운데 그러한 배경에서 시작된 기업은 25퍼센트 남짓에 불과하다.

벤처 투자금을 받은 96개의 신생 기업에 대한 아우디아와 라이더의 후속 연구에 따르면 대부분의 기업들은 차고에서 사업을 시작하지도, 혁신에 의지하지도 않았다. 그러한 기업들의 가장 뚜렷한 공통점은 바로 설립자들이 이전 직장에서 알게 된 지식과 동업자, 그리고 자금 출처에 의지해 시작했다는 점이다. 이에 대해 댄Dan과 칩 히스Chip Heath는 이렇게 말했다. "기업은 차고에서 만들어지지 않는다. 기업은 기업에서 만들어진다."

아우디아와 라이더는 다음과 같은 결론을 내렸다. "기업가로 성공하는 과정에 대해 잘못된 생각을 심어주는 차고 신화 때문에 실로 여러 가지 문제가 발생할 수 있다. 개인은 잘못된 정보를 갖고 직업을 선택할 수 있고, 기업은 문제의 소지가 있는 자원 분배 결정을 내릴 수 있으며, 경영대학원은 불필요한 강의를 개설할 수 있고, 정부는 효과 없는 프로그램을 제공할 수 있다."

바이드 역시 〈Inc.〉 500대 기업의 설립자들에 대해 조사한 뒤 그와 비슷한 결론을 내렸다. 이 성공한 기업가들은 반짝이는 아이디어에 매달리는 외로운 늑대 같은 발명가들이 아니었다. 그들은 전문 지식을 발휘해 일하면서 예전 상사에게 배운 것들을 빌리거나 훔친 모방자들이었다. 바이드는 말한다. "우리가 인터뷰한 〈Inc.〉 500대 기업의 설립자들은 보통 이전 직장에서 알고 지내던 다른 사람의 아이디어를 모방했다. 어떤 혁신이라도 금방 익숙한 것이 되며 쉽게 복제될 수 있다. 이러한 혁신들은 특허를 받기는 쉽지만, 또한 그 때문에 기업의 비밀로 남기 어렵다."

실리콘밸리의 경쟁자들은 변함없이 게이츠를 혁신가가 아닌 모방자로 여겨왔다. 특히 오라클^{Oracle Corp.}의 억만장자 설립자 래리 엘리슨^{Larry Ellison}은 게이츠의 사업 행태에 대해 노골적으로 비판해왔다. 그는 한 인터뷰에서 이렇게 말했다. "빌은 훔칠 만한 좋은 아이디어가 어디 없나 하고 눈을 부릅뜨고 돌아다닌다. 그 덕분에 그는 성공할 수 있었다. 하지만 그다음 그는 그 훔친 아이디어가 원래는 자기 것이었다고 주장하기 시작한다. 그리고 스스로도 실제로 그렇게 믿기 시작한다. 그는 결코 자신이 록펠러^{John Rockefeller}와 같다고 생각하지 않는다. 에디슨이라고 생각한다."

하지만 시간이 흐르면서 게이츠의 선견지명은 바닥을 드러냈다. 1995년 1월, 게이츠가 처음으로 공동 집필했던 책《미래로 가는 길^{The Road Ahead}》에서 그가 인터넷에 관해 기술한 부분은 고작 몇 쪽밖에 되지 않았다. 그것도 인터넷은 이제 '시작' 단계에 있다고 표현하면서 말이다. 그 책이 출간되었을 때 〈이코노미스트^{Economist}〉는 "미래를 예견하는 것은 게이츠의 능력 밖이다. 물론 그 역시 비전을 갖고 있었지만, 그 비전은 미래를 예견하는 수많은 전문가들과 실망스러울 만큼 비슷할 뿐이었다"라고 일침을 놓았다. 그로부터 6개월이 채 지나지 않아 인터넷 사용량은 게이츠의 예상과는 달리 폭발적으로 증가했고, 게이츠를 비롯한 책의 공동 저자들은 1996년 페이퍼백 출간에 앞서 거의 절반을 수정해야 했다. 넷스케이프**Netscape**의 설립자 짐 클락**Jim Clark**는 이렇게 말했다. "빌 게이츠가 아무리 아니라고 부정해도, 그는 분명 인터넷을 놓쳤다. 인터넷은 마치 화물열차처럼 쏜살같이 달려왔다. 그는 다가오는 열차를 보지도, 기적 소리를 듣지도 못했다."

나는 게이츠를 폄하하려는 것이 아니다. 단지 사람들의 입에 오르내리지 않은 게이츠의 진짜 이야기에 관심을 기울여야 한다고 생각하는 것뿐이다. 예를 들어보자. 게이츠가 사용했던, 그에게 지속적으로 이윤을 안겨주었던 전략은 누구나 배울 수 있고 모방할 수 있는 확실한 비즈니스 전략이다. 그 전략은 다음과 같다. '우선 자신이 가장 흥미를 느끼는 분야를 찾는다. 그리고 가장 믿음직하고 돈이 많으며 함께할 의지가 있는 동업자를 찾는다. 마지막으로 돈 많고 능력 있는 동업자가 성공할 수 있도록 최선을 다한다.'

급성장하는 소프트웨어 사업에 뛰어들었던 게이츠는 바로 이 3단계 전략으로 약 7년 만에 대학 중퇴자에서 백만장자가 되었다. 먼저 게이츠와 앨런은 앞서가는 컴퓨터 제조업체와 제휴하려는 생각으로 마이크로소프트 베이식을 개발했다. 그러고 나서 당시 선두를 달리고 있던 운영체제 CP/M과 베이식을 결합시키기 위해 소프트카드를 개발했다. 마지막 단계는 다소 운이 따랐다고 할 수 있지만, 운도 준비된 자에게 다가온다고 하지 않는가. 마이크로소프트는 소프트카드로 IBM의 관심을 끌 수 있었다. 그리고 IBM의 운영체제 개발 과정에서 킬달이 놓쳐버린 기회를 덥석 잡았다.

이는 소규모 신생 기업들을 위한 성장 전략으로서, 어떤 산업 분야에도 적용할 수 있는 비즈니스 접근법이다(대규모 조직 내에서의 성공 전략에도 적용될 수 있다. 자신을 이끌어줄 가장 힘 있는 경영진이나 멘토를 찾아 도움을 요청하라). 물론 이것은 성공을 보장하는 확실한 방법이지만, 마법의 공식이라고는 할 수 없다. 이 과정에서 가장 어려운 점은 마이크로소프트가 IBM과의 제휴 과정에서 맞닥뜨리기도 했던 문제로, 어떤 역경에도 굴하지 않고 실행하는 것이다.

IBM은 업계에서 동업하기 어려운 기업으로 악명이 높았고, 소규모 판매 회사들에 대한 오만한 태도로 유명했다. MS-DOS가 개발 단계에 있을 때, 엄격한 보안 조치와 비밀 엄수를 요구했던 IBM 때문에 마이크로소프트는 자료가 부족해 고생했고, 직원들의 인내심은 시험대에 올랐다. IBM의 전형적인 기업 문화 또한 자유분방하고 활기가 넘쳤던 마이크로소프트의 분위기와는 어울리지 않았다. 하지만 게이츠는 그 모든 장애를 이겨냈다. 이는 그가 IBM을 엄청난 기회의 장으로 여겼기 때문이며, 동시에 킬달처럼 빅 블루의 힘을 과소평가하는 것이 얼마나 위험한지 직접 목격했기 때문이다.

현재 마이크로소프트의 CEO인 스티브 발머Steve Ballmer는 1980년대부터 게이츠의 오른팔이었다. 그는 IBM과 함께 일했던 그 당시를 "맹수의 손아귀에서 벗어나기 위해 발버둥 쳤던 때"라고 회상했다. 발머는 언젠가 한 인터뷰에서 호들갑을 떨며 이렇게 말했다. "그 시절 우리는 곰의 등에 올라타 있다고 말하곤 했습니다. 곰의 등에서 떨어지지 않으려면 죽을힘을 다해야 하죠. 곰은 몸을 비틀고 빙빙 돌며 자기 등에 올라탄 사람을 떨어뜨리려고 난리를 칠 겁니다. 하지만 절대 떨어지면 안 됩니다! 곰이 얼마나 크고 무시무시합니까? 그러니 꼭 붙어 있어야죠. 안 그러면 곧장 깔려 죽을 테니까요!" IBM이 바로 컴퓨터 업계의 곰이었다. 곰의 등에 올라탄 사람은 부자가 되었고, 나머지는 거의 전부 잡아먹히고 말았다.

평범한 아이디어가 가진
놀라운 힘

2004년 여름, 스튜어트 프랑켈Stuart Frankel은 주말마다 장사가 안 돼 죽을 맛이었다. 마이애미 병원 단지 안에서 샌드위치 체인점인 서브웨이Subway 지점을 운영하고 있던 그는 토요일과 일요일만 되면 곤두박질치는 매출 때문에 신경이 곤두섰다. 주말에는 유동 인구가 급격하게 줄어 주중에 벌어들인 돈을 다 까먹고 있었다. 직원들은 할 일이 없었고, 신선했던 재료들은 쓰레기통에 처박히곤 했다. 재정난에 처한 가게들이 흔히 그렇듯 그 역시 가격을 내리기로 했다. 그는 주말마다 서브웨이의 인기 상품인 풋롱 샌드위치를 할인 가격으로 제공한다고 광고했다. 주중에 세금을 제외하고 5.95달러인 풋롱 샌드위치 가격을 4.67달러로 내리면 세금을 포함해 딱 5달러가 되었다. 프랑켈은 매장에 다음과 같은 광고를 내걸었다. "풋롱이 단돈 5달러!" 이 카피가 딱히 기발하거나 새로운 아이디어라고는 할 수 없다. 매출을 늘리기 위해 가격을 내리는 것은 가장 기본적이고 상식적인 전략이다. 한 가지 그나마 새로웠던 점은 할인 가격이 딱 5달러였다는 것이다. 사람들은 보통 4.99달러짜리 샌드위치가 5달러짜리 샌드위치보다 더 많이 팔릴 거라고 생각한다. 이를 뒷받침하는 의학 연구까지 있다. 사람들은 왼쪽에서 오른쪽 방향으로 가격을 읽어 가치를 평가하기 때문에 4.99달러가 5달러보다 훨씬 저렴하다고 '느낀다'는 것이다. 하지만 프랑켈의 '5달러짜리 풋롱'에는 그만의 이유가 있었다. 그는 이렇게 말했다. "저는 딱 떨어지는 숫자를 좋아합니다."

5달러짜리 풋롱을 처음 선보였던 주말, 프랑켈의 두 매장 모두 매출이 2배로 뛰었다. 재료비가 더 들었지만, 직원들의 생산성은 오히려 증가했다. 가격을 내렸는데도 수익은 늘었다. 그렇게 몇 달이 지나자 마이애미의 다른 서브웨이 매장의 주인들도 그 사실을 알게 되었다. 마찬가지로 좀처럼 매출을 올리지 못했던 포트로더데일의 서브웨이 매장에서도 이 방법을 사용했더니 역시 판매량이 2배로 뛰어올랐다. 플로리다 남부에서 가장 큰 서브웨이의 매장 주인은 그곳 말고도 30개가 넘는 매장을 갖고 있었는데, 그 역시 매출이 감소하고 있는 매장에서 5달러짜리 풋롱 프로모션을 진행했더니 수익이 35퍼센트 상승했다.

2006년까지 미국 전역의 서브웨이 매장 주인들은 5달러짜리 풋롱 아이디어를 모방했고 다들 좋은 결과를 얻었다. 프랜차이즈 기업들은 대부분 평범한 업종이며, 서브웨이는 그중에서도 가장 흔하다고 할 수 있다. 냉장 햄이나 소시지로 만든 샌드위치에 혁신적이라고 할 만한 부분은 하나도 없기 때문에 서브웨이 점주들은 계속해서 판매 기술을 연마해야 했고, 다른 점주들에게도 도움이 될 만한 사소한 아이디어들에 꾸준히 관심을 기울여야 했다. 5달러짜리 풋롱이 미국 전역의 서브웨이 매장으로 퍼져나가자, 프랑켈과 몇몇 점주들은 전국적으로 광고를 내보자고 본사에 제안했다. 하지만 본사 마케팅팀은 이를 받아들이지 않았다. 프랑켈의 성공 사례를 보았지만 대다수의 매장 주인들이 재료비와 인건비 상승을 걱정할 거라고 생각했기 때문이었다.

그러나 그 후로 2년 동안 5달러짜리 풋롱은 전국의 서브웨이 매장에서 비슷한 수준으로 유지되었고, 점점 더 많은 점주들이 지점별 프로모션을 통해 상당한 이익을 얻었다. 2008년, 마침내 본사 마케팅팀에서 4주간의 캠페인 진행을 결정했다. 그때까지 수많은 서브웨이 매장에서 5달러짜리 풋롱으로 성공한 전례가 있었기 때문에 공식적인 시장조사도 필요 없었다. 서브웨이가 사전 시장조사 없이 전국적인 광고와 홍보에 많은 돈을 투자한 것은 그때가 처음이었다.

2008년 3월 28일, 서브웨이는 전국적으로 5달러짜리 풋롱 프로모션에 돌입했다. 손가락 '5개'와 '풋롱'의 길이를 보여주는 유치한 손동작으로 구성된 자극적이고 중독적인 텔레비전 광고는 우스꽝스러웠지만 하나의 문화 현상이 되었고, 수많은 십대들이 자기들만의 춤과 노래를 촬영해 유튜브에 올렸다. 서브웨이가 직접 나서서 댄스 리믹스로 이루어진 패러디 후속 광고를 웹사이트에 올리기도 했다. 5달러짜리 풋롱을 전국적으로 광고했던 첫해에 서브웨이의 매출은 17퍼센트 상승한 반면, 다른 모든 패스트푸드 매장의 이윤은 줄었다. 서브웨이는 그 광고 덕분에 전국적으로 매출이 38억 달러(약 4조 600억 원) 상승했다고 추산했다. 이에 도미노피자Domino's, KFC, 보스턴마켓Boston Market을 비롯한 패스트푸드 매장들도 전부 그와 비슷한

5달러짜리 프로모션을 진행했다. 당시 한 레스토랑 자문 위원은 〈비즈니스위크〉와의 인터뷰에서 이렇게 말했다. "5달러는 이제 마법의 숫자입니다."

내가 이 이야기를 꺼낸 이유는 모방이 간단해 보이지만 몹시 어렵다는 것을 보여주기 위해서다. 아무리 입증된 아이디어라도 받아들여지는 과정에서 힘든 장애물을 만날 수 있다. 세계적인 인쇄·복사 업체인 킨코스Kinko's의 설립자 폴 오팔라Paul Orfalea 역시 1980년대에 그와 비슷한 장애물을 넘어야 했다. 오팔라는 다른 성공한 서비스 업종들처럼 24시간 영업을 해보자고 킨코스 점주들을 구슬리고 회유하는 데 3년이 걸렸다. 점주들은 밤새 일할 직원을 구하기도 어렵고 직원들의 안전에도 문제가 있을 거라는 이유로 24시간 영업에 반대했다. 24시간 운영을 시범 도입했던 매장의 이윤이 50퍼센트 정도 뛰어오르는 것을 보면서도 대부분의 점주들은 여전히 결정을 내리지 못하고 있었다.

한번은 그 주제에 대해 토론했던 연차 주주총회에서 몹시 화가 난 점주가 자리에서 일어나 이렇게 외친 적도 있었다. "돈이 좋으면 그냥 해요!" 결국 24시간 영업은 킨코스의 새로운 기준이 되었다. 이제 그들은 그때 자신들이 무엇 때문에 그렇게 소란을 떨었는지도 기억하지 못할 것이다.

'콜럼버스의 달걀' 이야기는 5달러짜리 풋롱이나 24시간 영업이라는 단순한 아이디어가 처음에는 너무 평범하고 뻔해 보이기 때문에 그 가치를 인정받지 못한다는 것을 보여준다. 콜럼버스가 처음 항해를 시작했을 때 학식 있는 사람들은 대부분 지구가 둥글다는 사실을 알고 있었고, 서쪽으로 항해를 하다 보면 극동에 닿을 수 있을 거라고도 생각하고 있었다. 그래서 콜럼버스가 첫 항해를 마치고 돌아왔을 때 시큰둥한 반응을 보인 사람들이 많았다.

콜럼버스와 늦은 밤 만찬을 함께하던 스페인 신사들이 그에게 당신이 한 일이 그렇게 특별한 일이냐고, 남들이 다 아는 사실을 그저 처음 실행한 것뿐이지 않냐고 비아냥댔다. 콜럼버스는 대답 대신 한 남자에게 삶은 달걀을 건네주며, 그것을 탁자 위에 세워보라고 말했다. 그 자리에 있던 모든 사람들이 차례로 시도해보았지만 아무도 성공하지 못했다. 달걀을 다시 받은 콜럼버스는 그것을 탁자 위에 부드럽게 두드려 껍질을 깨 한쪽 끝을 평평하게 만든 다음 달걀을 세웠다. 그러고는 그 자리에 있던 신사들에게 물었다. "당신들 중 아무도 해내지 못한 이 달걀 세우기보다 더 쉬운 일이 뭔지 아십니까? 그건 바로 남이 하는 걸 보고 난 다음 따라 하는 것입니다. 그거야말로 세상에서 가장 쉬운 일이자 누구나 할 수 있는 일이죠."

2장에 등장했던 개념미술가 데미안 허스트의 작품을 보고도 이런 건 누구라도 만들 수 있겠다고 말하는 사람들이 종종 있었다. 그는 1995년 〈뉴욕타임스〉에 이렇게 말했다. "'나도 할 수 있겠다'는 말은 쉽습니다. 누군가 하고 난 다음에는 말이죠. 하지만 그것은 제가 한 겁니다. 다른 사람이 아니라요. 제가 만들기 전까지 그 작품들은 존재하지 않았죠. 이는 마치 제가 비틀즈의 〈쉬 러브스 유She Loves You〉를 쓸 수 있었겠다고 말하는 것과 같아요."

이와 마찬가지로 5달러짜리 풋롱이나 24시간 영업 전략 또한 돌이켜보면 비슷한 상황에서 어떤 기업이라도 시도했을 법한 당연하고 확실한 비즈니스 전략이라고 할 수 있다. 하지만 그런 해석은 콜럼버스가 들었던 비판과 다르지 않다. 이는 아무리 평범한 아이디어라도 이를 실행하기 위해서는 다른 사람들을 설득하기 위한 노력과 헌신, 창조적인 문제 해결 과정이 필요하다는 사실을 간과하는 것이다. 서브웨이와 킨코스의 경우, 5달러짜리 풋롱에 대한 프랑켈의 결심과 앞장서서 24시간 영업을 실천했던 몇몇 이름 없는 킨코스 매장 주인들 덕분에 수백만 달러의 추가 수입을 올릴 수 있었다.

사회가 혁신에 열광할수록 평범한 아이디어를 실행하기 위해 넘어야 할 장애물들은 폄하되거나 무시당하기 쉽다. 그리고 평범한 아이디어들은 그 정의상 특별한 아이디어보다 흔하기 때문에 이를 실행하는 것이 기업의 이윤에 끼치는 영향 또한 크다.

사소한 차이가
부의 격차를 만든다

2003년 오팔라가 킨코스에 남아 있던 자신의 지분을 월스트리트의 인수합병 전문 기업에 1억 1,600만 달러(약 1,200억 원)에 매각했을 때, 비즈니스 관련 언론들은 오팔라가 엄청난 사회적·기술적 변화의 수혜자였다고 입을 모았다. 그들은 킨코스가 수백만 명의 미국인들이 집에서 일하며 보고서나 프레젠테이션 자료를 복사하고 제본할 수 있는 업체가 필요하게 되면서 오늘날 '복사 업계의 맥도날드'로 성장했다는 데 동의했다. 오팔라의 의견도 다르지 않았다. 30여 년 전,

그가 첫 매장을 열었을 때 단 700만 명뿐이었던 재택근무자의 수는 2003년 그가 킨코스를 떠날 때 4,200만 명으로 늘어나 있었다. 하지만 오팔라의 엄청난 성공을 사회적 변화의 흐름 덕분으로 돌리는 것은 콜럼버스의 달걀 이야기에 등장했던 스페인 신사들처럼 누구든 오팔라와 같은 업적을 쌓을 수 있었을 거라는 뜻을 담고 있다. 이는 미국인들의 업무 형태 변화라는 흐름 안에서 오직 킨코스만이 그와 같은 성공을 거둘 수 있었던 이유를 간과하는 것이다.

1970년, 당시 스물두 살이던 오팔라는 산타바바라의 캘리포니아 대학교 근처에서 복사를 하고 문구류를 판매하는 작은 가게를 혼자 열었다. 9제곱미터가 약간 넘었던 가게가 너무 붐벼 두 번째 가게를 임대했을 때는 매일 아침 가게 밖 인도로 복사기를 꺼내놓아야 할 정도였다. 부스스한 빨간 머리 때문에 별명이 '킨코Kinko'였던 오팔라는 복사 가게의 이름도 '킨코스Kinko's'라고 붙였다.

첫 매장에서 혼자 일하던 동안 오팔라는 자신을 백만장자로 만들어줄 중요한 사실을 깨달았다. 그것은 기술이나 혁신과는 전혀 상관없는 문제로(사실 그는 복사기 사용법조차 배운 적이 없었다), 고객들의 심리에 관한 것이었다. 그는 과학 숙제를 들고 오는 학생이든 시험지를 들고 오는 교수든 거의 모든 손님들이 감정적으로 불안한 상태라는 것을 알아차렸다. 오팔라는 그의 자서전 《복사해주세요!Copy This!》에서 이렇게 말했다. "대부분의 손님들은 스트레스가 넘치고 혼란스러운 상태로 찾아온다. 그들은 복사를 맡기면서 자기가 뭘 주문해야 하는지도 모르고 그 일을 언제까지 마무리해야 하는지도 헷갈려 한다. 마침내 오팔라는 "복사보다 먼저 고객들의 불안을 해소해줘야 한다"는 사실을 깨달았다.

오팔라가 동업자를 구해 미국 전역의 대학 캠퍼스 근처마다 새로운 가게를 열면서 사업을 확장해나가는 동안, 그의 가장 큰 걱정거리는 복사 가게가 이윤을 많이 남길 수 없는 흔한 업종이 되지 않을까 하는 것이었다. 누구라도 복사기 서너 대만 임대하면 킨코스와 같은 가격으로 경쟁할 수 있었고, 그러면 누구도 이윤을 남기지 못하는 수준으로 수익이 내려갈 수 있었다. 하지만 오팔라는 고객들의 스트레스만 해소된다면 가격에는 신경 쓰지 않을 거라는 사실을 알고 있었다. 그래서 오팔라는 경쟁 업체보다 더 많은 금액을 받되, 그만큼 더 나은 서비스를 제공하는 것을 주된 영업 전략으로 삼았다.

그의 자서전에서 오팔라는 그 평범했던 아이디어를 어떻게 실행하게 되었는지 구체적으로 보여주었다. 오팔라는 한 편의점 주인과 가벼운 대화를 하다가 킨코스가 24시간 영업을 해야 한다고 확신하게 되었다. 그 편의점 주인은 늦은 밤에는 유동 인구가 적어 매출이 별로일 거라고 생각했지만, 막상 24시간 영업을 시작해보니 수익이 대략 50퍼센트 정도가 올라 깜짝 놀랐다고 오팔라에게 자랑했다. 한참 후에야 그는 단골 고객들이 평소보다 더 자주 편의점을 찾는 것이 매출 상승의 원인이었음을 깨달았다. 자신도 모르는 사이에 고객들의 충성도가 높아졌던 것이다. 이는 편의점이 자신을 위해 언제나 열려 있을 거라는 믿음 덕분이었다. 24시간 영업이 고객들의 '걱정'을 덜어준 것이다. 오팔라는 그에 대해 이렇게 말했다. "저는 그것이 바로 우리가 받아들여야 할 변화라고 완전히 확신하게 되었습니다."

오팔라는 늘 스트레스로 괴로워하는 고객들의 입장에서 킨코스를 바라보기 위해 노력했다. 그는 손님들이 문을 열고 들어오는 순간 마음이 안정되어야 한다고 생각했고, 이를 위해 보기 좋은 연한 파란색 벽과 깨끗한 카펫, 사람들이 일하기 편한 정돈된 공간으로 킨코스를 꾸몄다. 오팔라는 이렇게 말했다. "우리는 고객들이 킨코스에서 복사 가게 이상을 보기를 원했습니다. 킨코스를 어떤 문제든 해결할 수 있는 안식처로 느꼈으면 한 것입니다."

오팔라는 숙박업소를 운영하는 삼촌에게 고객들이 더 편하고 친근하게 느낄 수 있는 인테리어에 대해 자문을 구하기도 했다. 그는 킨코스 점주들이 수정액이나 펜, 클립 등과 같은 작은 무료 물품들을 비치해 놓지 않는 걸 보고 화를 내기도 했다. 점주들은 사람들이 한꺼번에 너무 많이 집어 간다는 그럴듯한 이유를 댔지만, 오팔라는 킨코스가 계속해서 더 높은 금액을 받고 싶다면 고객들의 불안한 심리에 관심을 기울여야 한다고 그들을 설득했다. 그는 회의에 가는 길에 펜이나 클립 몇 개가 필요해 당황스러워하던 고객들이 킨코스에 가면 그 아이템들을 무료로 얻을 수 있다는 사실을 절대 잊지 않을 것이라고 점주들에게 이야기했다.

문서 복사가 수입의 주요 원천인 공간에서 오팔라는 아이디어를 모방하는 것이 영감의 주요 원천임을 증명했다. 그는 전국 각지의 킨코스 점주들이 기발한 아이디어를 공유할 수 있도록 혼신의 힘을 기울였다. 이메일이 활성화되기 전부터 오팔라는 보이스메일을 설치해 점주들이 전국 각지의 수백만 명의 동료들에게 자신의 의견과 아이디어를 알릴 수 있도록 만들었다. 점주들은 동료 점주들로부터 보통 하루에 메시지를 30개씩 받았다.

오팔라는 또한 효율적인 업무 공간 디자인에 관한 팁을 얻을 수 있을까 해서 근처에 있는 맥도날드 매장을 찾아가 주방을 보여 달라고 부탁한 적도 있었다. 오팔라는 이렇게 말했다. "저는 '모든 물건은 정해진 자리가 있으니, 사용한 뒤에는 꼭 제자리에 놓으세요' 하고 동료들에게 종종 말했습니다. 맥도날드는 그 원칙이 실제로 어떻게 지켜지고 있는지 정확히 배울 수 있는 곳이었습니다." 정돈된 업무 공간은 신속한 서비스를 가능하게 했고, 이는 킨코스가 고객들과 그들의 감정을 돌보는 또 다른 방법이었다.

오팔라는 이렇게 말했다. "소매업에는 몇 가지 비법이 있습니다. 소매업의 90퍼센트는 뻔합니다." 킨코스는 그 뻔하고 평범한 것을 완전히 자신의 것으로 익힌 덕분에 투자자들의 관심을 끌 수 있었다. 왜 뉴욕의 인수합병 전문 기업이 복사 가게처럼 수익률도 낮은 흔한 업종에 뛰어들기 위해 1억 달러가 넘는 돈을 지출했을까? 그 이유는 바로 혁신이 아닌 모방을 통해, 그리고 평범한 아이디어의 특별한 실행을 통해 고수익을 유지했던 오팔라가 만든 킨코스만의 독특한 문화 때문이었다.

모방을 뛰어넘어 돈 버는 상식을 가져라

게이츠와 IBM에게 밀려난 것이 킬달로서는 고통스러웠겠지만 그렇다고 그가 가진 돈을 전부 잃은 것은 아니었다. 1991년, 그는

1억 2,000만 달러를 받고 노벨Novell에 디지털 리서치를 매각했다. 6년 전, 게이츠에게 제시했던 2,600만 달러의 5배에 달하는 금액이었다. 그 후 킬달은 텍사스로 이주해 호숫가 목장에서 14대의 스포츠카를 몰며 호화로운 생활을 누렸다. 10대 때 항공기 조종사 자격증까지 땄던 킬달은 마침내 소형 자가용 제트기도 소유할 수 있게 되었다.

1980년대를 지나 1990년대에 들어서까지 킬달은 개인용 컴퓨터를 통해 세상이 더 나아질 수 있을 거라고 확신했고, 이를 위한 혁신을 멈추지 않았다. 디지털 리서치는 데스크톱 네트워킹과 응용 프로그램의 멀티태스킹에 관한 선구적인 업적으로 마이크로소프트보다 약 10년 정도 앞서 있었다. 게다가 킬달은 다른 벤처 기업을 통해 누구보다도 먼저 백과사전 한 질(전집)을 한 장의 레이저디스크에 담으려고 노력했다(CD-ROM이 나오기 훨씬 전의 일이었다). 그는 '프로메테우스 라이트 앤 사운드Prometheus Light and Sound'라는 또 다른 회사를 설립해 무선 기술 분야에서 수많은 초기 혁신을 이루기도 했다.

하지만 킬달은 컴퓨터 업계의 피할 수 없는 몇 가지 현실과는 결코 화해하지 못했다. 예를 들어 그는 베이식이 아이들에게 가장 많이 가르치는 프로그램 언어라는 사실을 받아들이지 못했다. 킬달은 베이식으로는 아이들이 프로그래밍 문제 해결 방법을 배울 수 없다는 불만을 갖고 있었고, 그래서 교육용으로 로고Logo라는 더 나은 프로그램을 직접 개발했다.

그러나 '로고 박사Dr. Logo'라고도 불린 이 프로그램은 많이 팔리지 않았다. 킬달은 컴퓨터 교사들이 자신들이 어렸을 때 베이식을 배웠기 때문에 베이식을 가르치는 게 더 편해 로고로 갈아타지 않는다는 사실에 몹시 실망했다. 부족한 점이 많았음에도 불구하고 컴퓨터 교사들은 베이식을 가장 가르치기 편한 프로그램으로 인식하고 있었다. 킬달은 출간된 적 없는 자신의 회고록에서 이렇게 밝혔다. "나는 교사들에게 너무 많은 것을 기대했다. 그제야 나는 컴퓨터가 인간의 마음이 아니라 돈을 위해 만들어졌다는 사실을 깨달았다."

오팔라라면 킬달에게 교사들이 로고 박사를 더 편하게 느낄 수 있는 방법을 한번 찾아보라고 조언했을 것이다. 프랑켈은 아마 아이들과 학부모들이 로고 박사를 원할 수 있도록 가격을 내리고 특가품을 제공하라고 충고했을 것이다. 하지만 킬달은 자신의 천재성에도 불구하고 제품을 개선하거나 더 나은 홍보 방법을 찾는 대신 로고 박사의 실패를 컴퓨터 산업 전체의 탓으로 돌리기에만 급급했다. 킬달의 고집은 어쩌면 첫 번째 성공에 너무 쉽게 도달했기 때문인지도 모른다.

킬달은 판매에 대한 고려는 전혀 없이 CP/M을 개발했다. 뛰어난 코드를 개발하겠다는 마음만으로 백만장자가 된 것이다. 천재성을 발휘한 뛰어난 혁신으로 갑자기 돈방석에 앉게 된 킬달은 그 이후 연이은 혁신으로 이전처럼 성공하기를 기대했다. 킬달은 반짝이는 아이디어를 실천에 옮기는 것이 이를 떠올리는 것만큼이나 지적으로 어려운 도전이 될 수 있다는 사실을 결코 받아들이지 못했다. 그 대신 킬달은 컴퓨터 산업 전체가 무엇을 중요하게 여겨야 하는지 전혀 모르고 있다고 불만을 쏟아내며 좌절했다.

낙담한 발명가들은 종종 그와 같은 불의에 상처받고 괴로워한다. 2008년에 개봉한 영화 〈플래쉬 오브 지니어스Flash of Genius〉에서도 주인공 밥 킨즈는 차고에서 최초로 자동차 와이퍼를 발명하지만, 자동차 제조사가 그의 발명을 훔치고 복제한다. 실화를 토대로 한 이 영화에서 킨즈는 자동차 제조사를 상대로 소송을 걸었고, 이에 자동차 제조사는 즉각 수백만 달러에 달하는 합의금을 제안한다. 하지만 킨즈는 이를 거절한다. 실현 가능성이 전혀 없는 요구라는 변호사들의 경고에도 불구하고 그는 자동차 제조사가 도둑질을 인정하고 와이퍼 제작에 대한 모든 권리를 돌려주기를 원했다.

몇 차례에 걸친 재판 끝에 마침내 킨즈는 승리를 얻어낸다. 하지만 그때까지의 소송비용과 빚이 승리의 대가로 받은 돈에 맞먹었다. 영화는 이처럼 약간 쓸쓸한 수준에서 끝이 나지만, 현실 속 진짜 킨즈의 말로는 처참했다. 그의 꿈은 자식들이 회사를 물려받아 대대로 와이퍼를 제조하며 부를 쌓는 것이었다. 그러나 오히려 그의 집착이 가정을 파괴했다. 그가 죽음을 맞이할 무렵 아내는 이미 집을 떠난 지 오래였고, 아이들도 대부분 그에게서 등을 돌린 상태였다.

킬달의 말년 역시 그만큼은 아니었지만 비탄과 낙담으로 가득했다. 킬달과 아내 도로시는 1980년대에 이혼했고, 킬달은 재혼을 했지만 그 결혼 역시 실패했으며, 더욱이 심장병 진단까지 받았다. 게이츠의 재산이 늘어가고 그에 대한 신화가 부풀려질수록 가질 수 없는 것을 향한 킬달의 집착과 주량 또한 늘어만 갔다.

킬달이 공부하고 최초로 컴퓨터공학 박사 학위를 받았던 워싱턴 대학교 컴퓨터공학과 25주년 기념식은 킬달의 분노를 가장 폭발시켰던 사건 중 하나였다. 킬달이 받은 기념식 초대장에는 그날 밤의 주요 연사로 컴퓨터공학과에 가장 많은 금액을 기부한 인물 중 한 명인 빌 게이츠의 이름이 적혀 있었다. 킬달로서는 쉽게 받아들일 수 없는 상황이었다. 그래서 그는 학과장에게 전화를 걸어 불만을 토로했지만, 그는 킬달의 전화를 그냥 끊어버렸다.

해럴드 에반스의 책《그들이 미국을 건설했다》에 따르면, 킬달은 출간되지 못한 회고록에서 자신이 컴퓨터를 배운 대학에서 게이츠가 명예를 차지한 아이러니에 대해 다음과 같이 신랄하게 비판했다. "게이츠는 내 작품을 가져가 비열한 방법으로 자신의 것으로 만들었다. 그는 CP/M 덕분에 '돈벌이가 되는' MS-DOS를 만들 수 있었다. 게다가 하버드대학교 중퇴라는 사실을 자랑스럽게 여기기까지 하는 게이츠는 연단에 설 만한 자격이 없는데도 불구하고 컴퓨터공학과 25주년 기념식에서 강연을 했다. 물론 그 자리에 오르기까지 교육은 받았을 것이다. 하지만 하버드에서의 교육은 그가 아니라 바로 내가 받은 것이다."

이것이 바로 게이츠에 관해 킬달이 작성한 마지막 글이었다. 1994년의 어느 날 저녁, 몬터레이에 있던 킬달은 술집의 비디오 게임기 앞에서 의식을 잃고 쓰러진 채 발견되었다. 혼자서 쓰러졌는지 누군가 그를 쳤는지는 아무도 모른다. 그 후에 킬달은 근처 병원을 두 번이나 찾아가 두통을 호소했다. 그리고 부상을 당한 지 사흘 후 잠자리에서 뇌출혈로 세상을 떠났다. 그의 나이 쉰둘이었다. 하지만 그가 세상을 떠난 다음에나마 그가 바라던 날은 결국 찾아왔다. 칼데라 시스템스Caldera Systems,Inc가 게이츠가 사용했던 방법 그대로 게이츠를 골탕먹인 것이다. 바로 모방을 통해서 말이다.

킬달이 디지털 리서치의 자기 지분을 팔기 전, 디지털 리서치는

MS-DOS를 복제해 몇 가지 기능을 추가한 다음 MS-DOS보다 저렴한 가격에 판매하는 전략을 사용한 적이 있었다. MS-DOS 자체가 디지털 리서치의 CP/M을 복제한 것이었기 때문에 마이크로소프트는 디지털 리서치에 아무 대응도 할 수 없었다. 게이츠는 MS-DOS를 어떻게 만들었는지에 대한 판도라의 상자를 열지 않고서는 특허권 침해로 디지털 리서치를 고소할 수 없었다. 게이츠는 디지털 리서치가 MS-DOS를 복제해 만든 DR-DOS 때문에 몹시 골치가 아팠다. DR-DOS가 공개된 후 게이츠는 발머에게 보낸 이메일에서 DR-DOS와 경쟁하느라 MS-DOS의 수익이 30~40퍼센트가량 떨어졌다고 불평하기도 했다.

1996년, 노벨은 DR-DOS의 소유권을 칼데라 시스템스라는 작은 기업에 매각했다. 칼데라 시스템스는 게이츠가 개인적으로 거래를 억제하고 IBM에 DR-DOS와 거래를 하면 즉각 보복하겠다고 공개적으로 협박하는 등 불법적인 독점 행위를 하고 있다며 마이크로소프트를 상대로 10억 달러를 청구하는 소송을 걸었다. 그 법정 싸움은 4년 가까이 지속되었고, 결국 마이크로소프트가 〈월스트리트저널〉 추산 2억 7,500만 달러의 합의금을 지불하고서야 마무리될 수 있었다.

14년 전, 게이츠는 단 2,600만 달러에 킬달의 모든 권리를 사들일 수 있었다. 하지만 CP/M에 대한 온전한 권리를 소유하게 됨으로써 마이크로소프트가 훗날 수억 달러를 지불하게 될 법적 분쟁에 놓일 것이라고는 예측하지 못했다.

5장

부자는
친구를 많이 두지 않는다

보통 사람들의 90퍼센트가 부자가 되기 위해서는
자기자본 손실의 위험을 감수해야 한다고 생각했다.
그러나 자수성가한 백만장자들의 60퍼센트는 자기자본이 아닌
다른 사람들의 투자금을 확보하는 것이 중요하다고 답했다.

BUSINESS BRILLIANT

부자는 이기는
게임만 한다

1951년, 스물한 살의 증권중개인 에드는 주방위군 시절에 만난 친구와 절반씩 투자해 싱클레어에 있는 주유소를 매입했다. 그들은 주유소 경영에 대해 잘 몰랐지만 주유소가 네브래스카 동쪽 지역의 분주한 교차로 근처에 자리 잡고 있었고, 차에 대한 미국인들의 관심과 사랑은 날로 커져가고 있었기에 분명 성공할 거라고 확신했다.

에드와 그의 친구는 밤에는 물론 주말에도 쉬지 않고 기름을 넣고 자동차 유리를 닦으며 일했지만, 차들은 대부분 길 건너에 있는 텍사코Texaco 주유소만 찾았다. 한참 뒤에야 그들은 경쟁 주유소의 주인이 그 지역의 주요 인사라는 사실을 깨달았다. 그 주인은 수년 동안 주유소를 운영하며 수많은 단골 고객을 확보하고 있었는데, 이는 에드와 친구가 아무리 웃는 얼굴로 열심히 일하며 서비스를 제공한다 해도 쉽게 바뀌지 않을 것 같았다. 싱클레어 주유소의 적자는 점점 늘어갔고, 결국 그들은 주유소를 포기할 수밖에 없었다. 에드는 투자금 2,000달러를 전부 잃었다. 노후 대비로 모아두었던 1만 달러에서 상당 금액을 잃은 것이다.

에드가 주유소 매입처럼 위험부담이 큰 사업에 뛰어들었던 이유는 그가 하고 있던 증권중개 일이 적성에 맞지 않았기 때문이었다. 에드는 주식을 분석하는 일은 좋아했지만, 수줍음이 많아 판매에는 영 소질이 없었다. 특히 그는 회사가 중개 수수료 받기에만 급급한 것을 싫어했다. 에드는 중개 자체가 정직하지 못한 일이라고 생각했다. 마치 환자의 상태와는 관계없이 작성한 처방전의 개수에 따라 급여를 받는 의사가 된 느낌이었다.

1950년 초 전후 경제 상태는 급속히 발전하고 있었고, 에드는 부업으로 직접 주식 투자를 하며 꽤 괜찮은 거래 실적을 쌓아가고 있었다. 하지만 이는 동시에 괴로움의 원인이기도 했다. 에드는 책에서 배운 가치 투자 전략 덕분에 그럭저럭 수익을 유지할 수는 있었지만, 기본 자산이 많지 않았기 때문에 수익 창출에 한계가 있었다. 가령 우량주를 구입하기 위해 보유하고 있던 다른 주식을 판매할 때가 아닌데도 팔아야 하는 난감한 상황에 처할 때가 많았다. 한편 에드는 그 과정에서 모든 주가 상승은 폭락으로 끝난다는 사실을 알게 되었다. 1955년 다우존스 공업주 평균은 1929년 대공황 직전보다 높은 역사상 최고치를 기록했다. 증권중개업에 오래 종사했던 사람들도 주가가 반드시 폭락할 거라고 경고했다.

한정된 자본과 주가 폭락이 예상되는 상황에서 에드는 서른한 살에 은퇴하고자 했던 자신의 경제적 목표가 혼자만의 힘으로는 결코 실현 불가능하다는 사실을 깨달았다. 그는 자신에게 투자할 사람들이 필요했다. 그래서 심각할 정도로 수줍음이 많고 영업 기질 또한 전혀 없었음에도 불구하고 투자자들의 돈과 시장의 흐름을 읽을 줄 아는 자신의 능력으로 돈을 벌기 위해 투자조합을 시작했다. 그는 가까운 친구들과 가족들 중에서 투자자 7명을 모아 각각 1만 달러씩, 총 7만 달러를 마련했다.

하지만 자기자본의 투자는 정확히 100달러로 제한했다. 그는 이번만큼은 싱클레어 주유소 사업에서처럼 엄청난 돈을 잃고 싶지 않았다. 투자조합의 가입 조건은 다음과 같았다. 에드는 조합원들의 돈을 대신 투자해주는 대가로 연간 4퍼센트의 변동 없는 수수료를 받는다. 그리고 자신은 100달러밖에 투자하지 않고도 4퍼센트 이상의 모든 연간 수익의 '절반'을 갖는다. 만약 그해 투자로 돈을 잃는다면 에드는 장부상 손실의 단 4분의 1만 책임진다. 하지만 손실은 없었다. 전체 주가는 8퍼센트 폭락했지만, 에드가 투자한 주식은 10퍼센트 상승했다. 이듬해 다우존스가 회복세를 보여 38퍼센트 상승했을 때도 에드의 투자조합의 자산은 41퍼센트 증가했다.

이러한 초기의 성공 기록 덕분에 에드는 두 번째, 세 번째 투자조합을 시작할 수 있었다. 네 번째로 가장 큰 규모의 투자조합을 설립할 즈음, 에드는 전적으로 자신에게 유리한 조건을 마련했다. 이제 에드는 4퍼센트의 운용 수수료와 더불어 모든 수익의 4분의 1을 얻으면서도 자기 돈은 한 푼도 잃지 않을 수 있게 되었다. 이제 그는 자기 자산 손실에 대한 두려움도 없이 과감하게 투자할 수 있었다. 이는 마치 '앞면이면 이기고, 뒷면이어도 잃을 것은 없는' 동전 던지기 게임과 다름없었다.

에드는 운용할 수 있는 자금 수백만 달러를 들고 월스트리트 역사 상 가장 상승 폭이 컸던 강세장에 올라탔다. 다우존스 산업평균지수는 1957년에서 1961년까지 74퍼센트 증가했고, 에드의 투자조합 자산은 251퍼센트나 껑충 뛰었다. 에드는 결국 서른한 살부터는 일하지 않고도 살 수 있을 정도로 부를 쌓겠다는 목표를 달성할 수 있었다. 그리고 자신이 상상했던 것보다 훨씬 많은 돈을 벌었다. 2011년, 여든번째 생일을 맞은 에드는 여전히 은퇴 전이었다.

이 사람이 누구인지 아직 눈치채지 못한 여러분들을 위해 일러주자면, 에드는 바로 워런 에드워드 버핏**Warren Edward Buffett**이다. 네브래스카에서 태어나 자수성가하여 백만장자가 된 그는 오늘날 세상에서 세 번째로 부유한 사람이다. 그는 자신의 초기 투자조합의 계통을 잇는 지주회사 버크셔헤서웨이**Berkshire Hathaway**의 회장으로 4,110억 달러(약 440조 원)에 달하는 자산을 운용하고 있다.(2019년 기준, 버크셔헤서웨이는 현금 보유액만 1,220억 달러, 우리 돈으로 약 146조 4,600억 원에 달한다-옮긴이) 2008년 버핏이 수십억 달러의 기부를 시작하기 전 그의 개인 순자산은 620억 달러(약 66조 원)에 달했다. 2010년, 버핏은 '전설적 투자자'라는 지위를 인정받았으며, 재산의 99퍼센트를 박애주의적인 조직에 기부하겠다는 서약으로 대통령 훈장을 받았다.

지난 50년 동안 주식시장의 향방을 예견했던 버핏의 능력을 높이 사 사람들은 그를 '오마하의 현인'으로 부르며 존경을 표하고 있다. 수많은 투자자들은 저평가된 회사의 주식을 저렴하게 구입하는 그의 유명한 전략을 자세히 살펴보며 이를 따라 하기 위해 노력하고 있다. 이제 버핏이라는 이름은 '워런 버핏 방법'이라는 가치 투자법을 설파 하는 수많은 자기개발서와 세미나에 빠지지 않고 등장하는 브랜드가 되었다. 그러한 책들과 세미나의 기본적인 생각은 주의 깊게 배우고 열심히 노력하면 개인 투자자들 또한 버핏처럼 부를 가져다줄 주식 을 선택할 수 있다는 것이다.

그러나 이것은 버핏의 성공적인 투자가 오직 주식을 선택하는 그 의 능력, 즉 '노하우^{know-how}' 때문이었을 것이라고 가정하는 데 있다. 하지만 사실 버핏의 투자 성공은 그의 뛰어난 '노후^{know-who}'가 없었 다면 불가능한 것이었다. 버핏이 주식을 사고파는 적기를 알아보는 남다른 능력 덕분에 엄청난 부를 쌓았다는 것은 만들어진 신화에 불 과하다. 애초에 버핏이 성공할 수 있었던 진짜 비결은 자신의 인맥을 활용해 투자자들의 돈을 무기로 투자한 회사의 이윤을 잔인하게 짜 냈기 때문이었다. 그는 어떤 개인 투자자도 감히 엄두조차 못 낼 가 차 없는 전략으로 이사회를 압박해 엄청난 이윤을 창출했다. 1950년 대에 저평가된 몇몇 기업들에게 버핏은 오마하의 현인이 아니었다. 그는 오마하의 괴물이었다.

1958년으로 돌아가 보자. 버핏의 투자조합 자산은 100만 달러 가 약간 넘었을 뿐이었다. 그해 버핏은 그 돈의 35퍼센트를 샌본맵스 ^{Sanborn Maps}라는 별 볼일 없는 작은 기업에 투자했다. 버핏은 샌본맵스의 주요 제품 매출이 줄어들고 있었지만, 샌본의 주가가 기업의 실제 가치보다 훨씬 낮게 거래되고 있다는 사실을 발견했다. 이는 샌본이 1950년대에 월스트리트가 상승 장세에 있을 때 주가가 오르고 있는 다른 기업에 현금을 투자했기 때문이었다.

그 약간의 '노하우' 덕분에 버핏은 자기만의 '노후'를 활용할 수 있었다. 그는 자신의 투자조합에 가입하지 않은 사람들 중 돈 많은 사람들 몇 명에게 샌본의 주식을 사라고 설득했다. 그들은 샌본의 이사회에서 발언권을 가질 수 있을 만큼 많은 주식을 사들였고, 버핏은 그들의 대표 격으로 포트폴리오 수익을 현금화하고 주가를 올리라고 샌본의 경영진을 압박하기 시작했다. 경영진은 조세 채무 문제를 언급하며 시간을 끌었지만 버핏은 입장을 바꾸지 않았다. 그는 이사회 구성원으로서 당당하게 자신의 권리를 주장했다. 버핏은 주주 투표를 진행해 회사를 차지하겠다고 협박했다. 이에 겁을 먹은 경영진은 비싼 값으로 헌 주식을 다시 사들이겠다고 동의할 수밖에 없었다. 샌본은 버핏과 그의 친구들에게 단시간에 50퍼센트의 투자 수익을 쥐어주며 제발 사라져 달라고 애걸한 것이나 다름없었다.

그 성공적인 투자 후 얼마 지나지 않아 오마하의 괴물은 다시 중서부에 있는 뎀스터 밀 매뉴팩쳐링Dempster Mill Manufacturing이라는 평범한 기업의 주식을 100만 달러어치 구입했다. 이번에도 버핏은 부유한 친구들과 동료들을 동원해 자신의 전략대로 돈을 투자하게 만들었다. 마침내 버핏은 이사회 전체를 주무를 수 있게 되었고, 이를 통해 자신과 친구들의 수익을 최대화할 수 있는 방향으로 회사를 이끌어갔다. 버핏은 CEO를 인정 없는 사람으로 갈아치운 뒤, 공장 문을 닫고 직원들을 해고하고 재고품을 전부 매각하게 했다. 버핏은 뎀스터에서 짜낼 수 있는 이윤을 모두 쥐어짰고, 회사의 주식 배당금을 챙겼으며, 그 수익으로 더 가능성 있는 기업에 재투자했다. 그런 다음 최초 투자 금액의 3배에 달하는 금액으로 뎀스터를 매각했다.

이는 샌본과 뎀스터의 주가 상승을 예견한 현인의 행동이라고는 하기 힘들다. 충분한 자금력과 든든한 연줄이 있는 기업 매수자의 행동에 가깝다고 볼 수 있다. 버핏은 노련한 분석을 통해 샌본과 뎀스터가 공략하기에 적합한 희생자임을 알아냈다.

하지만 버핏에게 부유한 친구들과 그들이 투자했던 투자조합의 영향력이 없었다면 결코 망하기 직전의 그 작은 기업에서 한몫을 단단히 챙길 수 없었을 것이다. 만약 1958년에 어느 소규모 투자자가 샌본의 미래 가치에 대해 그와 정확히 똑같은 결론을 내리고, 그 회사의 저평가된 주식 수백 주를 매입했다고 해보자. 그 외로운 투자자는 샌본의 주식이 그 가치를 인정받길 기다리면서 그 후로 몇 년 동안 아무것도 하지 못한 채 샌본의 주식을 갖고 있을 것이다.

그러는 사이 18개월 동안 버핏이 등장해 경영진을 압박해 이익을 얻은 뒤 기업을 내팽개친다. 그것이 바로 '워런 버핏 신화' 이면에서 버핏이 부를 축적하기 위해 '실제로 사용한 방법'이다. 다른 사람들의 돈으로 그러한 방법을 사용할 수 있었기 때문에 젊은 버핏은 이전의 자신의 투자법을 버릴 수 있었다.

버핏은 평생 동안 재치 있는 말들을 많이 해왔고, 팬들은 그의 말에 열광적으로 반응했다. 버핏의 가장 유명한 말은 바로 다음과 같다. "첫 번째 원칙, 절대 돈을 잃지 마라. 두 번째 원칙, 절대 첫 번째 원칙을 잊지 마라." 사람들은 그 말이 '절대 손해 볼 투자는 하지 마라'라는 말을 유쾌하게 표현한 것이라고 생각할 것이다. 하지만 말도 안 되는 소리다. 버핏 자신도 어리석은 투자를 많이 해왔다는 사실을 순순히 인정할 것이다. 하지만 지난 60년 동안, 1951년 싱클레어 주유소를 매입해 저축액의 20퍼센트를 잃었던 것과 같은 실수는 두 번 다시 하지 않았다. 버핏은 오늘날까지도 싱클레어 주유소 사건이 자신의 최악의 투자였다고 즐겨 말하곤 한다. 그 사건은 또한 버핏이 다른 사람의 돈이라는 보호 장치 없이 자기자본의 상당량을 위험하게 투자했던 마지막 경우였다.

버핏의 첫 번째 규칙은 자기자본을 한 군데에 전부 투자하지 말라는 실질적인 경고다. 워런 버핏은 처음 투자조합을 시작할 때부터 '앞면이면 이기고, 뒷면이어도 잃을 것은 없는' 게임을 해왔다. 이는 약간의 '노하우', 그리고 엄청난 '노후'가 필요한 게임이다. 버핏은 그 게임을 다른 누구보다 잘했기 때문에 막대한 부를 누리게 된 것이다.

'노하우know-how'보다 '노후know-who'가 중요하다

재정적 성공을 위해 다른 사람들의 돈이 필요하다는 생각은 비즈니스 브릴리언트 설문조사의 일반인 응답자들에게는 낯선 개념이었다. "다른 사람이 자신을 통해 투자하게 만드는 것"이 재정적 성공을 위해 중요하다고 답한 사람은 5명 중 1명도 되지 않았다. 일반인 응답자의 10명 중 9명은 재정적 성공을 위해서는 자기자본 손실의 위험을 감수해야 한다고 생각했다. 즉, 일반인의 90퍼센트가 워런 버핏의 조언과 반대로 하고 있는 것이다.

반대로 자수성가한 백만장자들은 버핏과 매우 비슷한 생각을 하고 있었다. 자수성가한 백만장자 10명 중 약 6명이 다른 사람들의 투자금을 확보하는 것이 중요하다고 답했다. 불안하지만 조금이라도 자기 돈을 투자할 필요가 있다고 답한 사람은 10명 중 4명 미만이었다. 이미 엄청난 부를 쌓은 사람들은 반드시 자기 돈으로 투자해야 하는 것은 아니라고 생각했다. 이것이 바로 '노하우'보다 '노후'가 더 중요한 이유다.

2장에서는 태양의 서커스를 설립해 억만장자가 된 랄리베르테와 세상에서 가장 부유한 예술가인 데미안 허스트가 자신이 사랑하는 일을 함과 동시에 돈을 추구하면서 어떻게 부를 쌓았는지 살펴보았다. 하지만 랄리베르테와 허스트의 이야기를 조금 더 자세히 살펴보면, 그들에게는 돈을 추구하는 것이 반드시 돈 자체에 관한 문제는 아니었다. 돈보다는 사람, 즉 '노후'에 관한 문제였다.

첫 한 해 동안 태양의 서커스는 늘 파산 직전의 상태였다. 서커스단이 유지될 수 있었던 것은 순전히 퀘벡주 정부의 자금줄과 개인 기부자들을 많이 알고 그들과 관계를 쌓아왔던 랄리베르테의 '노후' 덕분이었다. 첫 번째 퀘벡 순회공연 기간 동안 랄리베르테는 최대한 많은 정부 관계자들을 VIP로 대접하고, 태양의 서커스를 지원하는 정치가들을 위한 홍보 이벤트를 마련하며 그들의 환심을 샀다. 랄리베르테는 특히 주지사 르네 레베크Ren'e Levesque와 그의 측근들에게 많은 공을 들였다.

태양의 서커스는 처음에는 1년짜리 프로젝트로 시작되었지만, 랄리 베르테의 '노후' 덕분에 4년 더 진행할 수 있는 정부 지원금을 확보할 수 있었다. 그리고 그 4년이라는 시간은 태양의 서커스가 수많은 팬들을 확보하고 이윤을 창출하는 기업으로 거듭나기에 충분한 기간이었다. 그러나 태양의 서커스가 주정부의 복지 사업은 아니었기 때문에, 결국 그들은 민간 부문에서도 도움을 끌어와야만 했다. 1985년 전국 순회공연의 실패로 75만 달러의 빚을 지게 되었을 때, 랄리베르테는 퀘벡의 다소 보수적인 비즈니스 커뮤니티로부터 여러 가지로 많은 도움을 받았다. 랄리베르테가 친분을 유지했던 보험 업계의 한 거물은 채권자들이 함부로 행동할 수 없도록 기금 모금을 도와주었으며, 태양의 서커스의 자금 관리 은행은 200만 달러의 부도 수표를 눈감아주기도 했다. 태양의 서커스의 경영진 중 한 명은 이렇게 말했다. "랄리베르테는 훌륭한 조직가였습니다. 그는 나중에 도움이 될지도 모르는 모든 사람들에게 서커스 표를 나누어주며 그들을 왕처럼 대했습니다. 언젠가는 그들에게 도움을 받을 수 있을 거라고 생각했죠. 결국 그의 생각이 옳았습니다."

랄리베르테로서는 선택의 여지가 없었다. 주변 사람들로부터 도움을 구하는 것 외에는 태양의 서커스를 유지할 수 있는 다른 방법이 없었기 때문이다. 어떻게 보면 랄리베르테와 허스트는 비슷한 문제를 겪었고, 두 사람 모두 자기만의 '노후'로 이를 해결했다. 2장에서 이미 언급했듯이 젊은 시절의 허스트가 예술가로 성공할 수 있는 가능성은 희박했다. 그래서 그 역시 랄리베르테와 마찬가지로 먼저 기획자와 큐레이터로 인지도를 쌓았다.

허스트는 절망적인 상황에서 〈프리즈〉 전시의 큐레이터 역할을 맡았다. 당시 그는 공공주택에서 살고 있었고, 구상해놓은 개념미술 작품 중 어느 것도 실제로 제작할 돈이 없었다. 여느 수많은 사업가들처럼 허스트가 가진 것은 무에서 유를 창조해내고자 하는 욕구뿐이었다. 그는 자금을 마련하기 위해 랄리베르테와 게이츠처럼 돈 있는 사람들에게 눈을 돌렸다. 그 결과 허스트는 돈 많은 부동산 중개 회사가 자신들이 전시회를 준비하던 버려진 도크랜드 지역의 땅을 소유하고 있다는 것을 알게 되었다. 그는 또한 예술계의 거물들도 전시회를 위해서라면 기꺼이 그 지역을 방문하리라는 사실을 알고 있었다.

그래서 허스트는 부동산 중개 회사를 찾아가 전시회를 개최하는데 필요한 종잣돈 1만 달러를 받아냈다. 한편 허스트는 VIP 미술상들이 익숙하지 않은 분야에 쉽게 돈을 투자하지는 않을 거라고 생각했다. 그래서 그는 VIP 미술상들에게 전시회가 진행되는 동안 가장 가까운 기차역으로 마중을 나가고 또 배웅을 해주겠다고 제안했다. 허스트는 이 과정에서 예술계의 거물 몇 명과 직접 얼굴을 마주할 귀중한 시간도 확보할 수 있었다.

결국 〈프리즈〉의 큐레이터로서 활동하며 허스트는 자신을 예술가로 발돋움할 수 있게 해줄 사람을 만난다. 전시회를 찾은 한 미술상이 건넨 6,000달러로 허스트는 유리 상자 안에 썩어가는 소머리를 넣은 작품을 제작할 수 있었다. 역겨운 작품이었음에도 불구하고 런던의 가장 유명한 예술품 수집가인 찰스 사치는 그 작품에 완전히 매료되었다. 사치는 그 후로 10여 년 동안 허스트의 주요 후원자가 되어 계속해서 작품들을 제작할 수 있도록 도와주었고, 허스트는 그의 도움으로 서른 살이 되기도 전에 백만장자가 될 수 있었다. 랄리베르테와 허스트 모두 이른 나이에 직업적 목표를 달성하기 위해서는 돈을 추구해야 하며, 이를 위해서는 또 돈 있는 사람들을 찾아야 한다는 사실을 잘 알고 있었다.

곁에 있는
비공식 투자자를 찾아라

미국에서 해마다 75만여 개의 중소기업이 설립되고, 또 75만여 개의 중소기업이 문을 닫는다. 문을 닫는 기업의 약 90퍼센트는 창업자들만 빚을 떠안을 뿐, 채권자들은 아무 손해도 입지 않는다. 중소기업들은 대부분 신용카드나 대출 등 다른 개인적 자원만으로 자본금을 마련해야 하는 자영업자들에 의해 운영된다.

아이러니한 점은 많은 중소기업들이 성공을 눈앞에 두고도 자금이 부족해 실패한다는 것이다. 생각하는 것과 달리 사업이 성장하기 시작하면 이에 따라 필요한 경비는 수익보다 훨씬 빠른 속도로 증가하기 마련이다. 고속 성장은 물론 좋다. 하지만 간혹 이를 믿고 지나치게 사업을 확장하다가 작은 실수로 그르치는 경우도 있다. 수많은 중소기업 경영자들이 대부분 그런 이유로 자기 회사의 노예가 된다. 쉬지 않고 일해도 수익은 늘지 않고 빚만 늘어가는 파산 직전의 상태로 위태롭게 버티는 것이다. 그리고 이는 '성장'하고 있는 기업일수록 더욱 그렇다.

폴 그린Paul Green 역시 한때 그와 같은 상황을 고스란히 겪었다. '스쿨 오브 락School of Rock'이라는 전국적인 프랜차이즈 음악 학교를 세운 그린은 아마 오늘날 세상에서 가장 돈을 많이 버는 기타 강사일 것이다. 하지만 망설임 없이 그의 첫 번째 투자자가 되어주었던 한 치과 의사가 없었다면 그린 역시 고전 중인 소규모 사업가 신세를 벗어나지 못했을 것이다.

1998년, 스물다섯 살의 그린은 필라델피아의 한 음반 가게 다락방에서 어린아이들과 십대들에게 전자 기타를 가르치며 근근이 생활을 유지하고 있었다. 대부분의 음악 교사들처럼 그 역시 수입이 변변치 않았지만, 그를 가장 괴롭혔던 문제는 돈이 아니었다. 바로 좀처럼 늘지 않는 학생들의 실력이었다. 록을 사랑하고 열정이 넘쳤던 그린은 연습을 게을리해 시간이 지나도 나아지지 않는 학생들의 연주 실력을 견디기가 무척 힘들었다.

어느 날 그는 학생들을 몇 명씩 묶어 록 밴드 연습실에서 같이 연주를 시키면 좋겠다는 생각이 들었다. 학생들은 친구들에게 뒤지기 싫어 더 자주 연습을 했고, 금방 연주 실력이 향상되었다. 학생들의 실력이 향상되는 모습을 본 그린은 모든 학생들이 다 같이 연습하고, 또 부모님과 친구들 앞에서 공연도 할 수 있는 영리 목적의 록 음악 학교를 설립해야겠다고 생각했다. 그는 허름한 3층 건물을 임대해 기타를 가르치는 친구들 몇 명을 모아 강사진을 꾸렸다. 그렇게 하여 2003년까지 스쿨 오브 락의 학생 수는 80명으로 늘어났다. 하지만 학생들의 수강료로는 강사들의 월급과 부대비용만 겨우 충당할 수 있을 뿐이었다. 그린은 수지를 맞추기 위해 레스토랑에서 아르바이트까지 해야 했다.

그런데 그해 10월 3일, 놀랍게도 같은 이름의 〈스쿨 오브 락^{The} School Of Rock〉이라는 영화가 전국의 극장에서 개봉되었다. 영화 주인공인 광기 있고 충동적인 기타 선생님 역할은 잭 블랙^{Jack Black}이 맡았는데, 그는 여러 모로 폴 그린과 몹시 비슷한 사람이었다. 영화를 본 그린은 자신이 이용당했다는 생각에 몹시 화가 났다. 2년 전에 케이블 채널 VH-1에서 그린 의 음악 학교에 관한 다큐멘터리를 위해 몇 장면을 촬영해 갔다가 결국 제작되지 못했던 적이 있었기 때문이었다. 〈스쿨 오브 락〉은 케이블 채널 VH-1의 계열사인 파라마운트^{Paramount}가 개봉한 영화였지만, 영화제작자들은 VH-1의 도움을 받아 영화를 제작한 것은 아니라고 주장했다. 그린은 고소도 생각했지만 곧 그만두었다. 결과적으로 〈스쿨 오브 락〉의 흥행은 폴 그린의 '스쿨 오브 락'에게도 더할 나위 없이 좋은 일이었기 때문이다.

〈스쿨 오브 락〉이 개봉한 지 몇 달 만에 그린의 음악 학교 학생 수는 2배로 늘었다. 기존 건물은 이미 학생들로 넘쳐나서 그린은 교외에 두 번째 학교를 지을 공간을 마련해야 했다. 사업 확장과 수강료 수입 증가는 성공 궤도에 올랐다는 신호이기도 했지만, 동시에 고민의 시작이기도 했다. 그린은 멀리 떨어진 두 곳의 학교를 운영하느라 녹초가 되었다.

그러던 어느 날, 그린은 자신의 치과 주치의 조셉 로버츠^{Joseph} Roberts에게 진료를 받으면서 그러한 고민을 털어놓았다. 로버츠의 아들도 그린의 음악 학교에 다니고 있었기 때문에 그는 이미 그린의 사업에 대해 꽤 잘 알고 있었다. 게다가 임대료 높은 필라델피아의 리튼하우스 광장에 치과를 개업해 많은 돈을 벌고 있었던 로버츠는, 사업에 대해서도 그린보다 훨씬 많이 알고 있었다. 그의 전문가적 소견에 따르면 그린은 '스쿨 오브 락'을 법인으로 등록하고 투자자들을 모아야 할 필요가 있었다. 그렇지 않고 세 번째, 혹은 네 번째 학교까지 사업을 확장하는 것은 불가능했다. 로버츠는 말이 나온 김에 자신이 그린의 첫 번째 투자자가 되어주겠다고 했다. 그렇게 로버츠는 '폴 그린 스쿨 오브 락'의 첫 번째 회장이 되었다.

로버츠와 그린이 모은 투자금을 기반으로 스쿨 오브 락은 필라델피아 지역에만 다섯 군데로 늘어났고, 그린은 다른 도시에서도 학교를 세울 적당한 장소를 찾았다. 그리고 한 사모펀드 회사가 스쿨 오브 락의 주식을 소량 매입하면서 전담 경영팀을 꾸려 스쿨 오브 락을 전국 체인으로 확장하기 위한 야심찬 계획에 착수했다. 2010년까지 미국 전역에 50여 개의 스쿨 오브 락 지점이 생겼고, 뉴욕 지역에만 9개 지점이 만들어졌다. 스쿨 오브 락의 연간 수익은 1,000만 달러에 도달했다. 그해 그린은 회사의 자기 지분을 현금화한 뒤, 자신이 진짜 하고 싶었던 몇 가지 일에 도전하기 시작했다. 우드스톡 영화제의 음악 감독으로도 활동하여, 1969년 우드스톡 축제의 공동 제작자였던 아담 랭^{Adam Lang}과 함께 뉴욕주 우드스톡시에 음악 학교를 세운 일도 그중 하나였다.

그린은 투자자들을 모집하기 전까지는 '앞면이면 이기고, 뒷면이면 지는' 사업을 하고 있었다. 그 결과 언론의 찬사와 약간의 성공을 맛보기도 했지만, 단 한순간도 실패의 그림자를 떨쳐버릴 수 없었고, 늘 몰락이 바짝 뒤쫓아 온다고 느꼈다.

그러다 어느 시점에서 실패를 한다면 그린은 시작할 때보다 훨씬 안 좋은 상황에 처하게 될 것이었다. 일자리를 잃는 것은 물론 엄청난 빚더미에 앉게 될지도 몰랐다. 수천만 개의 기업들이 해마다 그렇게 망하고, 빈털터리가 된 사장은 홀로 남아 절망하기 마련이다.

하지만 그린은 자기만의 '노후' 덕분에 '앞면이면 이기고, 뒷면이어도 잃을 것은 없는' 워런 버핏의 게임에 합류할 수 있게 되었다. 똑똑한 기업가들은 언제나 성공 가능성이 많고 실패의 여지는 적은 거래를 하려고 노력한다. '앞면이면 이기고, 뒷면이어도 잃을 것은 없는' 방법이 '비이성적이고 자만심 넘치는 위험 추구형 투자자'라는 기업가들에 대한 흔한 이미지를 무마시켜준다고 아마르 바이드 교수는 생각했다.

바이드의 연구에 따르면 〈Inc.〉 500대 기업의 설립자들은 대부분 사업 초기 단계에서 1만 달러 이하의 금액만 투자했다. 사업이 잘못된다 해도 쉽게 다시 일어설 수 있을 만큼 적은 금액이었다. 버핏역시 그 점에 대해 다음과 같은 현명한 조언을 했다. "성공하기 위해서는 먼저 살아남아야 한다."

그럼에도 불구하고 처음 사업을 시작하는 사람들에게는 보통 재정적 성장을 돕고 위험으로부터 보호해줄 외부 투자자들이 없다. 가장 큰 이유는 그들이 투자자들을 찾아 나서지 않았기 때문이다. 한연구에 따르면 10개 기업 중 회사를 설립한 첫 2년 반 동안 외부 투자금을 유치하기 위해 노력했던 기업은 4개가 채 되지 않았다. 그 이유는 신생 기업들이 대부분 규모가 너무 작거나 외부 투자자들이 매력을 느낄 만큼의 성장 가능성이 보이지 않기 때문이다. 하지만 또다른 이유는 기업 소유주들이 평범하지만 널리 알려져 있지 않은 비즈니스 투자 방법, 즉 비공식적인 투자자를 찾으려고 노력하지 않았기 때문이다.

폴 그린의 경우 치과 의사 조셉 로버츠가 바로 비공식 투자자다. 데미안 허스트의 첫 번째 후원자 역시 비공식 투자자였다. 그들은 친구도 아니고 가족도 아니며, 신생 기업이나 벤처 기업에 투자하는 직업 투자자들도 아니다. 그들은 단지 그린과 허스트보다 조금 더 많은 돈을 갖고 있었으며, 그들의 어떤 점을 좋아했고, 또 모험을 두려워하지 않는 의지와 조건을 갖춘 사람들이었다.

비공식 투자자 중 가장 유명한 사람은 스코틀랜드의 자동차 영업사원 이안 맥글린Ian McGlinn일 것이다. 1977년, 맥글린은 여자친구의 친구에게 잉글랜드 브라이튼에 있는 작은 상점을 확장하라고 약 7,000달러(약 740만 원)를 주었다. 맥글린은 그 대가로 그 상점의 절반을 소유하게 되었는데, 그것이 바로 오늘날의 더바디샵The Body Shop이다. 2009년, 맥글린은 더바디샵의 자기 주식 전부를 매각해 2억 달러(약 2,100억 원) 이상을 벌었다.

통계에 따르면 해마다 미국에서는 중소기업 창업에 로버츠와 맥글린 같은 비공식 투자자들이 벤처 투자자들보다 8배나 더 많은 돈을 투자한다고 한다. 오하이오대학교에서 창업에 대해 연구하는 스콧 셰인Scott Shane 교수는 언론에서 비공식 투자자들을 그다지 주목하지 않기 때문에 겉으로 잘 드러나지 않는 것뿐이라고 말한다. 그는

《기업가 정신에 대한 환상The Illusions of Entrepreneurship》에서 "비공식 투자자들은 당신이나 나 같은 평범한 사람처럼 보인다. 그리고 투자하는 금액 또한 많지 않다"고 밝혔다.

비공식 투자자들의 절반 이상이 1만 5,000달러 전후로 투자를 하며, 그 돈으로 벌어들이는 수익 역시 5만 달러 이하다. 하지만 그들이 모이면 엄청난 힘을 발휘한다. 셰인은 미국 가정의 약 1퍼센트가 가족이 아닌 사람이 경영하는 개인 사업에 어느 정도의 소유권을 갖고 있다고 추산했다. 그들이 바로 100만 명의 비공식 투자자들이다.

셰인은 대부분의 비공식 투자자들에게는 엔젤 투자자나 벤처 투자자들과는 다른 중요한 차이점이 있다고 말한다. 바로 투자를 통해 막대한 수익을 기대하지 않는다는 점이다. "실제로 한 연구에 따르면 모든 비공식 투자자의 3분의 1 이상이 창업 투자에 대한 수익을 전혀, 아예 조금도 기대하지 않는다. 비공식 투자자들은 주로 친구를 돕기 위해서라는 등의 비경제적인 이유로 신생 기업에 투자한다."

이와 같은 통계 자료를 통해 얻을 수 있는 교훈은 아주 간단하다. '어서 나가 투자자를 찾아라!'

부자일수록
핵심 네트워크는 작다

빌 게이츠를 만나본 사람들 중 그가 사교성이 좋다고 생각할 사람은 아마 거의 없을 것이다. 그의 하버드대학교 교수 중 한 사람은 그를

"성격은 안 좋지만 머리는 똑똑한" 학생으로 묘사했다. 게이츠는 가벼운 수다를 견디지 못했고, 사람들에 대한 흥미도 없는 편이었다. 사회성 부족과 청결하지 못한 습관들이 게이츠에 관한 전설이 되기도 했다. 월터 아이작슨Walter Isaacson은 언젠가 〈타임〉에 실린 게이츠의 프로필을 보고 이렇게 말했다. "그와 아무리 오랜 시간을 함께 보내도 그는 당신이 무슨 생각을 하는지 알 뿐이지, 당신이 어디에 사는지, 가족이 있는지와 같은 문제에 대해서는 알지도 못하거니와 관심도 없다는 느낌을 받을 것이다."

사람들에 대한 개인적인 흥미 없어 보였던 게이츠도 마이크로소프트가 자리를 잡던 시절에 컴퓨터 산업에 종사하는 사람들이 무슨 생각을 하고, 무엇을 하는지에 대한 강박에서 한순간도 벗어난 적이 없었다. 1990년대 초 한 컴퓨터 회사 간부는 게이츠에 대해 이렇게 말했다. "빌에게 어떤 소프트웨어 회사나 하드웨어 회사의 이름만 대도 그는 그 회사의 CEO가 누군지, 어떤 소프트웨어를 제작했고 또 문제가 무엇인지 자세히 말해줄 수 있었다." 게이츠는 사람들과 반갑게 인사하거나 수다를 즐기는 사람은 친화적인 아니었지만, 분명 부정할 수 없는 네트워커Networker였다.

기업가들은 서로 다른 종류의 네트워크를 이어주는 다리 역할을 수행할 때 성공한다. 게이츠가 한 일 역시 결국 IBM과 개인용 컴퓨터 시장을 연결하는 다리 역할이었다. 고객 네트워크와 전략적 파트너에 대한 무관심한 태도만 아니었다면 게리 킬달이 그 다리가 되었을지도 모른다.

'기업가entrepreneur'라는 단어는 '사이'와 '취하다'라는 뜻의 프랑스어에서 유래했다. 기업가들은 기업들 간의 관계를 주선해주고 서로 다른 집단이 함께 일하지 못하게 만드는 구조적인 구멍을 채워주면서 이윤을 얻는다. 이런 의미에서 기 랄리베르테는 서커스 공연자들이라는 한쪽 네트워크와 퀘벡주 기업가들과 주 정부 관계자들이라는 다른 쪽 네트워크를 연결했다고 할 수 있다. 두 그룹 모두 태양의 서커스를 창조할 만큼 독립적인 수단을 갖고 있지 못했다. 오직 랄리베르테만이 두 세계를 한데 묶을 수 있을 만큼 충분한 인맥을 양쪽 네트워크에서 갖고 있었다. 폴 그린과 그의 치과 의사는 자녀들의 음악 레슨을 위해 돈을 지불할 의사가 있는 수천 명의 학부모들과 스쿨 오브 락에 투자할 투자자들 사이의 구조적 구멍을 메웠다.

만약 사업 성공에 있어서 네트워크가 그렇게 중요하다면, 성공한 사람들은 대부분 개인적으로 가까운 인맥을 많이 확보하고 있을 거라고 생각하기 쉽다. 하지만 비즈니스 브릴리언트 설문조사를 비롯한 여러 연구 결과에 따르면, 사실은 전혀 그렇지 않다. 일반인 응답자들은 "새로운 사업 진출에 도움을 받을 수 있는 아주 가까운 사람들"이 보통 9명 정도 있다고 대답했다. 하지만 자수성가한 백만장자들은 5.7명뿐이라고 답했다. 수치는 부의 정도가 높을수록 더 낮아졌다. 순수익이 1,000만 달러에서 3,000만 달러 사이인 백만장자들은 5.1명이었고, 순수익이 3,000만 달러 이상인 사람들은 아주 가까운 사람들이 평균 4.8명밖에 되지 않았다.

왜 그런 것일까? 왜 가장 부유한 사람들의 친밀한 네트워크 규모가 가장 작은 것일까? 이 질문에 답하기 위해서는 우정의 본성에 대해 사회학적으로 살펴보아야 한다. 요즘은 십대들도 페이스북Facebook

에서 5,000명의 친구를 만들 수 있지만, '진짜 친구' 관계는 소수의 사람들과 맺고 유지할 수 있는 것이 인간 본성이다. 여러 연구에 따르면, 미국인들은 아주 중요한 문제에 대해서도 편하게 이야기를 나눌 수 있는 가까운 지인을 4명 정도 두고 있었다. 대다수의 미국인들이 2명에서 6명 사이의 친밀한 사람들을 '핵심 토론 네트워크'로 규정하고 있었다.

비즈니스 브릴리언트 설문조사에 참가한 부유층 응답자들의 핵심 네트워크 수가 더 적은 이유는 긴밀하고 가까운 네트워크가 훨씬 효과적이기 때문이다. 평균 9명과 '긴밀하고 가까운' 관계를 유지하고 있다고 답한 일반인은 '긴밀하고 가깝다'는 말의 뜻을 다시 한 번 생각해보아야 할지도 모른다. 9명의 사람들 전부와 정말 가까운 관계를 유지하고 있는 사람이 거의 없다면, 대부분의 일반인 응답자들이 말하는 '긴밀하고 가까운' 네트워크는 전혀 긴밀하거나 가깝지 않다고 할 수 있을 것이다.

비즈니스 브릴리언트 설문조사에 따르면 자수성가한 백만장자들이 핵심 네트워크 구성원들과 더 친밀한 관계를 맺고 있었다. 특히 동기 부여와 돈이라는 중요한 문제에 대해서는 더욱 그랬다. 예를 들면 백만장자 10명 중 7명은 "무엇이 비즈니스 파트너를 자극하는지 아는 것이 몹시 중요하다"고 말했다. 일반인 10명 중 그렇게 말한 사람은 2명도 되지 않았다. 잠재적인 비즈니스 파트너를 어떻게 평가하느냐는 질문에 자수성가한 백만장자들의 대다수는 가장 먼저 그들의 수익과 순자산을 알고 싶다고 대답했다. 일반인 6명 중 같은 대답을 한 사람은 1명도 채 되지 않았다. 어떻게 보면 자수성가한 백만장자들은 서로 잘 알고 깊이 이해하고 있는 소규모 핵심 네트워크를 통해 성공했다고도 할 수 있다. 반면 일반인의 비즈니스 네트워크는 약간의 친분만 있는 더 큰 규모의 네트워크라고 할 수 있다.

부자를 더 부자로,
가난한 사람을 더 가난하게 만드는
네트워크의 힘

소셜네트워크에 대해 연구하는 학자들은 네트워크의 크기만으로는 결코 연결자의 능력을 예측할 수 없다고 말한다. 사람들을 연결시켜 주고 네트워크 간의 '구조적 구멍'을 채우면서 이익을 얻을 수 있는 연결자 혹은 다리로서의 성공 가능성을 가늠하기 위해서는 바로 핵심 토론 네트워크의 구조적 성질이 어떠한지를 살펴보아야 한다. 거기에서 가장 중요한 것은 '서로 모르는' 네트워크 구성원들을 얼마나 많이 알고 있느냐다.

니컬러스 크리스태키스Nicholas Christakis와 제임스 파울러James Fowler는 《행복은 전염된다Connected》에서 평범한 미국인이 속해 있는 소셜네트워크에서 그가 아는 사람 2명이 서로 알 수 있는 가능성은 52퍼센트라고 말한다. 네트워크의 이러한 성질을 '이행성'이라고 하며, 이행성이 52퍼센트 이상인 사람은 다들 서로 잘 알고 있는 네트워크에 다른 사람들보다 더 깊이 몸담고 있다고 할 수 있다. 그렇기 때문에 다른 네트워크 사이에서 효율적인 연결자 역할을 할 수 있는 가능성이 별로 없다. 반대로 어떤 네트워크에서 이행성이 낮다면, 즉 네트워크에서 당신이 아는 사람들이 서로 모르는 사이라면 그 속에서 당신이 중심적인 역할을 차지할 가능성이 커진다. 그렇게 되면 네트워크 구성원들은 직접 다가가기 어려운 다른 사람들을 소개해달라고 당신에게 부탁할 것이다.

"만약 당신이 다른 사람들보다 더 행복하고 더 부유하고 더 건강하다면, 이는 네트워크에서 당신의 자리가 어디인지와 큰 관계가 있을 것"이라고 크리스태키스와 파울러는 말한다. 연결자는 보통 다양한 분야에서 '친구의 친구'를 많이 아는 사람으로, 그 '약한 유대 관계'가 연결자에게 도움이 된다. "약한 유대 관계를 많이 맺고 있는 사람들은 정보나 접근의 대가로 조언이나 기회를 더 많이 제공받을 수 있다. 즉, 네트워크의 다리 역할을 하는 사람들은 보통 네트워크에서 중심적인 위치를 차지할 수 있으며, 금전적으로든 다른 방법으로든 그에 대한 보상도 제공받는다." 이는 대규모 조직에서도 마찬가지다. 직장에서도 각기 다른 부서에서 일하는 사람들을 많이 알고 있는 연결자가 한두 명씩 있다. 그들은 서로 모르는 사람들을 많이 알고 있기 때문에, 즉 어떤 일을 처리할 다리 역할을 할 수 있기 때문에 직장에서 큰 영향력을 발휘한다.

게이츠와 랄리베르테, 허스트와 그린 또한 처음에는 자기만의 네트워크, 즉 컴퓨터 프로그래머, 서커스 예술가, 예술대학교 졸업생, 그리고 음악 교사로 이루어진 네트워크에 깊이 발을 담그고 있었다. 그들이 특별해질 수 있었던 이유는 엄청난 부와 자원을 갖고 있는 다소 이질적인 세계로 자신의 네트워크를 확장해나갔기 때문이다. 그 이질적인 세계가 바로 IBM과 퀘벡주 정부, 예술가 후원자들, 그리고 개인 투자자들이었다. 크리스태키스와 파울러는 "소셜네트워크는 본디 네트워크를 넓혀가는 경향"이 있기 때문에 계획적으로 네트워크를 돌보고 관리해야 한다고 조언했다. 자기보다 더 많은 부와 자원을 갖고 있는 사람들과 지속적인 관계를 유지하면서 미래의 성공에 도움이 될 네트워크를 만들어가는 것이다. 그러한 노력이 즉각적인 효과를 발휘하지는 않더라도 말이다.

하지만 그들처럼 네트워크를 확장하는 것이 쉬운 일은 아니다. 이는 '유유상종'이라는 인간의 본성과도 맞지 않는다. 게다가 어느 집단에서든 사람들은 자신이 가장 보잘것없는 존재가 되는 상황을 불편해한다는 연구 결과도 있다. 한 유명한 실험에 따르면, 대부분의 사람들은 다른 사람들의 연봉이 모두 3만 8,000달러인 직장에서 3만 5,000달러를 받을 때보다는, 다른 사람들의 연봉이 모두 3만 달러인 직장에서 3만 3,000달러를 받을 때 훨씬 행복을 느낀다고 한다. 연봉이 더 낮은 직장에서 최고가 되는 즐거움을 위해 1년에 2,000달러는 기꺼이 희생할 수 있는 것이다.

아무리 실제 수익이 더 많다 해도 대부분의 사람들은 사회적 계층의 아래 단계에 머물고 싶어 하지 않는다. 서로 다른 네트워크 사이에서 연결자 역할을 하는 아주 소수의 사람들은 바닥에서부터 올라가야 하는 상황을 개의치 않거나, 설사 약간 꺼린다 해도 그런 감정 때문에 연결자로서의 역할을 포기하지 않는다. 연결자들에게 의지가 되는 것이 있다면 바로 그들이 어느 계층에 있든 다른 연결자들과 관계 맺기를 즐긴다는 것이다.

인간관계가 넓은 사람들은 자기처럼 인간관계가 넓은 사람들과 관계를 맺는 경향이 뚜렷하다. 연결자가 아닌 사람들은 더 소수의 사람들과 관계를 맺는 경향이 있으며, 그렇게 관계를 맺은 소수의 사람들이 연결자일 가능성 또한 거의 없다. 그렇기 때문에 네트워킹은 사회적으로 부자들을 더 부유하게, 가난한 사람들을 더 가난하게 만드는 효과를 발휘하기도 한다. 크리스태키스와 파울러는 그 효과가 어쩌면 온라인 소셜네트워크와 더불어 부자들과 나머지 사람들 간의 수입 격차를 계속 벌리는 이유일 수도 있다고 생각했다.

이미 충분히 입증된 '친구의 친구' 네트워크 효과 역시 또 다른 이유가 될 수 있다. 사람들의 기분이나 행동을 비롯한 여러 가지 상태가 안면도 없는 사람들의 영향을 받을 수 있다는 것이다. 그 영향은 어떤 네트워크에 속해 있느냐에 따라 좋을 수도 있고 나쁠 수도 있다. 예를 들어보자. 크리스태키스와 파울러는 친구가 행복하면 약 15퍼센트 정도 더 행복할 수 있지만, 친구의 친구가 행복해도 10퍼센트 정도 더 행복할 수 있으며, 친구의 친구의 친구가 행복할 경우에도 6퍼센트 정도 더 행복할 수 있다는 사실을 발견했다.

심지어 외로움은 네트워크의 영향을 보다 더 많이 받는 것으로 밝혀졌다. 친한 친구가 외로움을 느끼면 당신이 외로움을 느낄 확률은 52퍼센트 증가하고, 친구의 친구가 외로움을 느낄 때에는 25퍼센트, 친구의 친구의 친구, 즉 한 번도 만나본 적 없는 사람이 외로워할 때 당신이 외로움을 느낄 가능성 또한 15퍼센트 정도 증가한다. 이와 같은 '세 다리 효과'는 애주가나 흡연가, 그리고 비난으로 괴로워하는 사람들 사이에서도 마찬가지다. 당신이 만약 뚱뚱해진다면 당신의 친한 친구가 비만이 될 확률 또한 3배 높아지고, 당신과 두 다리 혹은 세 다리 건너 알고 있는 사람들의 몸무게도 늘어날 수 있다.

《행복은 전염된다》의 저자들은 그와 같은 결과가 사람들의 자유의지라는 개념에 반한다는 사실을 인정하며 이렇게 말했다. "특히 미국 사람들은 자기 운명이 자기 손에 달려 있다는 생각에 익숙하다. 우리는 '혼자 힘으로' 일어서고 '누구나 그렇게 부자가 될 수 있다'고 믿는다. 그리고 우리 사회가 준비된 사람들의 현명한 선택에 보답할 수 있도록 기회를 제공하는 능력주의 사회라고 생각한다." 하지만 인간은 사회적 동물이기도 하며, 인간의 습관과 감정은 감기처럼 전염되기 쉽다는 것이 증명되었다.

그렇다면 성공도 전염성이 있을까? 당신이 속한 네트워크 구성원들이 돈을 좇는 것이 당신이 돈을 좇는 데 도움이 될까? 이 2가지 질문에 대한 대답은 아마 '그렇다'일 것이다. 왜냐하면 일반인과 자수성가한 백만장자들의 수많은 행동 차이는 지분 확보, 급여 협상, 성공 모방, 투자자 물색 등과 같은 사회적 습관의 차이이기 때문이다. 그러한 관습이 몸에 밴 백만장자들은 그와 비슷한 습관을 가진 다른 사람들에게 끌리고, 또 영향을 끼친다. 이는 특히 그들이 공유하고 있는 '노후'의 영향력에 대한 믿음 때문이기도 하다.

예를 들어 당신의 핵심 토론 네트워크에 성공한 연결자 5명이 있고, 그들 각각은 다시 성공한 연결자 5명으로 이루어진 핵심 토론 네트워크에 속해 있으며, 각각의 그룹 구성원들 역시 각자 5명의 핵심 토론 네트워크에 속해 있다고 해보자. 생산적인 관계 구축을 방해하는 '구조적 구멍'을 메우면서 네트워크 간의 연결자가 될 기회를 적극적으로 찾아 나서는 사람들이 세 다리만 건너도 대략 150명이 된다. 대부분은 만날 기회가 없겠지만 연결자 150명이라는 네트워크의 전염 효과가 이유도 모른 채 뜬금없이 걸리는 감기처럼 생각지도 못했던 기회를 제공할지도 모른다. 그 순간 당신은 그저 운이 좋았다고 생각할 수도 있다. 지금까지 능력 있는 연결자들의 도움으로 네트워크를 확장하기 위해 의식적인 노력을 기울여왔다 해도 말이다.

네트워크 효과를 통해 우리는 이것이 바로 스스로 운을 만들어가는 방법이라는 사실을 알 수 있다. 자수성가한 백만장자들은 행운을 좋아한다. 그들은 행운을 믿는다. 비즈니스 브릴리언트 설문조사에서도 10명 중 8명이 "재정적 성공에 행운이 중요하다"고 답했다. 사실 그들은 '훌륭한 정규 교육을 받는 것'보다 행운의 가치를 훨씬 더 높게 평가했다. 훌륭한 정규 교육이 중요하다고 답한 사람은 10명 중 3명에 불과했다.

하지만 중산층은 그와 반대였다. 10명 중 6명 정도가 교육이 중요하다고 믿었다. 행운도 중요하다고 답한 사람은 10명 중 4명밖에 되지 않았다. 또한 불행하게도 중산층은 '노후'보다 '노하우'를 선호하는 경향이 있었다. 자수성가한 백만장자들의 경험으로도 뒷받침된 연구 결과에 따르면, 네트워크를 관리하고 이를 확장해 기회를 늘리지 않을 경우, 우리에게 비즈니스 브릴리언트가 될 수 있는 행운은 결코 다가오지 않을 것이다.

6장

부자는 더 좋은 인상이 아닌
더 많은 돈을 남긴다

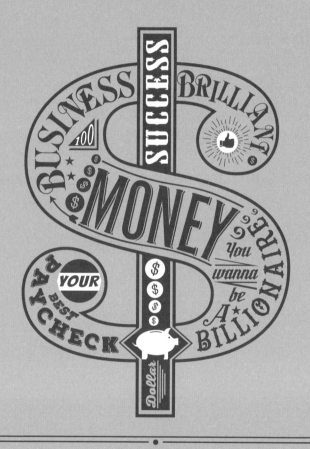

협상에서 자신의 이익을 고려하는가? 평범한 사람들 중 40퍼센트만이
자기 이익을 고려했고, 20퍼센트만이 상대의 약점을 이용하는 것이 중요하다고 생각했다.
하지만 부자들은 90퍼센트가 '협상에서 이익을 얻을 수 있는 방법과
상대방의 약점을 찾는다'고 답했다.
부자들은 자기 이익을 극대화하기 위해 어떻게 하는가?

BUSINESS BRILLIANT

협상의 가장 좋은 무기는
최소 관심의 원칙

2000년, 3년 동안 〈새터데이 나이트 라이브Saturday Night Live〉의 메인 작가로 일했던 아담 맥케이Adam McKay는 새로운 일에 도전해야겠다고 결심했다. 그는 1975년에 그 쇼를 처음 만든 제작자 론 마이클스Lorne Michaels와의 끊이지 않는 다툼과 오랜 야근에 이골이 나 있었다. 2010년, 맥케이는 〈새터데이 나이트 라이브〉의 메인 작가라는 위치에 대해 한 인터뷰에서 다음과 같이 말했다. "〈새터데이 나이트 라이브〉를 만들다 보면 그 쇼가 곧 론 마이클스의 쇼라는 사실을 금세 파악하게 됩니다. 제가 할 수 있는 일이라고는 발을 동동 구르며 돌아

다니는 것 밖에 없죠."

맥케이는 뉴욕을 떠나 로스앤젤레스로 가고 싶었다. 그곳에서 시트콤을 제작하거나 영화 시나리오를 쓰고 싶었다. 궁극적으로는 감독이 되어 자신의 영화를 만들고 싶었다. 하지만 매니저에게 〈새터데이 나이트 라이브〉를 그만두고 싶다는 의사를 전했을 때, 그의 매니저였던 지미 밀러Jimmy Miller는 맥케이에게 조금만 더 기다리라고 설득했다. 밀러는 코미디언이었던 짐 캐리Jim Carrey를 스타덤에 올려놓은 할리우드의 경험 많은 수완가였다. 그는 맥케이가 이미 그만두겠다고 결심했기 때문에 마이클스에게 더 나은 조건을 요구한다 해도 잃을 게 없다고 생각했다. 그래서 밀러는 맥케이에게 이렇게 조언했다. 마이클스에게 가서 "말도 안 되는 요구를 하라"고.

그래서 맥케이는 마이클스에게 〈세터데이 나이트 라이브〉에 남는 대가로 5가지 조건을 제시했다. "우선 연봉을 인상해달라고 했고, 제작 회의에는 절대 참여하고 싶지 않다고 말했습니다. 메인 작가는 그만두되, 자막에 이름은 올리고 싶고 단편 영화를 제작하고 싶다고 말했습니다. 그러자 론이 알겠다고 하더군요."

다음 시즌 〈새터데이 나이트 라이브〉에서 맥케이는 '작가 팀장'이라는 직위로 자막에 이름이 올랐다. 맥케이는 영화 제작을 위한 예산을 마련했고, 전문 제작자와 촬영 기사 등 소수의 직원을 고용했다. 그리고 스티브 부세미Steve Buscemi, 윌렘 대포Willem Dafoe, 벤 스틸러Ben Stiller와 같은 스타 배우들을 캐스팅해 '음식을 맡기는 전당포'와 '애완동물 가게에서 강아지를 훔치는 여자' 등 떠올릴 수 있는 모든 비정상적인 행동에 관한 단편 영화들을 만들었다. 맥케이는 이렇게 말했다. "끝내주는 경험이었습니다. 인생 최고의 경험이었죠. 마침내 영화 만드는 법을 배웠으니까요."

그로부터 2년 동안 맥케이는 〈새터데이 나이트 라이브〉를 위해 20편이 넘는 단편 코미디를 제작했다. 그러고 나서 계획했던 대로 〈새터데이 나이트 라이브〉를 그만두고 로스앤젤레스로 건너갔다. 그것도 영화 시나리오를 써본 적 있는 코미디 작가로서가 아니라, 경험 있는 영화제작자로서 할리우드에 입성한 것이다. 〈새터데이 나이트 라이브〉에서 그와 함께 작업했던 윌 페렐Will Ferrell은 계속해서 맥케이의 장편 코미디 영화들에 출연했다. 그중 맥케이가 각본과 감독을 모두 맡았던 〈앵커맨Anchorman〉은 컬트 팬들에게 열광적인 사랑을 받기도 했다. 단 4년 만에 맥케이는 〈탈라데가 나이트Talladega Nights〉, 〈스텝 브라더스Step Brothers〉, 〈디 아더 가이스The Other Guys〉의 각본을 쓰고 감독·제작해 총 1억 달러 이상을 벌어들였다. 전부 윌 페렐과 함께였다. 그 결과 오늘날 맥케이는 할리우드 최고의 코미디 감독 중 한 사람이 되었다.

맥케이의 성공의 전환점은 매니저의 조언을 받아들여 '최소 관심의 원칙'으로 협상에 임했던 순간이었다. 어떤 관계에서든, 특히 비즈니스 관계에서는 관계를 지속하는 데 관심이 가장 적은 쪽이 협상 조건을 설정하는 데 가장 큰 힘을 갖는다. 즉, 관심이 적을수록 영향력은 강해진다. 리처드 셸Richard Schell은 베스트셀러 《협상의 전략Bargaining for Advantage》에서 "협상을 하지 않아도 잃을 것이 가장 없는 쪽이 대개 중요한 협상 조건을 좌우하게 된다"고 말했다. 다른 모든 요소들이 어떻든 간에, 일단 협상 자체를 하지 않아도 된다는 사실이 바로 협상을 유리하게 만드는 최고의 안전장치가 된다.

비즈니스 브릴리언트 설문조사에 따르면 최소 관심의 원칙은 재정적 성공과 밀접한 관계가 있다. 자수성가한 백만장자 10명 중 약 7명은 "부당한 협상이라면 언제든 물러설 수 있다"고 말했다. 하지만 중산층은 최소 관심의 원칙으로 얻을 수 있는 이점을 그다지 명확하게 인식하지 못하고 있었다. 10명 중 2명만이 협상을 쉽게 포기할 수 있다고 답했다.

어떻게 보면 맥케이와 그의 매니저가 2가지 상반되는 태도를 대변했다고 할 수 있다. 중산층 가정에서 자라 작가이자 무대 공연자가 된 맥케이는 타고난 협상가는 아니었다. 심지어 그는 〈새터데이 나이트 라이브〉를 그만두겠다고 결심한 순간 자신이 협상에서 얼마나 유리한 위치에 서게 되었는지도 인식하지 못하고 있었다. 반면 밀러는 순전히 협상으로 생계를 유지하는 사람이었다. 가난한 피츠버그 지역에서 자라 할리우드의 유력 인사가 된 밀러는 맥케이가 처한 상황을 전혀 다른 관점에서 바라보았다. 밀러가 보기에 맥케이는 황금 같은 기회를 금방이라도 내팽개쳐버릴 사람이었다. 하지만 맥케이는 결국 밀러의 조언을 받아들였고, 그 후로 〈새터데이 나이트 라이브〉와 함께했던 2년은 그에게 황금과 같은 기회였다.

한편 자수성가한 백만장자들과 중산층의 협상 태도 차이를 다른 시각에서 바라보는 사람도 있을 것이다. 자수성가한 백만장자들은 백만장자라는 조건 덕분에 협상에서 쉽게 물러날 수 있는 것 아닌가? 그들의 엄청난 재산이 협상에서 유리한 조건을 마련해주고, 반대로 보통 사람들은 어떤 조건으로라도 협상을 성사시켜야 할 만큼 물러설 곳이 없었던 것 아닌가?

그러나 비즈니스 브릴리언트 설문조사 결과를 검토해보면 중산층은 전반적으로 맥케이와 몹시 비슷하다는 것을 알 수 있다. 중산층은 자신이 유리한 위치에 있을 때도 그 사실을 인지하지 못했고, 가장 관심이 적은 쪽이었을 때도 그 기회를 잘 활용하지 못하는 경향이 있었다.

3장에서 신입사원의 대다수가 급여 협상을 시도하지 않고 처음 제안받은 급여를 받아들인다고 언급한 바 있다. 만약 당신이 지금 일자리를 제안받았다면, 최소 관심의 원칙에 따라 더 유리한 입장에 있는 사람은 바로 당신이다. 그들은 당신을 최고의 지원자라고 생각한다. 그렇기 때문에 그 시점에서 더 많은 돈을 요구하는 것은 전혀 위험한 행동이 아니다. 최고의 지원자가 몇 달러를 더 요구했다는 이유만으로 차선의 지원자를 고용할 사람은 아무도 없다.

하지만 구직자 4명 중 3명은 그와 같은 상황을 이런 관점에서 바라보지 못한다. 구직자들은 대부분 감사하는 마음으로 처음 제안받은 금액을 수락한다. 그러나 최소 관심의 원칙에 대해 착각해서는 안 되는 중요한 사실이 있다. 이 전략은 맥케이처럼 실제로 협상 결과가 어떻든 별 관심을 가질 필요가 없다는 뜻이 아니라, 접근 방식에서만 그러한 태도를 보이라는 것이다.

최고의 협상가들은 반드시 마무리해야 하는 협상에서도 언제든 물러설 수 있다는 듯 관심 없는 태도를 취한다. 어떤 상황에서든 상대방보다 협상에 대한 욕심이 덜한 것처럼 행동함으로써 자신에게 유리한 조건을 만들어간다. 다시 말해 반드시 성사시켜야 할 협상이 있다면, 그 협상을 성사시키기 위한 '유일한' 방법은 바로 전혀 관심 없는 듯이 행동하는 것이다. 절박한 태도는 상대의 입장을 고려하겠다는 의지로 비춰진다 해도 협상에 독이 될 수 있다.

1983년 가을, 실리콘밸리의 필립 칸Philippe Kahn이라는 프랑스 남자에게는 문제가 하나 있었다. 미국인들이 흔히 '캐치-2 catch-2'라고 부르는 전형적인 딜레마였다. 칸은 컴퓨터 프로그래머들을 위한 소프트웨어 '터보 파스칼Turbo Pascal'을 50달러에 팔고 있었다. 터보 파스칼의 경쟁 상대는 마이크로소프트였는데, 그쪽 제품은 터보 파스칼보다 부피가 크고 속도도 느린데다가 가격도 10배나 비싼 500달러였다. 그러니 뛰어난 성능에 가격까지 저렴한 터보 파스칼이 당연히 압도적으로 잘 팔려야 했지만, 현실은 그렇지 않았다. 그런 제품이 있다는 것을 사람들이 몰랐기 때문이다. 만약 칸이 광고를 냈다면, 분명 터보 파스칼은 더 많이 팔렸을 것이다. 하지만 그가 광고비를 마련하려면, 먼저 터보 파스칼을 많이 팔아야 했다.

파리에서 수학을 가르치던 칸은 한 해 전에 터보 파스칼의 초기 버전과 단돈 2,000달러를 들고 캘리포니아에 도착했다. 실리콘밸리에서 일자리를 구하거나 그곳의 수많은 소프트웨어 회사 중 한 곳에 터보 파스칼을 판매할 생각이었다. 하지만 취직과 판매에 모두 실패한 칸은 결국 직접 회사를 차렸다. 회사명은 '칸 인터내셔널'이라고 하려다가, 보다 발음하기 쉬운 '볼랜드 인터내셔널Borland International' 이라고 붙였다. 하지만 칸은 벤처 투자 자금을 유치하는 데 실패해 적은 돈으로 간신히 회사를 운영해야 했고, 터보 파스칼을 비롯한 모든 제품을 입소문에 의지해 판매할 수밖에 없었다. 웹사이트나 블로 그, 온라인 광고, 심지어 스팸 메일도 없던 40여 년 전의 일이었다. 그 시절 컴퓨터 관련 제품을 홍보하는 실용적인 방법은 컴퓨터 잡지에 광고를 내는 것뿐이었는데, 그 잡지들은 벤처 자본의 지원이 없는 소규모 회사들에게는 좀처럼 외상으로 광고를 실어주지 않았다.

칸은 광고가 반드시 필요했다. 돈은 적게 들수록 좋았고, 무료라면 더 좋았다. 그렇다고 절박한 모습을 보인다면 광고비 전부를 받지 않고 광고를 실어줄 잡지는 어디에도 없을 거라는 사실도 잘 알고 있었다. 그래서 그는 당시 컴퓨터 프로그래머들에게 가장 인기 있던 잡지인 〈바이트^{Byte}〉를 목표로 삼았다. 그는 바이트의 영업사원과 사무실에서 만나기로 약속을 잡은 다음 그럴싸한 연극 준비에 착수했다.

먼저 아르바이트생 몇 명을 고용해 사무실을 방문하게 했다. 회사가 실제보다 더 바빠 보이게 만들기 위해서였다. 그리고 〈바이트〉를 비롯한 다른 모든 경쟁 잡지들의 이름이 실린 가짜 광고 예산표를 제작했다. 그런 다음 〈바이트〉 이름 위에 굵게 까만 줄을 긋고는 그 표를 바이트의 영업사원이 볼 수 있도록 책상 위에 올려놓았다.

칸은 몇 년 후 〈Inc.〉와의 인터뷰에서 이렇게 말했다. "여기에 그 사람이 보면 안 될 것 같은 예산표가 놓여 있었죠. 그리고 제가 그 표를 한쪽으로 치웠어요. 그러자 그가 이렇게 말하더군요. '잠깐만요. 저희 〈바이트〉가 볼랜드의 광고를 실을 수 없을까요?' 저는 이렇게 대답했어요. '〈바이트〉에는 광고를 실을 생각이 별로 없습니다. 저희가 원하는 독자층이 아니거든요.' 그러자 그가 '그래도 한번 해보세요'라고 부탁하더군요. 저는 이렇게 말했습니다. '솔직히 말씀드리자면 저희 홍보 계획은 이미 마무리되었고, 더 이상 광고 예산이 없습니다.' 그러자 그가 좋은 조건을 제시하더군요. 우선 한번 실어보기나 하자고 하면서요."

최소 관심의 원칙에 따라 협상 성공 여부에 무관심한 모습을 보이면 상대방은 협상에서 질지도 모른다고 생각한다. 갑자기 위협을 느끼고 초조해지는 것이다. 〈바이트〉의 영업사원은 자신들의 잡지 이름 위에 그어진 굵은 줄과 칸의 무관심에 몹시 당황했다. 만약 볼랜드가 〈바이트〉를 제외한 모든 잡지에 광고를 실었다는 사실을 고위급 간부가 알게 되면 그의 입장이 난처해질지도 몰랐다. 그리고 만약 볼랜드가 〈바이트〉에 광고를 싣지 않고도 무럭무럭 성장해나간다면, 이는 〈바이트〉가 별로 중요하지 않은 잡지라는 뜻이 된다. 그 한 번의 영업 실패 때문에 말이다.

칸의 입장에 있는 사람들은 대부분 〈바이트〉가 얼마나 대단한 잡지인지 칭찬을 늘어놓거나 영업사원들에게 아첨을 하면서 외상 광고를 부탁하겠지만, 이는 아무런 도움도 되지 않았을 것이다. 칸은 그와 정반대로 행동함으로써, 즉 볼랜드에게 〈바이트〉가 별로 중요하지 않다는 느낌을 풍김으로써 〈바이트〉가 먼저 볼랜드의 전면 광고를 한 번만 내보게 해달라고 간청하게 만들었다.

그 전면 광고는 1983년 1월호 〈바이트〉에 실렸다. 칸은 그 광고를 통해 최소한 2만 달러(약 2,100만 원) 정도를 벌어 광고비를 충당할 수 있길 원했다. 하지만 볼랜드는 그 달에 15만 달러(약 1억 6,000만 원)어치의 소프트웨어를 판매했다. 그리고 그로부터 5년 뒤 볼랜드 인터내셔널은 8,200만 달러(약 870억 원)의 연매출을 올리는 기업으로 성장했다.

부자들이 원하는 것을 잡는
3W 협상 공식

돌이켜보면 아담 맥케이가 〈새터데이 나이트 라이브〉에 남는 조건으로 요구했던 5가지는 이상적인 '윈-윈win-win'의 결과였다. 론 마이클스는 〈새터데이 나이트 라이브〉에 맥케이를 2년 더 잡아놓을 수 있었고, 그 기간 동안 맥케이는 〈새터데이 나이트 라이브〉를 위해 아이디어와 대본을 제공하며 동시에 자기만의 영화를 만들었다. 결국 맥케이는 적지 않은 월급을 받으며 영화 제작 실습을 할 수 있었던 것이다.

〈새터데이 나이트 라이브〉를 떠나기 전 몇 달 동안 맥케이는 'SNL 디지털 단편'들을 제작했다. 디지털 장비로 신속히 촬영하고 편집해 방송에서 먼저 선보인 다음 온라인에 올리는 4분짜리 재미있는 비디오들이었다. 맥케이가 〈새터데이 나이트 라이브〉를 떠나고 몇 년 후에는 앤디 샘버그Andy Samberg와 다른 배우들이 〈레이지 선데이Lazy Sunday〉, 〈아임 온 어 보트I'm on a Boat〉, 〈나탈리 포트만의 랩Natalie Portman's Rap〉과 같은 디지털 단편들을 제작해 큰 인기를 끌었다. 수백만 명의 사람들이 온라인에서 그 비디오를 감상했고, 그 덕분에 〈새터데이 나이트 라이브〉는 컴퓨터에 익숙한 젊은 세대들의 관심을 붙잡아둘 수 있었다. 이 또한 맥케이와 마이클스가 했던 윈-윈 협상의 결과였다.

이처럼 양측이 모두 만족하는 윈-윈 결말이 모든 협상의 궁극적인 목표라고 많은 사람들이 생각할 것이다. 비즈니스 브릴리언트 설문조사의 중산층 응답자 10명 중 8명 이상이, 그리고 자수성가한 백만장자 10명 중 약 6명이 "윈-윈 해결책이 최고다"라는 명제에 동의했다. 하지만 조금 더 자세히 살펴보면 약간 다른 그림이 드러난다. 개인의 부가 늘어날수록 윈-윈에 대한 의욕은 감소한다. 비즈니스 브릴리언트 설문조사에 따르면, 순수익이 3,000만 달러(약 319억 원) 이상인 자수성가한 백만장자 10명 중 윈-윈이 최상의 해결책이라고 생각하는 사람은 2명도 되지 않았다.

왜 그런 것일까? 부유한 사람들만 아는 윈-윈 해법의 비밀이라도 있는 것일까? 실제로 협상의 기술에 대해 진지하게 연구해본 사람들은 윈-윈 전략에 대해 대부분 모호한 판단을 내리고 있었다. '윈-윈'이라는 목표는 특히 경험 많은 협상가를 상대해야 하는 평범한 사람들에게는 위험한 덫이 될 수 있다. 윈-윈 해결책을 도출하기 위한 협상에서 상대방이 '반드시 이겨야 한다'는 공격적인 태도를 갖고 있다면, 당신은 단지 협상을 성사시켜야 한다는 이유만으로 할 수 없이 양보하는 쪽이 되기 쉽다. 윈-윈 전략을 토대로 합리적인 타협점에 도달하는 것을 최우선에 둔다면, 이 협상은 당신이 지고 상대방이 이기는 '루즈-윈lose-win'의 결과로 끝날 수 있다. 그렇기 때문에 자수성가한 백만장자들의 대부분은 윈-윈이 최고의 해결책이라는 데 동의하지 않는 것인지 모른다.

사람들이 '윈-윈'이라는 용어를 호의적으로 받아들이기 때문에 노련하고 음흉한 협상가들은 약한 측의 양보를 얻어내기 위해 '윈-윈'이라는 듣기 좋은 말을 사용해왔다. 협상 전문가 짐 캠프Jim Camp는 대기업들이 '동반자', '공정성', '문제 해결' 등과 같은 달콤한 윈-윈 진정제를 사용해 영세 공급업체들로부터 골치 아픈 가격 인하를 솜

씨 좋게 이끌어낸다고 말한다.

캠프는 자신의 저서 《노로 시작하라Start with No》에서 제너럴모터스General Motors의 '피스코PISCO, Price Improvement for the Cost Optimization of Suppliers'(공급자의 비용 최적화를 위한 가격 개선) 전략에 대해 언급했다. 제너럴모터스는 자신들의 피스코 전략에 대해서 "제너럴모터스의 부품 공급업체로 일하는 것이 생산비를 낮게 유지하는 데 도움이 된다"고 주장하고 있었다. 이에 대해 캠프는 다음과 같이 말했다.

"그것이 바로 윈-윈 아닙니까? 물론 그렇습니다. 제너럴모터스에게는 말이죠. 왜냐하면 그 미사여구를 벗겨보면, '비용 최적화'란 공급업체들의 항복을 강요하는 완곡한 표현일 뿐이기 때문입니다. 만약 공급업체가 파산하거나 협상 조건을 충족시킬 수 없다면, 제너럴모터스는 또 다른 공급업체를 찾을 겁니다. 언제나 그 정도 가격이면 살아남을 수 있다고 믿는 다른 공급업체가 있기 마련이죠. '피스코'나 '윈-윈'이라는 미사여구는 이론상으로는 좋아 보이지만, 예나 지금이나 실제로 많은 업체들에게는 독이 됩니다."

캠프는 오늘날 경영대학원마다 협상 수업에서 윈-윈 전략을 가르치지만, 또한 "바로 건너편 교실에서는 윈-윈 모델을 파괴하기 위한 것이 분명한 '공급 시스템 관리' 수업을 하고 있습니다"라고 일침을 놓았다.

윈-윈 전략에 관한 이와 같은 회의주의는 캠프 같은 강경한 협상 전문가들만의 생각은 아니다. 윈-윈 전략이 정답이라는 생각을 널리 알리는 데 가장 큰 기여를 한 사람은 아마도 지금까지 전 세계에서 가장 많이 팔린 자기계발서 중 하나인 《성공하는 사람들의 7가지 습관*The Seven Habits of Highly Effective People*》의 저자 스티븐 코비Stephen Covey
일 것이다. 하지만 코비 역시 모두가 알고 있는 원-윈 전략에 대한 개
념에 주의하지 않으면 협상에서 패배하기 쉽다고 말한다.

코비는 그 책에서 원-윈 해결책을 도출하기 위해 최선을 다했다
가 실패한 사람의 이야기를 들려준다. 그는 대규모 프랜차이즈 소매
점을 운영하고 있었는데, 최근 몇 건의 임대 계약을 재협상하면서 엄
청난 환멸을 느꼈다. "저는 처음부터 원-윈의 결과를 이끌어내자는
마음가짐으로 협상에 임했습니다. 저는 마음이 열려 있었고 이성적
이었으며 유화적인 태도를 갖고 있었죠. 하지만 상대방은 그와 같은
자세를 보고 우리를 힘없고 약하다고 판단했고, 결국 빈털터리로 만
들었습니다."

코비는 그가 만약 빈털터리가 되었다고 느꼈다면, 그가 참여했던
협상은 전혀 원-윈 협상이 아니었다는 사실을 지적했다. 그는 실패를
자초했고, 상대방이 승리하게 만들었다. 코비는 말했다. "원-윈 전략
이라고 생각했던 것이 사실은 루즈-윈 전략이었다는 사실을 깨닫고
그는 충격을 받았습니다." 코비의 관점에서 볼 때, 그의 실수는 협상
이 자신에게 불리한 쪽으로 기울기 시작했을 때 '협상 불가'라고 말할
용기가 없었다는 것이었다.

코비는 이렇게 덧붙였다. "협상 불가의 여지를 남겨둔다면 이렇게
말할 수 있을 것이다. '저는 원-윈의 결과를 이끌어낼 수 있을 경우에
만 협상을 진행할 겁니다. 만약 그 방법을 찾지 못한다면 협상은 없
었던 일로 하기로 합시다.'" 코비는 '원-윈'이라는 말이 위험할 정도
로 부적절한 용어라며, 원-윈의 보다 정확한 표현은 '원-윈이 아니면

협상 불가'가 되어야 한다고 했다. 그것이 바로 최소 관심 원칙에 대한 코비의 찬사였다. 언제라도 협상 테이블을 떠날 준비가 되어 있지 않다면(비즈니스 브릴리언트 설문조사의 중산층 응답자 80퍼센트가 그럴 준비가 되어 있지 않았다), 결코 윈-윈은 없다.

협상 전략에 대한 책은 수없이 많다. 그리고 대부분의 책들이 저마다 비슷한 3단계 협상 준비 과정에 대해 이야기한다. 이는 윈-윈 전략과는 전혀 상관없다. 첫 번째 단계는 협상의 구체적인 목표를 밝히고 기록하는 것이다. 두 번째는 상대방에 대한 면밀한 조사를 통해 상대가 협상에서 요구하는 것이 무엇인지 파악하는 것이다. 세 번째 단계는 어느 시점에서 협상을 포기할 것인지 미리 결정하는 것이다. 협상이 결렬되었을 때 대신 취할 수 있는 최상의 대안을 'BATNA^Best Alternative to Negotiated Agreement'라고 한다. 협상의 대가 마이클 도날드슨^Michael Donaldson은 그 3단계를 '3W'로 요약했다. 즉, 원하는 목표를 설정하고^Wish, 그 목표를 성취하기 위해 알고 싶은 것이 무엇인지 결정하고^Want, 마지막으로 어디서 포기할지 선을 긋는 것이다^Walk.

협상은 기지의 대결이라기보다 심리학 콘테스트에 가깝다. 비즈니스 브릴리언트 설문조사에 따르면, 자수성가한 백만장자들은 3단계의 협상 단계에서 성공할 수 있는 심리적 준비가 중산층보다 훨씬 잘되어 있었다. 처음에 높은 금액을 부르는 사람은, 비록 요구하는 만큼 다 받을 수는 없겠지만, 적절한 금액을 부르는 사람보다 언제나 훨씬 많은 돈을 받는다. 요구에는 위험부담이 거의 없다는 사실도 여러 연구를 통해 증명되었다. 과도한 목표를 설정했다 해도 정중하고 예의 바르게 요구하기만 한다면, 심지어 불가능해 보이는 것

까지도 요구할 수 있다. 듣기 좋게 말만 한다면 달이라도 따달라고
할 수 있다.

하지만 가장 먼저 해야 할 것은 원대한 목표를 설정하는 것이다.
그리고 목표 설정에 있어서 가장 중요한 부분은 아마도 목표를 기록
하는 단순하고 기본적인 행위일 것이다. 비즈니스 브릴리언트 설문
조사에 따르면, 재정적인 목표를 기록하는 것과 재정적인 성공에는
확실한 상관관계가 있었다. 중산층 설문조사 응답자 중 경제적 목표
를 세운 사람은 3명 중 1명이었다. 자수성가한 백만장자 중에서는
10명 중 약 5명, 억만장자 중에서는 10명 중 8명이 넘었다.

협상 전문가들은 아무리 명석한 사람이라도 협상에 대한 압박감
을 느낄 때는 목표를 잊기 쉬우므로, 자신이 원하는 바를 손으로 직
접 작성해 언제든 볼 수 있도록 눈앞에 놓아두는 것이 중요하다고 말
한다. 전직 뉴욕 경찰국 인질 협상 요원 도미닉 미시노^{Dominick Misino}
는 인질범과 대치할 때마다 가운데에 줄이 그어진 종이를 들고 협상
에 임했다. 미시노는 먼저 줄의 왼편에는 '협상 가능', 오른편에는 '협
상 불가능'이라고 적은 다음 양쪽을 전부 채웠다. 그는 이렇게 말했
다. "최첨단의 방법은 아니죠. 하지만 이건 확실합니다. 그 종이 덕분
에 많은 협상에서 성공했습니다. 간단한 규칙이 때로는 최선의 규칙
이 되는 법이죠. 그리고 그 간단한 규칙은 인질 협상에서부터 자동차
나 냉장고 구입까지 모든 일에 적용할 수 있습니다."

목표를 기록하면 이를 더 쉽게 이룰 수 있는 심리적 요인도 마련
된다. 기록을 하면 확신은 높아지고, 마음이 변할 가능성은 줄어든다
는 연구 결과도 있다. 부동산 중개나 중고차 판매처럼 영업에 대한

스트레스가 높은 직종의 사람들은 이를 잘 알고 있다. 그들이 계약을 할 것 같은 고객들에게 수많은 양식을 직접 작성하라고 요구하는 것도 바로 그 때문이다. 그들은 콘도나 녹슨 중고 자동차 구입 계약의 마무리 단계에서 고객들이 더 많은 문서를 작성할수록 3일간의 계약 철회 가능 기간에 마음을 바꿀 가능성이 줄어든다는 사실을 알고 있다. 목표 성취 기회를 늘리고 싶은 사람이라면 누구나 이와 같은 기술을 활용할 수 있다. 목표를 기록함으로써 심리적으로 이를 더 쉽게 기억하게 되고, 나중에 스트레스를 받거나 양보의 압력을 받을 때에도 쉽게 포기하지 않게 된다.

협상의 두 번째 단계, 즉 상대방의 동기와 욕구를 파악하는 것 또한 비즈니스 브릴리언트 원칙의 다른 측면들과 매우 관계가 깊은 습관이다. 5장에서 살펴보았듯이, 자수성가한 백만장자들은 사업 관계자들의 개인적인 삶에 중산층보다 훨씬 큰 관심을 기울였다. 여기에는 그들이 돈은 얼마나 버는지, 그 가치는 얼마인지, 그리고 얼마나 벌고 싶은지 등도 포함되었다. 중산층 설문조사 응답자 10명 중 "사업 관계자의 사업 동기를 이해하는 것이 중요하다"고 답한 사람은 2명도 채 되지 않았다. 자수성가한 백만장자 중에서는 10명 중 7명이 이에 동의했다. 억만장자들의 대답은 거의 만장일치였다. 그들은 늘 상대방에 대해 최대한 많이 알고 싶어 했다.

협상에서도 상대방에 대해 더 많이 알려고 노력하는 쪽이 더 좋은 결과를 얻는 경우가 많다. 영국에서 실시한 유명한 연구에 따르면, 어느 정도 성공 궤도에 오른 실력 있는 협상가들은 실력이 부족한 협상가들보다 상대방과의 잠재적인 공통점에 대해 조사하는 데 4배나 더 많은 시간을 투자했다. 전체적으로 보면 그들은 준비 기간의 40퍼센트를 상대방에 대한 조사를 하는 데 할애했다. 실력이 부족하고 성공률이 낮은 협상가들은 10퍼센트만 할애할 뿐이었다.

상대방에게 중요한 것이 무엇인지 잘 파악할수록 최소한의 희생으로 진정한 윈-윈 결과에 도달할 수 있는 가능성이 높아진다. 이에 대한 유명한 예로 애리조나에 있는 쓰레기 운반 회사가 캘리포니아 해변의 소도시와 쓰레기 운송 재계약을 성사시킨 이야기를 들 수 있을 것이다. 입찰에서 그 쓰레기 운송 업체가 제시한 가격은 낙찰가보다 1톤당 5달러가 높았지만, 업체의 자문위원은 계약을 포기하는 대신 소도시 측에 특별한 우대 조건을 제시했다.

평소 서핑에 빠져 있었던 그는 캘리포니아 해안가에 있는 소도시가 해안 침식으로 심각한 곤란을 겪고 있다는 사실을 알고 있었다. 쓰레기 운반 트럭은 370킬로미터 떨어진 애리조나의 쓰레기 매립지에 정기적으로 쓰레기를 버리러 갔는데, 만약 트럭이 돌아오는 길에 애리조나의 모래를 가득 싣고 온다면 소도시는 해안 침식을 해결하는 데 별다른 추가 비용을 부담하지 않아도 되었다. 그는 이 같은 생각을 소도시 측에 제안했고, 결과는 그의 승리였다. 쓰레기 운송 업체는 애초에 입찰했던 대로 원하는 가격을 받을 수 있었고, 소도시는 해변에 모래를 채울 수 있었다.

한편 반쯤 정신이 나간 위험한 사람들을 자주 대해야 했던 협상요원 미시노는 인질범의 시각으로 상황을 바라보기 위해 노력한 덕분에 불안해하는 인질범의 약점을 예측하고 강경한 입장을 취할 수 있었다고 말한다. "감정 이입은 연민이 아닙니다." 중요한 점은 상대방에 대한 연민 없이 그의 입장을 온전히 이해하는 것이다.

노스웨스턴대학교에서 실시한 협상 실험에 따르면, 상대방이 무슨 생각을 하고 있는지 이해하고 있는 협상가들은 상대방의 감정을 이해하기 위해 노력하는 협상가들보다 훨씬 나은 결과를 얻었다. 협상 테이블 건너편에 앉아 있는 사람의 가슴이 아니라 머릿속에 들어 있는 생각을 파악하는 것이 훨씬 중요하다.

그 실험에 참가했던 한 연구원은 〈이코노미스트〉에 이렇게 말했다. "상대방의 관심사가 무엇인지 파악해야 합니다. 하지만 자기 이익을 포기해서는 안 됩니다. 과도한 감정 이입은 창조적인 협상을 이끌어내려는 사람들의 능력을 떨어뜨릴 수 있습니다."

이 마지막 말이 상대방에 대해 자세히 아는 것의 또 다른 장점, 즉 윈-윈 해결책과는 전혀 상관없는 장점을 분명히 보여준다. 그것은 바로 상대방의 약점을 찾는 것이다. 여기서 우리는 다시 한 번 자수성가한 백만장자들이 성공을 위한 심리적 준비가 잘되어 있음을 엿볼 수 있다.

비즈니스 브릴리언트 설문조사의 자수성가한 백만장자 응답자 10명 중 9명 정도가 "협상에서 상대방의 약점을 활용하는 것이 중요하다"고 답했다. 중산층에서 그와 같은 대답을 한 사람은 4명 중 1명뿐이었다. 냉혹해 보일 수도 있겠지만 백만장자들은 대부분 그와 같은 행동이 정당하다고 생각했다. 왜냐하면 상대방 역시 같은 태도를 보일 거라고 확신하고 있었기 때문이다. 백만장자 10명 중 약 7명은 이렇게 말했다. "나는 협상에 임할 때 상대방이 내 약점을 이용하기 위해 노력할 거라고 생각한다." 하지만 대부분의 중산층은 다소 온건

한 관점을 취했다. 3명 중 단 1명만이 협상 상대방이 자신의 약점을 활용할 거라고 생각했다.

6장에서 가장 먼저 언급했던 내용은 바로 협상의 마지노선을 마련하는 것의 중요성이었다. 그것이 바로 협상 준비 3단계 중 마지막에 해당한다. 자수성가한 백만장자 10명 중 약 7명은 "사업상 적절치 않은 거래에서는 언제든 물러난다"고 답했다. 그러나 중산층에서는 10명 중 2명만이 쉽게 물러설 수 있다고 답했다. 하지만 반드시 필요한 계약에 대한 협상이라면? 그렇다 하더라도 기분 좋게 협상을 마무리하고자 하는 의지나 열망이 협상 성사를 보장하는 것은 아니다. 의지와 열망은 협상 성사에 대한 절박함으로 비춰질 수 있고, 상대방은 그런 당신의 모습을 보고 의혹을 느끼거나 협상 타결을 주저하게 될 수도 있다.

협상 전문가 캠프에 따르면 "부당한 협상이 성사되거나 어느 한쪽이 손해를 입는 이유는 무엇보다도 절박함 때문"이다. 그는 상대방에게 절대 절박함을 내보이지 말고, 절박함 자체를 느끼지 않는 방법을 배우라고 조언한다. "절박함은 죽음이고, 원함은 삶이다. 정말이다. 서로 다른 그 태도를 상대방은 즉각 눈치챈다. 그리고 자신감과 확신을 갖게 될 것이다. 필요한 것은 통제와 절제다."

캠프는 거대 다국적 기업과의 중요한 협상에서 실패한 후 자신을 찾아왔던 한 고객에 대해 이야기해주었다. 그 고객은 자기 회사가 다국적 기업에 우수한 기술과 뛰어난 서비스 등 처음부터 나무랄 데 없는 조건을 제시했다고 생각했다. 그리고 협상을 성사시키기 위해 값비싼 장비까지 무료로 제공하겠다고 제안하는 등 모든 면에서 양보의 자세를 보였다. 그럼에도 불구하고 협상은 결렬되었다. 그 고객은 한참이 지나서 다국적 기업의 CEO가 협상을 거부했다는 사실을 알게 되었다. 비용을 감수하면서까지 협상을 성사시키고자 했던 그의 열망이 역효과를 낳았던 것이다. 그러한 그의 태도는 선한 의도를 드러냈다기보다 자신의 기업이 무능하거나 신뢰하기 힘들다는, 혹은 계약 조건을 이행할 수 없을지도 모른다는 의혹을 불러일으켰다. 다국적 기업의 CEO는 그 작은 기업이 그렇게 협조적으로 나오는 데에는 분명 뭔가 이상한 점이 있기 때문이라고 생각했다

부자는 상대방의 입장을 고려하지 않는다

출처가 확실하지 않지만, 빌 게이츠의 말이라며 종종 인용되는 구절이 있다. "비즈니스에서는 당신이 얻을 만한 것을 얻는 것이 아니라 당신이 협상한 것을 얻는다." 협상의 규칙은 상승작용을 통해 재정적인 이윤 창출을 돕는 것이라고 할 수 있다. 협상의 3가지 기본 원칙, 즉 높은 목표 설정하기, 상대방의 시각 이해하기, 그리고 물러날 시점 결정하기는 1장에서 살펴보았던 도요타 방식과 몹시 비슷한 방법으로 시너지 효과를 낸다.

이 세 단계의 협상 과정이 각각 언제 진행되는지 정확히 알 필요는 없지만, 모든 부분은 시의 적절하게 함께 작용해 예상치 못했던 결과를 초래할 수 있다. 그것이 바로 상승작용, 즉 시너지의 특징이

다. 3장에서 들려주었던 버뮤다의 호텔 객실 관리 지배인과 린다 뱁콕의 성공적인 협상 이야기를 떠올려보자. 그녀는 '3W의 3단계'를 적용하기로 마음먹기 전에는 6자리 숫자의 수입을 꿈꿔본 적이 없었다.

왜 그토록 많은 사람들이 여전히 협상에 능숙하지 못한 것일까? 펜실베이니아대학교 와튼스쿨의 교수인 리처드 셸은 이에 대한 3가지 단순한 이유를 제시했는데, 그 3가지 이유는 3W와 정확히 맞아떨어진다.

셸은 대부분의 사람들이 너무 적정한 수준의 목표를 세우고, 제대로 준비하지 않으며, 욕구도 부족하다고 말한다. 무엇보다 초보 협상가들은 도날드슨의 3W를 회피한다. 왜냐하면 그 3단계를 실행하는 것이 종종 상대방에게 부정적인 감정을 불러일으키기 때문이다. 이러한 사회적 관습과 심리적인 속박이 협상의 성공과 실패를 좌우한다.

셸은 협상에 관한 세미나와 워크숍을 진행하면서, 학생들이나 기업의 경영진이 더 높고 원대한 목표를 세울수록 객관적으로 더 나은 결과를 얻게 되지만, 그 과정에서 불만과 좌절 또한 경험하게 된다는 것을 발견했다. 목표를 높게 잡으면 더 나은 결과와 동시에 부정적인 감정 또한 얻을 수 있다. 이것이 바로 심리학에서 '낮은 기대치로 자존감 보호하기'라고 알려진 현상이 존재하는 이유다. '목표를 낮게 잡고, 성공을 자주 경험하라'와 같은 게으른 사람들의 오래된 신조에는 인간 본성에 관한 재미있는 진실의 한 단면이 담겨 있다. 100달러를 요구했는데 60달러밖에 못 받았을 때보다 50달러를 요구해 50달러를 받았을 때, 사람들은 더 만족감을 느낀다. 실질적으로는 60달러가 더 많은 돈이지만, 목표를 성취하지 못했다는 생각이 부정적인 감정을 유발하는 것이다.

셸은 협상의 심리적 토대가 편견과 같은 일상적인 심리적 제약의 관점으로 설명될 수 있으며, 이는 협상에서 좋은 결과를 얻기 위해 반드시 극복해야 할 지점이라고 말한다. 흔히 사람들은 목표를 이루지 못했을 때 느끼게 될 부정적인 감정이 두려워 목표를 높게 잡지 못한다. 상대방의 약점을 캐내는 것 역시 불편해한다. 선을 긋고 '협상 불가'라고 말하는 것은 특히 무례하고 오만한 행동으로 여긴다. 와튼스쿨에서 셸의 세미나를 들은 사람들은 모두 세계적으로 유명한 경영대학원에서 공부하는 학생들이거나 기업의 고위급 경영진이었다. 그런 그들마저도 협상 성공에 수반되는 부정적인 감정을 느낀다면 평범한 사람들은 과연 어떨 것인가?

협상에 있어서 그와 같은 심리적 편견 중 가장 치명적인 것은 아마 '상호 호혜 규범'일 것이다. 사람들은 친절은 친절로 갚으려고 한다. 기분 좋은 말을 들으면 감정적으로 그에 보답해야 한다고 느낀다. 그렇기 때문에 아첨이나 선물이 그처럼 효과적인 사회적 행동이 되는 것이다. 칭찬을 듣거나 선물을 받은 사람은 심리적으로 신세를 졌다는 감정을 느끼게 된다. 봉투 겉면에 '증정품 동봉'이라고 쓰인 모금 편지를 보낸 사람은 상호 호혜 규범에 대한 사람들의 본능을 건드리기 위해 노력하고 있는 것이다. 저렴한 선물이 들어 있는 우편 모금 편지는 아무것도 들어 있지 않은 모금 편지보다 더 많은 기부금을 모으는 것으로 드러났다.

물론 상호 호혜 규범은 좋다. 이는 인간성의 중요한 한 축이다. 하지만 상호 호혜에 대한 본능은 협상에서 불리하게 작용하기 쉽다. 유능한 협상가들은 상대방보다 우위를 차지하기 위해 동지애나 우정, 파트너십이라는 감정을 불러일으킬 수 있는 다양한 방법을 사용한다고 협상 코치들은 입을 모은다. 협상 테이블 건너편에 앉은 사람은 당신이 몹시 공정하고 합리적인 사람이라고 말한 다음, 숨도 고르지 않고 바로 지나치게 낮은 합의안을 제시할 것이다. 그 순간 그들은 자신의 듣기 좋은 말에 대한 보답으로 당신이 인간의 본성에 굴복해 부당한 제안을 받아들이기를 바라고 있다. 구직과 급여 협상에 대해 다시 한 번 살펴보자. 많은 사람들이 급여 인상을 요구하는 것은 겸손하지 못한 행동이라고 생각하기 때문에 처음 제안받은 금액을 받아들인다. 그것이 바로 채용 담당자가 당신이 느끼길 바라는 바로 그 감정이다. 채용 담당자는 예산을 줄이기 위해 당신에게 함께 일하게 되어 기쁘다는 등의 듣기 좋은 말을 하면서 최저 급여를 제안할 것이다.

그와 같은 상황에서 당신이 취해야 할 적절한 행동은 심리적으로 전세를 역전시키는 것이다. 먼저 제안에 대한 감사와 하루라도 빨리 함께 일하고 싶다는 마음을 전한 다음, 몇 천 달러 급여를 더 받는다면 몹시 기쁜 마음으로 그 자리를 수락할 수 있을 것 같다고 말하는 것이다. 그렇다면 이제 상호 호혜에 대한 누구의 본능이 시험받고 있는가? 채용 담당자가 당신이 요구한 것의 일부라도 들어주어 당신을 불쾌하게 만들지 않아야 한다는 상황에 처하게 된 것이다. 불만 가득한 신입사원을 채용하고 싶은 사람은 아무도 없다.

결국 상호 호혜 규범은 사회 구조 안에서 친절하고 사려 깊은 사람으로 인식되고자 하는 인간의 타고난 욕구에 관한 것이다. 신입사원은 일자리 제안에 감사할 줄 모르는 사람으로 비춰질까 두려워 원하는 금액보다 더 적은 금액이라도 받아들인다. 협상에서 불리한 쪽은 자리에서 일어나 협상은 없던 일로 하자고 말하면 바보처럼 보일까 두려워 돌아서자마자 후회할 협상에 동의하고 만다.

하지만 스티븐 코비에 따르면, 자신을 위해 세운 목표를 포기한다고 합리적이거나 사려 깊은 사람이 되는 것은 아니다. 그저 용기 없는 사람이 될 뿐이다. 코비는 상대가 자신을 어떻게 생각할지에 대해 너무 걱정이 많은 협상가들은 '나는 당신의 확신과 욕구를 너무나도 잘 이해하기 때문에, 내 자신의 확신과 욕구를 표현하고 실현할 용기는 갖지 않을 것이다'라는 입장으로 '루즈-윈'이라는 형편없는 결과를 자초할 수밖에 없다고 말한다.

협상에서 성공했을 때 부를 가질 수 있다

이 같은 생각에 영향을 받는 정도는 사람마다 다르다. 비즈니스 브릴리언트 설문조사에 따르면, 그러한 영향을 덜 받는 사람들이 바로 백만장자들이다. 자수성가한 억만장자의 97퍼센트가 "비즈니스 협상에서 상대방의 이해관계까지 고려할 필요는 없다"고 답했다. 백만장자들 중에서는 85퍼센트 이상이 같은 답을 했다. 그렇다면 중산층은 어떨까? 이에 동의한 중산층은 25퍼센트도 되지 않았다. 4명 중 단 1명만이 협상의 기본이라고 할 수 있는 그 부분에 대해 상대방의 입장은 상대가 알아서 살펴야 한다고 생각했다. 인질 협상가 도미닉 미시노가 말했듯이, 감정이입은 현명한 협상을 가능하게 하지만, 동정은 그렇지 않다.

비즈니스 브릴리언트 설문조사 결과에서도 드러났듯이, 자수성가한 백만장자들은 보통 다른 사람들을 통해 자신의 이익을 추구하는 데 있어 중산층보다 훨씬 편안함을 느꼈다. 자수성가한 백만장자들 중 약 75퍼센트가 "비즈니스 협상에서 승리하는 것이 몹시 중요하다"는 명제에 동의했다. 중산층에서는 30퍼센트가 조금 넘는 이들만이 여기에 동의했다. 자수성가한 백만장자 10명 중 9명은 "나는 늘 협상에서 이익을 얻을 수 있는 방법을 찾는다", "협상에서 상대방의 약점을 활용하는 것이 중요하다"고 답했다.

중산층에서는 10명 중 단 4명만이 자신의 이익에 대해 고려했고, 100명 중 약 2명만이 상대방의 약점을 활용하는 것이 중요하다고 생각했다. 자수성가한 백만장자들은 중산층에 비해 돈을 추구하는 것 또한 승자와 패자가 있는 스포츠 경기와 비슷하다고 여겼다. 사실 자수성가한 백만장자 10명 중 약 8명이 "마키아벨리의 권모술수가 부자가 되는 데 꼭 필요하다"고 믿었다. 엄청난 부를 쌓은 억만장자들 중에서는 10명 중 약 9명이 마키아벨리즘을 신봉했다. 하지만 중산층은 그렇지 않았다. 중산층 가운데 부자가 되려면 마키아벨리 같은 사람이 되어야 한다고 생각하는 사람은 10명 중 2명 미만이었다. 앞에서도 살펴보았듯이, 비즈니스 브릴리언트 설문조사에 따르면 부를 쌓는 방법에 대한 중산층의 인식은 실제로 부를 이룬 사람들의 인식과 전혀 일치하지 않았다.

심리학자들은 마키아벨리즘을 냉정하고 이성적이며, 객관적이고 기회를 탐하는 태도로 묘사한다. 마키아벨리즘 테스트에서 높은 점수를 받은 사람들은 원하는 것을 얻기 위한 최고의 전략이 무엇인지 밝혀내는 능력이 뛰어나며, 자신에게 유리하다면 이기적으로 행동하는 경향이 있다. 그들은 사회적 규범과 압력에 있어서 다른 사람들보다 감정적인 영향을 덜 받는다. 그리고 바로 그렇기 때문에 부당함보다 무능력에 더 쉽게 낙담하는 경향이 있다. 그렇다고 마키아벨리 같은 사람들을 결코 믿으면 안 된다는 뜻은 아니다. 그들은 보답이 장기적으로 신뢰할 수 있는 관계를 쌓는 데 필수적이라는 사실을 누구보다 잘 이해하고 있을지 모른다. 한편 그들은 취할 수 있는 이익이 없는 상황에서도 이익을 취하는 경우가 많다.

한 실험에 따르면, 마키아벨리즘 테스트에서 높은 점수를 받은 사람들은 평균이거나 낮은 점수를 받은 사람들보다 약한 편을 이용할 확률이 2배 정도 높은 것으로 나타났다. 실험은 다음과 같은 과정으로 진행되었다. 먼저 실험 대상자들은 각자 컴퓨터가 설치된 방에서 또 다른 방에 있는 사람으로부터 컴퓨터를 통해 40달러를 건네받는다. 이후 그들은 다음 2가지 행동 중 하나를 선택해야 했다. 40달러를 받은 보답으로 그 돈을 상대방과 나눠 가지거나, 40달러를 고스란히 자신이 갖는 것이다.

그러자 재미있는 결과가 나왔다. 마키아벨리즘 테스트 점수가 낮거나 보통인 사람들 중 55퍼센트는 돈을 나눠 가졌지만, 반대로 점수가 높은 사람들 중 돈을 나눠 가진 사람은 27퍼센트밖에 되지 않았다. 점수가 높은 사람들은 네 차례의 실험 중 세 번은 돈을 전부 나누지 않고 자신이 가졌다.

성공한 사업가들에게는 대부분 마키아벨리와 같은 구석이 있다고 알려져 있다. 우리가 지금까지 언급했던 억만장자들의 이야기를 다시 한 번 살펴보면 중요한 시점에 부를 쌓을 수 있도록 도와준 마키아벨리 같은 성향을 어렵지 않게 발견할 수 있을 것이다.

워런 버핏은 자신이 매입한 별 볼일 없는 중소기업의 사장들에 대해 결코 많은 고민을 하지 않았으며, 기업을 매입하고 얼마 지나지 않아 주저 없이 매각해버리기도 했다. 기 랄리베르테는 많은 사람들이 태양의 서커스의 성공을 돕기 위해 개인적으로, 재정적으로 희생했음에도 불구하고, 새로 설립한 태양의 서커스 지분을 채권자들이나 동료 공연자들과 나눠 갖지 않았다.

빌 게이츠는 마이크로소프트의 판매량이 킬달의 컴퓨터 운영체제에 달려 있었을 때는 킬달과 친하게 지냈지만, IBM과 손을 잡자마자 킬달을 공격했다. 마이크로소프트의 새로운 운영체제가 성공하기 위해서는 킬달의 기업을 컴퓨터 시장에서 내몰아야 한다고 생각했기 때문이었다.

그렇다면 과연 돈을 좇는 감각은 타고난 본능일까, 아니면 누구라도 훈련만 하면 습득할 수 있는 것일까? 물론 린다 뱁콕이나 리처드 셸 등이 가르치는 협상 기술을 배운다면 누구라도 더 나은 협상 결과를 얻을 수 있을 것이다. 나쁜 결과에 대한 좌절의 경험을 통해서도 더 이상 바보가 되지 말아야겠다는 결심을 할 수 있으며, 마키아벨리로부터도 한두 가지는 배울 수 있을 것이다.

스티븐 코비가 언급했던 소매업자는 수많은 협상 실패를 겪고 나서야 마침내 '협상 불가'라고 말하는 법을 배울 수 있었다. 짐 캠프의 코치를 받은 중소기업 사장은 절박해 보이는 태도가 어떤 결과를 불러 오는지에 대해 뼈아픈 교훈을 얻은 뒤 다시는 그와 같은 실수를 하지 않을 수 있었다. 역사상 그 누구보다 부유한 사람이라고 할 수 있는 버핏도 개인 투자로 돈을 벌려다가 실패한 후에야 투자조합을 시작했다는 사실을 기억하라. 버핏 역시 처음부터 사람들의 돈을 이용해 다른 이들의 회사를 공격하려던 사람은 아니었다. 기업 매수자라는 그의 경력은 단지 수줍음 많고 혼자 있기 좋아하는 투자자로서 실패한 후 목적을 달성하기 위한 수단일 뿐이었다.

한 번 뼈아픈 실패를 겪은 후 두 번째 기회에서야 대성공을 거둔 사업가에 대한 최고의 이야기는 마이클 루이스^{Michael Lewis}가 쓴 짐 클라크의 전기《새롭고 새로운 것: 실리콘밸리 이야기^{The New New Thing}》에서 찾아볼 수 있다. 클락은 상업적으로 거래된 최초의 웹브라우저 넷스케이프의 설립자였다. 1983년 실리콘 그래픽스^{Silicon Graphics}라는 회사를 설립한 클락은 3차원 이미지를 제공하는 자기 회사의 독창적인 제품에 굉장한 자신이 있었다.

그런데 이 제품을 최고 사양으로 개발하기 위해서는 현금이 절대적으로 필요했다. 그래서 그는 벤처 투자자들을 설득하고 운영 자금을 확보하기 위해 실리콘 그래픽스의 일부를 조금씩 매각했다. 결국 그 전략은 실리콘 그래픽스에게는 도움이 되었지만 클락에게는 아니었다. 기업이 성장하고 성공해가는 것과는 반대로, 클락의 실리콘 그래픽스 지분은 너무 작아져서 그는 더 이상 자신이 개발한 제품을 통제할 수 없었다. 클락이 실리콘 그래픽스의 CEO와 사이가 안 좋았던 시기에 그는 실리콘 그래픽스에 남은 자신의 마지막 지분을 매각해야 했다. 그는 백만장자가 되어 있었지만 다른 투자자들은 그보다 더 부자가 되어 있었다. 클락은 기업의 설립자였던 만큼 당연히 더 많은 돈을 벌 수 있었다. 이쯤에서 다시 한 번 빌 게이츠의 말을 떠올려보자. "비즈니스에서는 당신이 얻을 만한 것을 얻는 것이 아니라 당신이 협상한 것을 얻는다." 즉, 무엇을 얻을지는 협상의 결과에 달려 있다. 그리고 클락은 협상에 서툴렀다.

그 일로 몹시 화가 난 클락은 1991년 완전히 다른 방법으로 넷스케이프를 출시했다. 이번에 그는 초기 사업 자금을 여기저기서 구걸하지 않았다. 그 대신 그는 아무 관심이 없는 듯 행동했다. 먼저 넷스케이프의 투자자로 누구를 초빙할지 결정하겠다고 발표했고, 실리콘그래픽스에서 일하던 당시 자신을 골탕 먹였다고 생각한 투자자들 몇 명을 제외시켰다. 그런 다음 자신의 계약 조건을 제시했다. 자신이 가진 넷스케이프의 지분을 평가금액의 3배로 매각하겠다는 것이었다.

즉, 당시 넷스케이프는 1,800만 달러로 평가되어 있었으므로 넷스케이프의 지분 10퍼센트는 180만 달러에 해당하지만 클락은 그 금액의 3배, 즉 540만 달러를 제시한 것이다.

그때까지 컴퓨터 관련 기업 설립자들은 지분을 평가금액대로 매각하는 것이 일반적이었고, 아무도 여기에 이의를 제기하지 않았다. 그것이 실리콘밸리의 상호 호혜 규범이었다. 만약 벤처 캐피탈 투자로 이익을 얻고 싶다면 그와 같은 관행을 따라야 했다. 하지만 클락은 한 번 크게 데인 적이 있었기 때문에 실리콘밸리의 관행이 지긋지긋했다. 그래서 이번에는 다른 방법을 사용하겠다고 결심한 것이다.

일부 벤처 투자자들은 클락의 말도 안 되는 3배 매각 원칙을 비웃었지만 다른 투자자들은 앞장서서 지분을 매입했다. 실리콘 그래픽스의 초기 투자자였던 한 벤처 투자자가 넷스케이프에 투자하게 해 달라고 클락에게 간청했지만 헛수고였다. 클락은 실리콘 그래픽스에서 겪은 문제를 그의 탓으로 돌리며 그가 자신이 설립할 회사의 지분을 소유하지 못하도록 막았다. 넷스케이프가 공식적으로 출범하던 바로 그날, 그 투자자는 자기 머리에 총을 쏴 자살했다. 그는 자살하기 전까지 편집증으로 고통받고 있었지만 몇몇 사람들은 그가 엄청난 투자 기회를 놓쳤다는 사실을 받아들일 수 없었기 때문이라고 추측하기도 했다.

1995년, 넷스케이프는 주식을 공개 발행하기 시작했고, 주가는 몇 달 만에 28달러에서 140달러로 치솟았다. 넷스케이프의 믿기 힘든 주가 상승은 인터넷 투자 버블의 시작이었으며, 클락은 이를 통해 엄청난 부를 쌓게 되었다. 전문가들은 클락이 넷스케이프에 500만 달러를 투자해서 20억 달러를 벌어들였다고 추산했다. 그 돈은 그가 마땅히 받아야 할 돈이 아니라 바로 그가 한 협상의 결과였다.

7장

부자는 절대
혼자 일하지 않는다

일반인 60퍼센트는 '잘하지 못하는 일이라도 직접 해결한다'라고 답했다.
자수성가한 백만장자 90퍼센트는
'잘하지 못하는 일은 더 잘하는 사람에게 맡긴다'라고 답했다.
그들 중 85퍼센트가 '나는 어떤 일을 하면 더 많은 돈을 벌 수 있을지 알고 있다'고 답했다.

BUSINESS BRILLIANT

난독증 덕분에
억만장자가 된 사람들

1998년, 쉰여섯 살의 제이 티젠스Jay Thiessens는 고등학교를 겨우 졸업했지만 여유로운 생활을 즐기고 있었다. 네바다주 스파크의 아름다운 집에서 아내와 함께 세 아이를 키우고 있었고, 낚시 배와 캠핑카도 갖고 있었으며, 소규모 맞춤 제작 업체인 비앤제이 머신앤툴B&J Machine and Tool을 통해 한 해에 500만 달러씩 벌어들이고 있었다.

티젠스가 이만큼 성공할 수 있었던 것은 자수성가한 백만장자들이 주로 사용했던 몇 가지 확실한 방법 덕분이었다. 그는 젊을 때부터 다니던 직장의 지분을 확보하기 시작했다. 그리고 준비가 되자마자 독립해 자신만의 사업을 시작했다. 또 은퇴를 위해 저축하는 대신 현금을 재투자하면서 꾸준히 회사를 키워갔다. 비앤제이의 제품은 그다지 혁신적이지 않았고, 인맥과 소문을 통해 고객을 확보했기 때문에 영업사원도 없었다. 1971년 처음 회사를 설립할 당시, 그가 투자한 돈은 200달러(약 21만 원)뿐이었다. 전에 다니던 회사의 상사와 몇 차례 영리한 협상을 한 끝에 그가 비앤제이의 초기 장비와 부지 임대비용을 전부 책임지기로 했던 것이다.

하지만 티젠스는 지금껏 다른 사람들은 모르는 작은 비밀을 하나 갖고 있었다. 바로 글을 읽을 줄 모른다는 것이었다. 고등학교 시절에는 다행히 그의 사정을 이해한 너그러운 선생님들이 직업 훈련 수업을 받도록 해준 덕분에 마침내 그는 졸업장을 받을 수 있었다. 그 후 몇 년 동안 그는 무언가를 읽으려는 시도는 아예 하지 않았고 나이가 들어서까지도 유아용 그림책조차 읽지 못했다.

글을 읽지 못하는 사람들이 흔히 그렇듯 역시 자기만의 작은 비밀을 감추는 데 몹시 능숙했다. 그는 열린 마음과 적극적인 태도를 갖고 있었는데, 직원들의 도움 없이는 직장에서 제대로 업무를 수행할 수 없었기 때문이었다. 그는 언젠가 한 인터뷰에서 이렇게 말했다. "저는 무슨 일이 일어나든 한번도 그 자리에서 해결한 적이 없었습니다. 언제나 필요한 사람들이 올 때까지 기다렸다가 움직일 수밖에 없었죠." 직원들은 그가 자신들의 말을 잘 들어주고 세세한 부분까지 몹시 잘 기억하는 사람이라고 생각했다. 그래서 그가 글을 읽거나 쓰기를 꺼려 하는 것은 단지 그의 성격일 뿐이라고 여겼다. 직원들은 그가 업무 시간에 너무 바빠 문서를 처리하지 못하는 거라고 생각했지만, 사실 그는 퇴근할 때마다 사업 관련 서류를 집으로 들고 가 아내에게 읽어달라고 부탁했다.

티젠스가 자신의 비밀을 직원들에게 공개한 것은 1998년 회사 연수 때였다. 이후 그는 개인 교사를 구하고, 자기처럼 글자를 읽는 데 어려움을 겪고 있는 다른 문맹자들을 격려하고자 뉴스에도 출연했다. 티젠스의 이야기는 미국 전역의 신문에 보도되었고, 〈피플 People〉은 사진까지 넣어 그에 관한 기사를 크게 실었으며, 〈커리지 Courage〉라는 케이블 텔레비전의 리얼리티 쇼에서는 그에 관한 방송을 제작했다. 당시 티젠스에 관한 대부분의 이야기는 그가 어떻게 글도 못 읽는 상태로 50명의 직원을 거느린 수익성 높은 기업을 일굴 수 있었느냐 하는 것이었다. 하지만 경영에 도움을 준 티젠스의 훌륭한 습관들은 대부분 글을 읽지 못해 생겨난 것이었다.

이에 대해 좀 더 살펴보자. 티젠스는 자신이 원래 모든 일을 자기 뜻대로 하고 싶어 하는 사람이었다고 말했다. 하지만 글을 읽을 수 없기 때문에 마음을 비우고 매니저들과 직원들에게 더 많은 업무를 맡길 수밖에 없었다. 티젠스는 또한 회사 내에 막강한 팀워크 문화를 만들어 자신의 짐을 덜었고, 다양한 직원위원회를 구성해 문제를 해결함으로써 자신에게 업무가 집중되는 현상을 방지했다. 덕분에 비앤제이의 직원들은 강한 소속감을 가졌고, 갑작스러운 홍수로 본사에 물이 1미터나 차올랐을 때는 나흘 동안 잠도 자지 않고 힘을 모아 모든 기계를 분해하고 청소해 회사를 살린 적도 있었다.

사실 티젠스의 이야기는 어디서나 볼 수 있는 흔한 경우이다. 많은 기업가들이 학창 시절 그다지 공부를 잘하지 못했고, 특히 읽기와 쓰기를 힘들어했다. 2007년에 실시된 한 연구에 따르면, 그 당시 미국에서 작은 사업체를 경영하는 사람들의 약 35퍼센트가 난독증과 비슷한 증상으로 고생하고 있었다. 전체 인구 중에서 약 10퍼센트, 기업 관리자들 중에서는 단 1퍼센트만이 같은 증상을 가지고 있었다는 것을 비교해보면 이 35퍼센트라는 수치가 얼마나 큰 것인지 알 수 있다. 이 연구를 진행했던 줄리 로건Julie Logan 교수에 따르면, 난독증을 갖고서도 성공한 사람들은 학습 장애를 극복하기 위해 도움을 청하는 데 능숙했는데, 이것이야말로 사업을 시작하려는 사람들에게 절대적으로 중요한 기술이다.

로건은 미국 공영 라디오 방송에서 이렇게 말했다. "이해하기 쉽지 않을 겁니다. 하지만 우리 연구에 따르면, 난독증이 있는 사람들은 어렸을 때부터 다른 사람들의 도움을 받는 방법을 배웁니다. 자신의 약점을 보완하기 위해 다른 사람에게 일을 맡기는 법을 배우는 거죠. 그 경험을 통해 다른 사람들을 신뢰할 수 있게 되는데, 이것이 사업가들에게는 엄청난 장점입니다. 믿을 만한 주변 사람들에게 일을 맡기고 사업의 전반전인 방향에 집중해 전략을 세울 수 있기 때문이죠."

로건의 연구에 따르면, 난독증이 있는 사람이 이끄는 기업은 다른 기업에 비해 2배 정도 빨리 성장했고, 2~3개 이상의 기업을 동시에 경영할 가능성 또한 2배 높았다. 난독증과 상관없는 사람들은 아마 모든 업무를 직접 처리하려는 유혹을 뿌리치지 못하기 때문에 뒤처지는 것인지도 모른다. 로건은 이렇게 말했다. "권위를 기꺼이 위임할 수 있다는 것은 난독증이 있는 사람들에게 엄청난 이점이 됩니다.

기업이 마치 아기인 양 세세한 부분까지 전부 통제하려고 하는 사람들보다 훨씬 우위에 서게 되죠."

미국에서 난독증을 가지고도 가장 성공한 기업가는 아마 자신의 이름을 딴 증권거래사로 억만장자가 된 찰스 슈왑Charles Schwab일 것이다. 턱없이 부족한 SAT 언어 영역 점수로 대학에 지원한 슈왑은 골프 팀에 합류하는 조건으로 겨우 스탠퍼드 대학교에 진학할 수 있었다. 그는 수학과 과학은 곧잘 했지만, 영어 입문 수업에서 두 번이나 낙제를 하면서 첫해부터 퇴학을 당할 위기에 처했다. 슈왑은 그때를 떠올리며 이렇게 말했다. "그때 얼마나 우울하고 의기소침했는지 모릅니다. 그때까지 저는 제가 꽤 영리한 줄 알았고, 쓰기 능력이 그렇게 많이 부족하다고는 꿈에도 생각하지 못했으니까요."

경영대학원에 진학해서는 그나마 수월한 편이었지만 여전히 슈왑은 우수한 학생이 될 수 없었다. 그는 친구들이 장학생으로 제너럴모터스, 메리츠Meritz, 베이커Baker 등 〈포천Fortune〉 선정 500대 기업에 채용되는 광경을 부러운 눈으로 지켜볼 수밖에 없었다고 회상했다. 슈왑은 읽기와 쓰기 능력이 필수적인 기업체 입사를 포기하는 대신 사업가의 길을 걷기로 결심했다. 그는 경영대학원 동기 2명과 함께, 자신은 원고 편집은커녕 쉽게 읽을 수도 없는 투자 관련 뉴스레터 발행 사업을 시작했다.

그는 언젠가 이렇게 말했다. "훌륭한 기업가들 중 상당수가 자신은 무슨 일이든 할 수 있다고 생각합니다. 기업이 성장하는 과정에는 여러 가지 다양한 목표 지점들이 있고, 이를 달성하기 위해서는 그에 적합한 팀을 꾸려야 하는데도 불구하고, 그들은 자신을 지나치게 믿어서 팀을 잘 꾸리지 않습니다." 하지만 슈왑은 자신의 단점을 보완해줄 팀을 꾸리는 일을 대단히 중요하게 여겼다. 열여덟 살 때부터 다른 사람의 도움이 필요했기 때문이다. 결국 이렇게 다른 사람들과 조화를 이룰 줄 아는 능력 덕분에 그는 몇 번이나 백만장자가 될 수 있었고, 더 많은 책을 읽었던 경영대학원 동기들보다 훨씬 많은 것을 이룰 수 있었다.

비즈니스 브릴리언트 설문조사에 따르면, 업무를 위임하려는 욕구는 재정적 성공을 이룬 사람들에게서 쉽게 찾아볼 수 있다. 자수성가한 백만장자 10명 중 약 9명은 "자신이 특별히 잘하지 못하는 업무에 대해서는 자기보다 더 잘하는 사람에게 맡기는 편이다"라고 답했다. 반대로 중산층 응답자의 3분의 2는 그런 업무에 대해서 "그래도 직접 해결하는 편이다"라고 답했다. 그러나 직접 해결하려 하다 보면 결국에는 지출이 2배로 나가는 경우도 생길 수 있다. 결과물도 기대만큼 나오지 못할 가능성이 크며, 만약 기대만큼 나왔다 해도 그 일을 할 시간에 자신이 더 잘하는 일에 시간과 에너지를 투자하는 편이 훨씬 나았을 것이다. 자수성가한 백만장자들, 그리고 난독증이 있는 사람들은 이 점에 대해 대부분의 중산층보다 훨씬 잘 알고 있었다.

누구에게 맡겨도
나보다는 잘한다고 생각하라

킨코스의 설립자 폴 오팔라는 자신이 동경했던 기업들에 대해 연구하고 이를 모방해 복사 가게의 서비스 수준을 높였다. 이처럼 기발한 아이디어를 차용하기 좋아했던 오팔라 역시 무척 심각한 수준의 난독증이 있었다. 킨코스의 오팔라 사무실에는 컴퓨터가 없었고, 살펴봐야 할 문서도 전무한 수준이었다. 그는 날마다 비서와 함께 메일을 검토한 뒤, 답장을 어떻게 보낼지 구두로 지시한 다음 사무실을 나가 매장들을 찾아다녔다. 그는 자서전에서 이렇게 말했다. "사무실에 죽치고 앉아 사람들이 뭘 잘못하고 있는지 따지는 건 누구나 할 수 있습니다. 제가 할 일은 밖으로 나가 사람들이 잘하고 있는 일을 찾고, 이를 최대한 활용하는 것입니다. 그리고 이를 킨코스 네트워크 전반에 퍼뜨리기 위해 노력하는 겁니다."

오팔라 역시 서던캘리포니아대학교에 다니던 시절에는 슈왑처럼 다른 학생들에게 필기와 리포트를 부탁해가며 겨우 졸업장을 따냈다. 그는 공동 프로젝트를 할 때마다 다른 학생들에게 자신이 프로젝트에 필요한 복사를 도맡을 테니 쓰기에서 제외시켜달라고 부탁했다. 그렇게 오팔라는 프로젝트를 위해 구내 복사 가게를 드나드는 과정에서 자신이 직접 복사 가게를 차려야겠다는 결심을 하게 되었다. 오팔라는 킨코스 첫 매장을 열고부터 미국 전역과 유럽까지 800개 점포로 확장해나가는 긴 시간 동안 '누구든 나보다 더 잘할 수 있다'는 주문을 계속 되뇌었다. 오팔라는 그때를 생각하며 이렇게 말했다. "제가 살면서 지금까지 이룬 모든 성공은 누군가는 나보다 잘할 수 있다는 것, 아니 누구라도 나보다 무언가를 잘할 수 있다는 사실을 알고 있었기 때문입니다."

오팔라는 2000년에 킨코스의 자기 지분을 수백만 달러에 매각하고 회사를 떠난 뒤, 산타바바라에 있는 캘리포니아대학교에서 특별한 경제학 강의를 하기 시작했다. 당연히 리포트 작성 숙제는 내주지 않았고, 내준다 해도 분량이 5장을 넘지 않도록 했다. 오팔라는 수업 중 토론 훈련을 강조했는데, 이따금 남학생 가운데 아무나 한 사람을 지목해 교실에 있는 여학생에게 데이트 신청을 해보라고 시키기도 했다. 다른 학생들이 전부 지켜보는 가운데 말이다. 오팔라는 이렇게 말했다. "그러면서 서로 이야기하는 방법을 배우는 거죠. 다른 학생들은 누군가 자신이 원하는 것을 다른 사람에게 요구하는 광경을 보게 됩니다. 살다 보면 단지 그것 하나만 가지고도 문제를 해결할 수 있을 때가 종종 있죠."

1990년대에 킨코스가 영국으로 진출했을 무렵 오팔라는 그곳에서 자신과 비슷한 괴짜 모험가이자 사업가인 리처드 브랜슨을 동업자로 만났다. 그 또한 난독증이 있으면서 굉장히 성공한 사람이었다(2000년에 기사 작위를 받기도 했다). 브랜슨은 고등학교 중퇴자 중에서 아마도 가장 많은 돈을 번 사람일 것이다. 버진 그룹을 통해 거대한 비즈니스 왕국을 건설한 그는 난독증으로 고생하는 자신의 뇌가 쉴 수만 있다면 어떤 역할도 직원들에게 통 크게 위임하곤 했다.

영국의 기숙학교에서 자란 브랜슨은 그가 너무 멍청하거나 게을러서 숙제를 못한다고 생각했던 교장 선생님으로부터 신체적 학대를 당했다. 그 후 1967년 열여섯 살의 나이에 그는 런던 지역의 대학생들을 위한 잡지를 창간했다. 슈왑처럼 그 역시 자신이 창간한 잡지를 편집하거나 읽을 수 없었지만, 학교 기숙사의 공중전화를 이용해 잡지를 판매하는 데는 탁월한 능력을 발휘했다. 그해 브랜슨이 아예 학

교를 그만두었을 때, 교장 선생님은 그가 감옥에 가거나 백만장자가
되거나 둘 중 하나일 거라고 예감했다.

버진 애틀랜틱 항공Virgin Atlantic Airways, 버진 메가스토어Virgin Megastores,
버진 호텔Virgin Hotels, 버진 모바일Virgin Mobile, 버진 머니Virgin Money, 버
진 와인Virgin Wine까지 수백여 가지의 브랜드 제품과 서비스로 브랜슨
이 지금까지 벌어들인 돈은 약 420억 달러(약 44조 7,000만 원)로 추
산된다. 버진은 전 세계에서 가장 유명한 브랜드 중 하나로 자리 잡
았지만, 브랜슨은 자신이 구체적인 부분까지 다 파악하고 있는 것은
아니라고 당당하게 말한다. 그는 10대 이후로 어떤 사업에서도 일상
적 업무에는 손을 대지 않고 있다. 심지어 회계 프로그램도 다룰 줄
모른다. 이사회에서 브랜슨이 '순수익'과 '총수입'이라는 용어를 계속
뒤섞어 사용하자 한 직원이 그를 구석으로 데려가 물고기를 잡는 그
물까지 그려가면서 두 용어의 차이에 대해 설명해준 적도 있었다.

만약 버진 그룹이 P&G와 같은 대형 복합 기업처럼 체계적인 경
영을 필요로 했다면, 아마도 브랜슨은 CEO로서 어찌할 바를 모르고
쩔쩔 맸을 것이다. 하지만 버진 그룹의 운영 방식은 '궁극의 업무 위
임'으로 요약할 수 있다. 200여 개나 되는 모든 계열사는 각기 독립
적인 기업으로 운영되고 있다. 실제적인 경영은 버진 그룹의 관리 하
에 놓여 있기는 하지만, 상당한 지분을 소유하고 있는 경영진이 사업
을 맡아서 하고 있다. 이에 대해 브랜슨은 다음과 같이 말했다. "저는
버진이 거대한 본사를 두고 중앙이사회의 상명하달식 통제를 받는
것을 결코 원하지 않습니다. 그런 구조가 틀렸다는 말은 아닙니다. 제
가 그런 식으로 사고하지 않는 것뿐이죠."

회계 프로그램을 눈이 빠져라 들여다보거나 5개년 전략 계획을 세울 필요가 없는 브랜슨은 버진의 반항적인 이미지를 널리 알리기 위해, 열기구를 타고 세계 일주를 하거나 모터보트를 타고 대서양을 건너는 기록을 세우는 등의 행보로 사람들의 이목을 끌고 언론의 머리기사를 장식해왔다. 버진 콜라Virgin Cola의 미국 진출을 홍보하기 위해 탱크를 타고 타임스 스퀘어에 등장한 적도 있었다. 비록 상당한 실패를 겪기도 했지만(버진 콜라와 버진 머니는 둘 다 미국 진출에 완전히 실패했다), 버진은 여전히 투자자들에게 굉장히 매력적인 브랜드이기 때문에 종종 아무런 위험부담 없이 새로운 회사를 설립하기도 한다. 버진 머니는 영국에서 투자자들의 돈 5억 달러(약 5,300억 원)를 받아 설립되었는데 한 기사에 따르면, "버진은 단 한 푼도 출자하지 않고 50퍼센트의 지분을 갖는다."

브랜슨은 자신을 자극하지 못하는 제안이라면, 그것이 무엇이든 그 자리에서 단칼에 거절한다. 그는 사람이든 아이디어든 30초 만에 평가하는 것으로 유명하다. 그는 자서전《나는 늘 새로운 것에 도전한다Losing My Virginity》에서 이렇게 말했다. "나는 골치 아픈 통계 자료를 분석하는 대신 직감에 훨씬 많이 의지한다. 이는 어쩌면 난독증으로 인해 무엇이든 증명하려고 이리저리 꼬여 있기만 한 수치를 신뢰하지 않기 때문일 것이다." CBS 시사 프로그램 〈60분60Minutes〉에서는 이렇게 말했다. "제가 대차대조표를 읽을 수 있었다면, 아마도 그 무엇도 이루지 못했을 겁니다."

브랜슨을 가장 자극하는 것은 시장을 장악하고 있는 골리앗을 상대로 다윗의 역할을 할 수 있는 기회다. 그는 사람들에게 돈은 많이 받으면서 형편없는 서비스만 제공하는 '크고 흉악한 늑대'에 기꺼이 도전할 기업들을 찾는다. 그 늑대가 영국항공British Airways이든 바클레이스 은행Barclays Bank이든 간에, 버진의 단순한 원칙은 더 저렴한 가격과 더 나은 서비스, 그리고 감각과 재미를 제공함으로써 수익성 좋은 틈새시장을 장악하는 것이다.

그러한 판단 기준에 따라 브랜슨은 버진이라는 브랜드의 확장에는 한계가 없다고 자신한다. 지금 당장이라도 사람들은 버진 리모바이크Virgin Limobike라는 오토바이 택시의 뒷자리에 앉아 런던의 교통 정체에서 벗어날 수 있으며, 버진 갤럭틱Virgin Galactic 우주선에 탑승하고 싶다면 20만 달러짜리 탑승권의 보증금 10퍼센트를 내고 예약해놓으면 된다(2018년 12월, 총 8명을 유인 우주왕복선에 태워 시험 비행한 후 무사 귀환했다-옮긴이). 록 스타인 피터 가브리엘Peter Gabriel은 언젠가 브랜슨에게 버진이 '버진 출산Virgin Births'으로 시작해 '버진 상조Virgin Funerals'로 끝나는, 요람에서 무덤까지 전천후 서비스를 제공해야 한다고 농담을 했다. 그러자 브랜슨은 30초도 지나기 전에 '버진 상조'는 잘 모르겠지만 '버진 출산'이라는 말은 마음에 든다고 대답했다.

약점에 신경 쓰면
더 약해질 뿐이다

난독증이나 다른 어떤 장애가 행운이 될 수 있다면, 이는 아마 그런 장애를 가진 사람들이 자신의 한계를 일찍부터 받아들였기 때문일 것이다. 그들은 자신의 약점을 고치려고 노력하는 대신 자신이 가장 잘할 수 있는 일을 선보일 기회를 찾았다. 스물두 살 무렵, 폴 오팔라는 남의 회사에서는 자신이 무능한 직원이 될 수밖에 없다는 사실을 알고 있었기 때문에 자기만의 사업을 하겠다고 마음먹었다. 찰스 슈왑도 이렇게 말했다. "저는 제가 잘하는 것과 저한테 부족한 점이 무엇인지 알고 있었습니다. 아마 그것이 어렸을 때부터 갖고 있었던 학습 장애를 통해 제가 받은 가장 큰 축복이었을 겁니다."

자신의 장점에 집중하고 다른 사람들을 통해 자신의 약점을 보완하라는 말은 쉽게 들을 수 있다. 그렇다고 많은 사람들이 꼭 그렇게 하는 것은 아니다. 대부분의 사람들은 장점을 개발하기 전에 단점을 먼저 고쳐야 한다고 생각한다. 갤럽의 여론조사에 따르면, 미국 직장인의 87퍼센트가 "단점을 고치는 것이 뛰어난 성과를 얻기 위한 최고의 방법인가?"라는 질문에 "그렇다"고 답했다. 장점을 발전시키는 것과 단점을 고치는 것 중 하나를 선택하라는 질문에서는 59퍼센트가 단점을 고치는 쪽을 택했다.

비즈니스 브릴리언트 설문조사에서도 비슷한 결과가 나왔다. 중산층 응답자 10명 중 약 7명이 그다지 잘하지 못하는 업무와 관련해 "그 업무에 숙달될 때까지 열심히 노력한다"라고 답했다. 자수성가한 백만장자 중에서는 2퍼센트만이 그처럼 답했다. 또한 중산층 응답자 10명 중 4명은 "역량을 키우기 위해 새롭고 익숙하지 않은 활동을 시도한다"는 명제에 동의했다. 백만장자 10명 중 익숙하지 않은 분야에 도전하는 데 흥미가 있다고 답한 사람은 1명도 되지 않았다. 백만장자들은 지금까지 특별히 잘하지 못했던 분야에 대해 굳이 새로 배울 생각을 하지 않았다.

마커스 버킹엄Marcus Buckingham은 10여 년이 넘도록 사람들이 자신의 강점과 약점으로 무슨 일을 어떻게 선택하는지 조사해왔다. 그는 약점에 대한 과도한 걱정은 양육 방식과 학교 교육에 그 뿌리가 있다고 생각했다. 부모들에게 아이들이 수학에서 F학점을 받고 영어와 사회에서 A학점을 받은 성적표를 들고 왔을 때 어떻게 반응하는지 물었는데, 7퍼센트의 부모들이 A학점이 아니라 F학점에 대해 이야기하는 데 더 많은 시간을 투자할 것이라고 답했다. 버킹엄은《위대한 나의 발견 강점 혁명Now, Discover Your Strengths》이라는 책에서 이렇게 물었다. "오늘날 교육 제도의 요구에도 불구하고, 정말로 아이가 더 약한 부분에 대부분의 시간을 투자해야 하는가?" 학교에서도 부족한 과목에 더 많은 관심을 기울이고 더 많은 시간을 투자한다.

버킹엄이 몸담았던 갤럽은 강점과 약점에 대한 직장인들의 생각도 조사했다. 예를 들어 직장인의 61퍼센트는 약점이 더욱 성장할 수 있는 여지가 가장 큰 부분이라고 생각하기 때문에 약점에 더 집중할 필요가 있다고 답했다. 또 다른 인터뷰에서 그들은 부족한 부분을 채울 때, 책임감이 발휘된다고 느끼고 균형이 잡히고 있다고 생각했으며, 실패의 위험이나 곤란한 상황을 겪을 가능성 또한 줄어들 것이라고 생각했다.

그러나 이와 같은 논리에는 전문 지식이나 탁월한 능력, 업무에 통달하고자 하는 욕구, 즉 직장에서 진정한 가치를 만들어내고 강점을 발휘할 때에만 성취할 수 있는 능력에 대한 것이 빠져 있었다. 그리고 버킹엄이 지적했듯이, 강점을 발휘해 일하는 것은 "특정한 무언가를 배울 때 가장 호기심이 많이 발동되고, 언제나 다시 일어설 수 있으며, 가장 창조적이고 열려 있을 수 있기" 때문에 더 의미 있고 보람된 경험이 된다.

앞에서도 이미 언급했지만, 백만장자들이 중산층보다 더 많은 부를 쌓을 수 있었던 것은 재정적 성공에 관한 신념 덕분이었다. 무엇보다도 강점과 약점에 대한 태도의 차이가 바로 백만장자들이 우위에 설 수 있게 만들어준 가장 중요한 요소일 것이다. 중산층 직장인들은 자신의 약점과 고군분투해야 하는 특정한 업무를 날마다 충실히 이행한다. 그들은 약점을 보완하기 위해 노력하는 것을 성실한 태도라고 생각하고, 그런 습관이 미래의 질책이나 실패에서 자신을 보호해줄 거라 믿는다. 그러는 동안 자수성가한 백만장자들은 자신의 강점에만 집중하며, 약점은 거들떠보지도 않는다. 이들의 성취와 소득은 바로 이처럼 강점에 집중하는 데서 나온다. 날이면 날마다 중산층은 더 균형 잡히고 평범한 사람이 됨으로써 자신을 지켜나가지만, 백만장자들은 더 특별하고 비범해짐으로써 풍요로워진다.

정확하게 말하자면, 자수성가한 백만장자들은 10명 중 9명이 자기 뜻대로 할 수 있는 개인 사업을 하고 있었기 때문에 자신이 약한 부분을 다른 사람에게 위임할 수 있는 기회가 더 많았을 것이다. 반면 중산층 응답자 4명 중 3명은 다른 사람 밑에서 일하고 있었기 때문에 자신의 일을 다른 사람에게 위임하기가 쉽지 않았을 것이다. 하지만 정말 그럴까?

버킹엄은 직장에서 자신의 강점에 더 집중할 수 있는 상식적인 처방을 제시했다. 그는 자신이 책임져야 하는 업무에 관해 상사와

"확실한 대화"를 하라고 조언한다. 직속상관에게 다른 업무에서 손을 떼고 자신이 잘하는 분야에 집중할 때 어떻게 회사에 도움이 될 것인지에 관한 구체적인 제안서를 제출하라고 말이다. 하지만 대부분의 사람들은 여간해서는 그런 노력을 하지 않을 것이다. 이는 아마 시도하는 것 자체를 두려워하기 때문이다. 직장인들은 대부분 매니저와 이야기를 나누기 전의 〈새터데이 나이트 라이브〉의 작가 아담 맥케이와 비슷할 것이다. 그들은 어떻게 해야 상관을 꼼짝 못하게 만들 수 있을지 파악하지 못한다. 그리고 파악했다 해도 그 이익을 얻는 데 주저한다.

하지만 직장에서 업무 변경을 요구해야 할지 어떨지 생각해보기 전에, 먼저 자신의 진짜 강점이 무엇인지를 파악하는 것이 중요하다(버킹엄에 따르면, 강점이란 "그 일을 할 때마다 자신이 더 힘 있는 사람이 되는 것 같은 일"로 간단히 정의할 수 있다). 자수성가한 백만장자들은 자신의 강점에 대해 누구보다 더 확신하고 있었다. 자수성가한 백만장자들의 85퍼센트가 "나는 어떤 일을 하면 내가 특히 더 많은 돈을 벌 수 있을지 알고 있다"고 답했다. 중산층 응답자 중에서는 절반이 약간 넘는 수가 그렇다고 답했다. 게다가 백만장자들의 강점은 실전에서 고통스러운 시행착오를 거치며 더 강화되었다. 자수성가한 백만장자 10명 중 약 7명이 "실패와 좌절을 통해 내가 무엇을 잘하는지 배웠다"는 명제에 동의했고, 중산층에서 이에 동의한 사람은 10명 중 2명도 되지 않았다.

누군가 당신을 배신해도
옆의 사람을 믿어라

1987년, 놈 브로드스키$^{Norm\ Brodsky}$는 자신의 강점을 잘 알고 있다고 확신하고 있었다. 8년이라는 짧은 기간 동안 그는 뉴욕에 거점을 둔 문서 배송 회사 퍼펙트커리어$^{Perfect\ Courier}$를 0에서 1억 2,000만 달러(약 1,278억 원)의 연매출을 올리는 기업으로 키워냈다. 그렇게 빠른 속도로 기업을 키워내기까지 브로드스키는 자신의 판단을 전적으로 믿어야 했다. 자기 사업을 자기만큼 아는 사람은 아무도 없다고 생각했기 때문에 다른 사람들의 의견은 크게 신경 쓰지 않았다. 행여 일이 잘못되면 다시는 그런 일이 일어나지 않도록 제어해줄 규칙도 만들어두었다. 회사가 성장하면서, 브로드스키는 가장 헌신적인 직원들에게 승진으로 보답했고, 가끔씩은 역량에 넘치는 일을 맡기기도 했다. 그리고 이러한 전략은 전부 효과가 있었다. 곧 퍼펙트커리어는 미국에서 가장 빨리 성장한 중소기업 중 하나가 되었다. 이후 브로드스키는 자신의 손이 미다스의 손이기를 바라면서 빚을 내어 다른 회사들을 사들이기 시작했다.

그러던 중 1987년 10월 19일, 전 세계 주식시장이 폭락했다. 다우지수는 단 하루 만에 2퍼센트 하락했고, 퍼펙트커리어도 엄청난 손해를 입었다. 월스트리트의 인쇄 업무가 하룻밤에 씨가 마르면서 퍼펙트커리어의 한 부서가 거의 모든 수입을 잃자, 곧 회사 전체가 자금 압박을 받게 되었다. 심지어 퍼펙트커리어의 거래 은행이 주가 폭락에 겁을 먹고 대출금을 상환하라며 현금을 요구했다. 결국 퍼펙트커리어는 파산 신청을 해야 했고, 브로드스키는 빈털터리가 되었다. 브로드스키는 개인 예금계좌까지 차압당했다. 그가 8년 동안 이룬 모든 것이 단 몇 달 만에 무너져버린 것이다.

브로드스키는 그때를 회상하며 이렇게 말했다. "직원 4,000명을 해고해야 하는 충격이 너무나도 컸습니다. 그때 주저앉아 처음으로 무엇이 잘못되었는지 생각해보았습니다." 주가 폭락과 대출금 상환뿐만 아니라 브로드스키가 통제할 수 없는 다른 이유들도 있었다. 당시 문서 배송 업체 간의 경쟁이 2배로 치열해지면서 가격 인하에 대한 압박이 심했던 것이다. 그리고 1987년 8월, 〈타임〉이 '전기의 기적'이라고 칭했던 보급형 팩스의 출시 또한 문서 배송 서비스의 수요를 크게 떨어뜨렸다.

하지만 브로드스키는 주가 폭락이나 대출금 상환, 경쟁 업체나 팩스 탓만 하고 있을 수는 없다고 생각했다. 브로드스키는 이렇게 말했다. "그 4가지 사건이 동시다발적으로 벌어진 상태에서도 회사를 살릴 수 있는 어떤 방법이 있었을 겁니다. 제가 잘못된 결정을 내린 적도 많았죠."

그의 가장 큰 잘못은 바로 다른 사람들의 말을 잘 듣지 않았다는 점이었다. 퍼펙트커리어를 그만큼 키울 수 있게 해주었던 바로 그 자신감이 동시에 그의 몰락을 초래했다. "일이 잘못되기 시작하자 고문단과 변호사, 회계사들이 전부 제게 이렇게 말했습니다. '자, 이 문제를 해결할 수 있는 방법이 있어요. 이렇게 해봅시다. 아니면 저렇게 해보든가요.' 저마다 제게 수많은 조언을 해주었습니다. 하지만 저는 이렇게 대답했죠. '아니, 아닙니다. 제가 이 회사를 살릴 겁니다.' 지금의 주가 폭락은 말도 안 되는 거라고 저는 말했습니다. 일시적인 현상일 뿐이라고요. 공기처럼 저를 둘러싸고 있는 신의 존재까지 들먹이면서요."

브로드스키는 퍼펙트커리어가 파산한 후에야 비로소 자신이 받은 조언이 얼마나 소중한 것이었는지 깨달았다. 변호사들과 회계사들의 말을 더 빨리 들었다면 그처럼 처참하게 무너지지는 않았을 것이다. 브로드스키는 말했다. "물론 그들 말을 들었더라도 타격은 받았겠죠. 매상의 30퍼센트는 잃었겠지만, 그래도 살아남을 수는 있었을 겁니다. 하지만 저는 제가 회사를 살릴 수 있으며, 아무도 저를 무너뜨리지 못할 거라고, 제게는 절대 나쁜 일이 일어나지 않을 거라고만 생각했습니다."

그 후로 브로드스키는 중소기업 경영자들의 멘토가 되어, 젊은 사업가들에게 현명한 기업 경영에 대해 조언을 하고 그들을 이끌어주는 일을 하기 시작했다. 그는 〈Inc.〉에 칼럼을 쓰고, 《스트리트 스마트: 기업가들을 위한 만능 도구 상자**Street Smarts: AnAll-Purpose Tool Kitfor Entrepreneurs**》라는 책을 집필했다.

퍼펙트커리어의 파산은 그에게 영광의 상처가 되었다. 그 상처를 통해 그는 다른 경험을 통해서는 결코 배우지 못할 교훈을 얻었다. 그중에서도 가장 큰 교훈은 대부분의 사람들이 모든 일을 직접 처리하려 하고, 나쁜 결과에 대해서는 다른 사람을 탓하다가 잘못된다는 것이다. 브로드스키는 그와 정확히 반대로 하는 것이 성공의 비결이라고 말한다. 다른 사람들을 믿고 일을 위임하되, 모든 비난과 책임은 자신이 직접 짊어지라고 말이다.

파산한 회사를 다시 살리기 위해 고군분투하는 동안 브로드스키는 절망에 빠진 직원들을 그전과는 상당히 다른 방법으로 대했다. 그는 그동안 오래 일해왔던 직원들을 능력에 비해 과분하게 승진시켰다는 사실을 깨달았다. 주변 사람들이 자기 말을 잘 따라주길 원했기 때문이었다. 퍼펙트커리어의 파산을 막기 위해 필요했던 것은 그것이 아니었다. 그때부터 그는 자신의 직접적인 지시 없이도 일할 수 있는 능력 있는 사람들을 고용했다. 그들은 바로 브로드스키가 강점을 살릴 수 있는 다양한 방법으로 회사에 기여할 수 있는 사람들이었다. 그러고 나서 브로드스키는 처음으로 직원들을 통제하지 않게 되었다. 그리고 그들로부터 배우기 시작했다. 브로드스키는 이렇게 말했다. "저는 회의를 시작하기 전에 메모지를 펼치고 세 단어를 적습니다. '바보, 바보, 바보'라고 말입니다. 제가 회의 참가자 중 가장 똑똑한 사람이 아닐 수 있다는 사실을 기억하기 위해서입니다. 그리고 가장 덜 똑똑한 사람이 최고의 아이디어를 낼 수 있다는 사실을 기억하기 위해서입니다."

관리자나 사장 중에는 그처럼 겸손을 익히려는 노력은커녕 명령만 내리고 직원들의 아이디어나 의견은 무시하기 일쑤인 이들이 많다. 브로드스키는 퍼펙트커리어가 어떻게 문서 보관 사업에 뛰어들게 되었는지 이야기하며 그 점에 대해 설명했다.

파산 선고를 받은 후, 브로드스키는 고객의 말과 서로의 말에 귀기울이는 경청의 문화를 재정립하기로 결심했다. 그 문화에서 가장 중요한 부분은 누구에게든 결코 '안 된다'고 말하지 않기로 한 약속이었다. 퍼펙트커리어에 전화를 걸어 문서 상자들을 보관할 수 있는지

묻는 어떤 고객도 '안 된다'는 대답은 듣지 않는다. 아무리 '안 된다'라고 대답할 수밖에 없는 상황이라 해도 말이다. 퍼펙트커리어의 직원은 고객의 정보를 기록하고 다시 전화드리겠다고 약속한 다음 브로드스키에게 그 정보를 전달했다. 브로드스키는 고객들의 요구를 보고는 다른 업체들은 어떤지 궁금해졌다. 그래서 문서 상자를 보관할 장소가 필요한 고객인 척하며 몇 곳에 전화를 걸어보았다.

그 결과 브로드스키는 그 지역의 대규모 문서 보관 업체가 엄청나게 비싼 금액을 받으며 형편없는 서비스를 제공한다는 사실을 발견했다. 리처드 브랜슨의 말을 빌리자면, 그런 업체가 바로 기회를 뜻하는 "크고 흉악한 늑대"였다. 그리고 브로드스키는 시장이 성장하고 있다는 사실도 발견했다. 맨해튼의 법률 사무소들을 비롯한 수많은 기업체에서 저렴한 가격에 안전하게 문서를 보관했다가 필요할 때 하루 만에 다시 받아볼 수 있는 서비스를 절실히 원하고 있었다. 브로드스키는 자기 회사의 특급 배달원들이 문서 상자를 들고 맨해튼의 사무실 밀집 지역과 퀸즈 지역의 저렴한 창고 부지를 빠른 시간 안에 왕복하는 계획을 구상했다.

브로드스키는 이렇게 말했다. "그때 그 전화 통화로 일군 기업을 얼마 전 1억 1,000만 달러에 팔았습니다. 주급이 몇 백 달러였던 고객 서비스 담당 직원이 있었죠. 영리한 직원은 아니었지만, 그가 옳은 일을 할 수 있도록 믿고 밀어준다면 그것을 기반으로 기업을 하나 만들 수도 있습니다."

위임에는 불가피한 위험이 따르기 마련이다. 그것이 바로 많은 사람들이 위임하기를 꺼리는 이유다. 분명한 것은 누군가에게 일을 맡길 때, 그 일은 당신이 하려고 했던 방식으로 진행되지 않는다는 것이다. 위임에는 신뢰와 수용이 뒤따라야 한다. 그 일이 잘 해결될 것이라고 믿어야 하고, 가끔 그렇지 못할 수도 있다는 사실을 받아들여야 한다. 뿌리 깊은 심리적 문제 때문에 다른 사람들에게 쉽게 일을 맡기지 못하는 사람들도 있다. 포드햄대학교의 로버트 헐리Robert Hurley 교수는 자신의 저서 《믿기로 결심하라The Decision to Trust》에서 명석하고 재능이 있었지만 아랫사람들을 믿지 못해 결국 경력을 망쳤던 한 고위급 경영자와 상담했던 이야기를 들려준다. 그는 모든 일을 자기 뜻대로 하기로 유명한 사람이었다. 그가 가장 믿는 직원들조차 매 단계마다 그의 승인 없이는 어떤 프로젝트도 진행할 수 없었다. 그 결과 프로젝트 진행 속도는 굼벵이처럼 느려졌지만, 그는 직원들에게 자유롭게 일할 여지를 줘야 한다는 모든 조언들에 화만 낼 뿐이었다.

헐리는 불신과 불안이 그의 부서에 만연했다고 기록했다. 직원들은 과도한 통제를 받고 있으며 자신의 능력을 발휘하지 못하고 있다고 느껴 창의적인 아이디어를 떠올리기 위한 노력을 그만두었다. 부서의 수익은 빠른 속도로 떨어지기 시작했고, 결국 그는 헐리의 자문을 받게 되었다. 시간이 흐르면서 헐리는 그가 자라온 환경 때문에 비참할 정도로 불안해하는 사람이 되었다는 사실을 알았다. 힘든 삶을 살아온 그의 부모는 아주 작은 실수로도 큰 상처를 입을 수 있을만큼 세상은 위험한 곳이라고 아들에게 가르쳤다. 그는 실패와 좌절을 병적으로 두려워하는 완벽주의자가 되었고, 덕분에 그 자리까지 오를 수는 있었지만 딱 거기까지였다. 그가 새로 맡게 된 높은 자리에서 실패에 대한 두려움은 진짜 실패를 초래할 뿐이었다. 그는 부하 직원들에게 책임을 위임하는 법을 배우지 못했고, 그 결과 굴욕적으로 좌천을 당했다. 심리학적 용어를 빌리자면 그의 정서적인 '조정 능력 부족'은 그의 지성이나 능력과 상관없이 그가 훌륭한 리더가 되지 못하게 만들었다.

어떤 일을 직원이나 하청업자, 혹은 프리랜서에게 맡길 때는 그들이 자신이라면 결코 하지 않을 어리석은 실수를 할 수도 있다는 사실을 수용할 만큼 감정적 성숙이 필요하다. 브로드스키는 직원들이 정말로 배우고 성장하길 원한다면, 실패할 것이 빤히 보이는 일이라도 시도해볼 수 있도록 해야 한다고 조언한다. 그는 신규 고객에게 무료 서비스를 제공하는 홍보 프로그램을 승인했던 일을 떠올렸다. "물론 공짜 서비스는 결코 효과가 없다는 사실을 잘 알고 있었지만 말입니다."

회사 운영에 위협만 되지 않는다면 브로드스키는 직원들이 어떤 아이디어든 기꺼이 시도해보게 했다. 그렇게 하지 않으려면 모든 일을 자신이 직접 처리하거나 업무 진행 과정에 대한 수많은 규칙을 정해야 한다고 그는 말한다. 하지만 그 2가지는 모두 기업이 성장할 수 있는 역량을 가로막거나 오히려 실패하게 만들 것이다.

물론 위임받은 자유를 남용하고 당신의 신뢰를 배신하는 직원도 반드시 있을 것이다. 그런 직원이 있는지 주의 깊게 살펴볼 필요가 있지만, 이때 한 사람이 배신을 했다고 모든 직원들의 고삐를 당기면 안 된다고 브로드스키는 말한다. "누군가 회사 자금을 횡령할 수도 있겠죠. 어디서든 일어날 수 있는 일이니까요. 하지만 그렇다고 불신에 가득 차 아무도 믿지 않겠다고 결심하면 그것이 바로 성장의 종말을 알리는 신호입니다."

성장하지 못하면 실패할 수밖에 없다. 성장과 기회보다 보안과 통제를 더 우선하겠다는 결심은 곧 돈이 아닌 당신의 가장 끔찍한 직감을 따르겠다는 뜻이다.

오늘도 일만 했다면?
더 큰 부를 만들지 못한다!

브로드스키는 1979년 퍼펙트커리어를 설립한 이후로 집에서 보낸 시간이 거의 없었다. 설립 초기에 직원이 얼마 없었을 때 브로드스키는 모든 일을 직접 처리하기 위해 노력했다. 그는 밤새 울려대는 무선 호출기를 가지고 다녔고, 가끔 배달 기사가 없을 때는 직접 배달을 나가기도 했다. 시간이 흐르면서 기업이 성장하고 직원들을 충원하면서 브로드스키는 새로운 고객을 사로잡을 방법을 찾고 다른 기업들을 사들이느라 훨씬 바빠졌다. 그러다가 파산을 겪으며 채권자들과 오랜 시간 싸워야 했고, 그 뒤에는 퍼펙트커리어를 처음부터 다시 세웠다.

그는 자신이 투자했던 시간에 대해 결코 불평하지 않았다. "저는 제가 하고 있는 것이 일이라고 생각하지 않습니다. 잔디 깎기 같은 것이 진짜 일이죠." 하지만 브로드스키의 가족에게는 그의 부재가 큰 문제였다. 1998년, 그의 아내 일레인은 한 잡지에 〈일과 결혼한 남자와의 결혼 생활〉이라는 글을 게재하기도 했다.

자수성가한 백만장자들은 중산층보다 훨씬 많은 시간을 일에 할애한다. 순수익이 100만 달러에서 1,000만 달러 사이인 백만장자들은 더 그렇다. 비즈니스 브릴리언트 설문조사에 따르면, 그들은 보통 일주일에 65시간을 일한다. 중산층은 그보다 적은 42시간을 일하는 것으로 드러났다(가장 오랜 시간, 즉 일주일에 70시간 일하는 집단은 순수익이 100만 달러에서 1,000만 달러 사이인 여성 백만장자 집단이었다). 하지만 그들이 그렇게 오래 일하는 목적은 명확하지 않았다. 10명 중 8명 이상이 "일하는 시간보다 일을 통해 이룬 성과가 더 중요하다"고 말했지만, 10명 중 7명은 "오래 일했던 것이 부자가 될 수 있었던 중요한 요소였다"고도 말했다. 즉, 일한 시간보다 일의 결과가 더 중요하지만, 오래 일하는 것도 어쨌든 상당히 중요하다는 뜻이다.

비즈니스 브릴리언트 설문조사의 응답자들 중 가장 부유한 사람들은 조금 더 일관된 사고방식을 보여주었다. 순 수익이 3,000만 달러 이상인 그들은 일주일에 평균 57시간 일했고, 오래 일하는 것이 부를 쌓는 데 중요하다고 말한 사람은 10명 중 단 3명뿐이었다. 그들은 중산층보다 일주일에 평균 12시간 더 일했지만, 그렇게 해야 했기 때문이 아니었다. 그들 스스로 원했기 때문이었다.

하버드 비즈니스스쿨의 토머스 들롱Thomas DeLong 교수 역시 '탁월함의 함정The Paradox of Excellence'이라는 개념을 통해 그러한 수치를 뒷받침했다. 유능한 사업가들은 성공을 향한 틀에 박힌 방법에 자신을 가두는 경향이 있다. 그들은 열정과 의욕이 넘쳐서 책임이 늘어날수록 처음 성공을 안겨주었던 일이라면 무엇이든 계속 더 많은 일을 떠

맡는다. 들롱이 심리치료사인 자신의 딸과 함께 집필한 책에 따르면 "기업 경영자들은 자신이 감당할 수 없는 상황에 놓여도 이를 쉽게 인정하지 못하고, 결코 필요한 도움을 요청하지 않는다." 그들은 종종 죄책감에 시달리고 실패를 두려워하기 때문에 더더욱 잘하는 일을 통해 만족을 찾고 싶어 한다. 그들은 지금 하고 있는 일이 효율적이지 못하거나 심지어 자신을 억누르고 힘들게 한다 해도 계속 그 속도를 유지하려 한다.

그러다 보면 업무 시간은 당연히 늘어나기 마련이다. 기업을 소유하거나 중소기업 몇 개를 경영하다 보면, 돈을 좇다가 결국 오랜 시간 일하는 습관에 익숙해진다. 어떤 사업이든 초기 단계에서는 그래야 할 수밖에 없기 때문이다. 그런 뒤 회사가 성장하게 되면 그에 발맞춰 직원을 늘려가지만, 사업 초기 단계에서부터 자신이 맡아 해왔던 모든 일을 계속하려 한다. 하지만 회사가 제대로 굴러가 성공 궤도에 접어들면, 이제 많은 일을 혼자 다 처리할 수 없는 상황에 처하게 된다. 그것이 바로 피할 수 없는 성공의 대가다.

5장에서 언급했던 기타 강사 폴 그린은 주치의에게 두 곳의 스쿨 오브 락을 동시에 운영하느라 진이 다 빠질 지경이라고 불평했다. 그린은 비즈니스 코치 댄 설리번**Dan Sullivan**이 '복잡한 천장'이라고 부르는 상황에 도달해 있었던 것이다. 일단 천장을 치면 아무리 부지런히 일해도 결과는 더 나아지지 않는다. 이때는 업무량을 분산해야 한다. 그러지 않으면 계속 그 자리에 머물러 있거나 지쳐 쓰러져 결국 실패할 것이다.

자수성가한 백만장자들은 밤이나 주말까지 오랜 시간 일했고, 대부분 그래도 괜찮다고 답했다. 10명 중 8명 이상이 이렇게 말했다. "시간을 자유롭게 쓸 수 있는 편이 낫습니다. 낮에 개인적인 일을 볼 수도 있으니까요. 그 대신 더 오래 일하거나, 밤은 물론 주말까지 일해야 한다 해도 말입니다." 반대로 중산층은 정해진 시간에 일하는 것을 선호했다. 중산층 3명 중 2명이 이렇게 말했다. "업무 시간에만 일하는 게 좋습니다. 그 시간을 제 뜻대로 사용할 수 없다 해도 말입니다."

그 말을 곧이곧대로 믿는다면, 이러한 결과는 대부분의 중산층은 재정적 성공을 위해 충분한 시간을 일에 투자할 생각이 없다는 뜻인지도 모른다. 하지만 설리번은 오랜 시간 일하는 것이 부를 가져다주는 것이 아니라, 오히려 부를 얻었기 때문에 오랜 시간을 일한다고 말한다. 설리번은 '전략 코치Strategic Coach'라는 회사를 통해 세계 최고의 중소기업 훈련 프로그램을 제공한다. 그에 따르면, 오랫동안 힘들게 일하는 것은 자신을 해칠 뿐만 아니라 기업도 위험에 빠뜨린다. 오늘날 비즈니스에서 변하지 않는 것이 있다면 바로 '변화'라고 설리번은 지적했다. 시장의 변화에 적응하지 못해 종종 실패하는 사업가들은 바로 살인적인 업무 스케줄에 얽매인 사람들이다. 그들은 틀에 박히고 상투적인 생각만 고수하느라 나무만 보고 숲은 보지 못한다.

설리번의 기업 코치들은 기업 경영자들에게 일상적인 일을 비롯한 모든 업무를 위임하고, 전략을 세우거나 장기적인 효과를 창출할 수 있는 업무에 시간을 투자하라고 조언한다. 구체적으로는 1년에 150일은 사무실이 아닌 곳에서 자유 시간을 보내라고 권한다. 이 같은 조언 때문에 한 비즈니스 잡지는 그를 "미국에서 가장 의욕을 잘

깎아내리는 연사"로 칭하기도 했다. 하지만 설리번의 확신에는 변함이 없다. 그는 1년에 다섯 달 정도는 사무실을 떠나 전화도 이메일도 받을 수 없는 곳에서 지낸다. 그렇게 함으로써 그는 '전략 코치'를 시카고와 토론토, 런던에 사무실을 둔 2,000만 달러의 기업으로 일구었다.

경영 코칭 분야는 지난 10여 년간 10억 달러의 가치가 있는 분야로 성장했다. 엄밀히 말하자면 토머스 들롱이 제기한 '탁월함의 함정' 덕분이었다. 그 분야의 폭발적인 성장이 스마트폰을 비롯한 여러 기술로 인해 일중독자들이 그 어느 때보다도 더 일에 빠지게 된 시기와 일치한다는 것은 우연이 아니다. 전략 코치의 고객들은 대부분 사무실에 전화를 하거나 문자, 이메일을 보내지 않고서는 단 하루도 보낼 수 없다고 말한다.

이러한 일중독 현상은 비즈니스 브릴리언트 설문조사에서도 확연히 드러났다. 3,000만 달러 이상을 버는 사람들, 즉 책임을 가장 잘 위임할 수 있는 사람들조차 일에 중독되어 있었다. 10명 중 단 2명만이 "일에서 빠져나와 휴식을 취하는 방법을 알고 있다"고 답했다. 그리고 10명 중 9명이 "내가 하는 일을 좋아하고 그 분야에 관심이 많다"고 답했음에도 불구하고, 여전히 10명 중 8명은 "일이 즐겁지 않고 스트레스를 받는다"고도 말했다.

왜 사람들은 즐겁지도 않고 스트레스만 유발하는 일을 계속하는 것일까? 어쩌면 위의 10명 중 8명은 업무 습관이 곧 성공의 바탕이라고 믿고 있는지도 모른다. 그들은 설문조사에 참가했던 다른 어떤 집단보다 업무 습관의 중요성에 대한 강한 신념을 표현했다. 100만 달러에서 1,000만 달러를 버는 백만장자 집단에서 업무 습관이 성공에 중요하다고 말한 사람은 절반도 되지 않았다. 강박적인 업무 습관을 가지고 있다 해도, 전략을 짜고 큰 그림을 살피는 데 대부분의 시간을 투자한다면 큰 문제는 아닐지도 모른다.

하지만 자수성가한 백만장자 10명 중 8명이 '급한 불'을 끄는 데 대부분의 시간을 할애한다고 답했다. 3,000만 달러 이상의 부를 쌓은 사람들 중에서는 10명 중 9명에 달하는 사람들이 그렇게 답했다. 최고의 자원을 갖고 있는 사람들, 즉 긴급 상황에 대처해야 하는 업무를 다른 사람들에게 가장 잘 맡길 수 있는 사람들이 문제를 직접 해결하려 하고 있는 것이다.

경제적 자유를 얻고 은퇴하는 삶을 살아라

경영진에게 '급한 불끄기' 업무 방식은 종종 불안하고 산만한 리더십 스타일과 직결된다. 정신과 의사 에드워드 할로웰^{Edward Hallowell}은 이를 '주의력 결핍 성향'이라고 명명했다. 할로웰은 자신에게 주의력 결핍 장애가 있는 것 같다며 찾아온 고위급 경영진을 대하면서 이를 발견했다. 그는 그들이 하나의 생각에 집중하지 못하는 주의력 결핍 장애의 전형적인 증상을 보이기는 하지만, 휴가 기간에는 그 증상들이 사라진다는 점에 주목했다. 정말 주의력 결핍 장애를 겪고 있다면 그럴 수 없을 것이다.

할로웰은 〈하버드 비즈니스 리뷰〉에서 주의력 결핍 성향이 있는 경영자는 체계적이지 못하고, 우선순위를 결정하지 못하며, 시간 관리를 하지 못해 불안해하며, 제 기량을 발휘하지 못한다고 말했다. "주의력 결핍 성향이 있는 경영자들은 뜻대로 되지 않는 과도한 업무를 처리하기 위해 수단과 방법을 가리지 않는다. 그들은 매순간 낮은 수준의 죄책감과 공포를 느낀다. 그들은 걷잡을 수 없이 몰려드는 업무 앞에서 아무 문제가 없는 척하지만, 점점 더 서두르고 위압적이고 퉁명스러워지며 집중도 하지 못한다." 살아남아야 한다는 생각에 사로잡힌 수천 명의 고위급 경영자들이 전 세계 경제 위기와 주택 버블을 악화시켰다고, 심지어 촉발시켰다고 말하는 사람들도 있다.

10여 년 전, 스탠 두빈Stan Doobin 역시 그런 사람들 중 하나였다. 오랫동안 열심히 노력한 덕분에 그는 하버드 메인터넌스Harvard Maintenance 라는 자신의 빌딩 청소 회사를 맨해튼의 작은 업체에서 이제는 3개의 주에 사무실을 두고 한 해 9,000만 달러를 버는 기업으로 일궜다. 놈 브로드스키와 마찬가지로 두빈 역시 처음에는 회사에서 가장 가방끈 길고 영리한 사람이었다. MBA 학위를 소지한 회계사였던 그는 회사의 모든 일상적인 업무를 자신이 감독해야 한다고 생각했다. 그는 고객들이 24시간 언제든 자기한테 직접 전화를 걸 수 있게 했다. 건물 청소는 주로 밤에 하는 일이기 때문에 급한 일 때문에 잠을 설치는 경우도 많았다. 그러자 하루 14시간씩 일주일 내내 일하는 그를 보고한 동료가 그에게 전략 코치를 찾아가보라고 권했다. 두빈은 이렇게 말했다. "그 사람은 제가 일중독자라는 사실을, 그리고 어떤 변화가 필요하다는 사실을 잘 알고 있었습니다."

두빈은 어디서부터 잘못되었는지 금방 깨달았다. "저는 모든 일을 제가 다 하려고 했습니다. 무슨 일이든 제가 가장 잘할 거라고 생각했고, 다른 사람들을 훈련시키고 그들을 믿는 것보다 직접 하는 편이 훨씬 빠를 거라고 생각했습니다." 동시에 그는 기업이 이미 많이 성장했기 때문에 일상적인 업무들을 다른 사람에게 위임해 업무 시간을 줄일 수 있다는 사실도 깨달았다. 두빈은 이렇게 말했다. "저는 일상적인 업무에 지쳐 있었습니다. 하지만 그 일에 열정을 갖고 있는 사람들은 수도 없이 많았죠. 그들은 단시간 안에 저보다 훨씬 일을 잘할 수 있었습니다."

많은 사람들이 업무 위임에 서투르다. 하지만 두빈의 경우, 일단 많은 업무를 내려놓자 평일이 몹시 여유로워졌고, 아무리 잘할 수 있는 일이라 해도 절대 혼자서 다 끌어안으려 하면 안 된다는 사실을 깨달았다. 그는 이렇게 말했다. "정말 잘할 수 있지만 전혀 하고 싶지 않아서 시간만 낭비하게 되는 일들이 있죠." 회계사였던 두빈에게는 재정 문제를 감독하는 일이 그것이었다. 하지만 시간이 지나면서 그는 조금씩 뒤로 물러나는 법을 배웠다. "저는 이제 컴퓨터의 기능에 대해서는 말도 못 꺼낼 겁니다. 정말 하나도 모르겠어요."

두빈은 하버드 메인터넌스에서 자신의 담당 업무를 아직도 열정이 남아 있는 몇 가지 일로 최대한 줄이기 위해 노력했다. 그 일들이 그에게 에너지를 주고, 최대한 생산성을 발휘할 수 있게 하며, 기업에도 최고의 성과를 가져오기 때문이다. 그는 업무 시간의 절반 정도를 새로운 직원을 뽑고 고객들과 식사를 하고 새로운 고객이 될 만한 사람들을 찾아다니는 데 쓰고 있다. 그는 아들과 아프리카 사파리 여행을 떠났던 2주 동안 회사와 어떤 연락도 취하지 않았다. "제가 자리를 비우면 직원들이 더 좋아할 겁니다. 좋아하지도 않는 일에 말참견을 하면 직원들이 일을 더 못하게 되죠."

두빈이 업무 시간을 줄이고 일상적인 운영에서 손을 떼기 시작한 뒤 12년 동안 하버드 메인터넌스는 35개 주로 사업을 확장했고, 수익은 3배로 뛰어올라 2억 7,000만 달러(약 2,900억 원)가 되었다.

자수성가한 백만장자들은 빠른 은퇴가 목표는 아니라고 말한다. 부자가 되려고 하는 이유로 빠른 은퇴를 꼽은 사람은 10명 중 단 2명뿐이었다(중산층에서는 약 3분의 2였다). 전략 코치는 부자들의 그러한 생각에 대해 잘 알고 있기 때문에 '은퇴 기술'이라는 프로그램을 진행했다. 이 프로그램에서 그는 경영주들에게 지금 자기가 하고 있는 일 중에서 자신이 가장 즐기고 있는 업무만 할 수 있을 때 은퇴 후의 생활이 어떻게 될지 그려보라고 한다. 이것은 짐스러운 일상적인 업무에 관해 그들이 갖고 있는 집착을 내려놓고 가장 소중하고 가치 있는 능력이 무엇인지 파악할 수 있도록 돕는다.

그 결과 많은 사람들이 더 이상 직원회의에 참여하지 않거나 아예 사무실에 모습을 드러내지 않아야겠다고 결심했다. 이 프로그램에 굉장히 감명을 받은 한 보험 회사 경영진은 자신이 좋아하는 사냥과 낚시를 더 많이 할 수 있도록 관련 회사를 직접 차리기도 했다. 능력 있는 사람들에게 위대한 성공의 궁극적인 보상은 은퇴 후의 여유가 아니다. 바로 가장 좋아하는 일을 하며 더 생산적인 삶을 사는 것이다. 두빈이 그러했듯이 때로는 그것이 재정적으로 성공하는 가장 좋은 방법이 되기도 한다.

'좋아하는 일을 하되 돈도 좇으라'는 명제는 지금 돈을 좇는 데 혼신의 힘을 다함으로써 얻을 수 있는 최고의 보상은, 바로 자신이 좋아하는 일만 할 수 있는 최고의 특권을 갖는 것이다. 돈을 좇는 과정에서 시너지가 제대로 발생한다면, 즉 지분을 확보하고, 수입을 극대화하고, 혁신하기보다 모방하고, 핵심적인 친구를 만들고, 협상을 잘하고, 도움을 청하다 보면, 개인적이고 창조적인 엄청난 자유를 얻을 수 있다. 단, 이러한 자유는 '위임'이라는 가장 중요한 마지막 단계를 밟아야만 가능하다. 그러지 않으면 부를 쌓기 위해 급한 불만 *끄*다가 쳇바퀴에 갇힌 일중독자로 한평생을 살게 될지도 모른다.

이제 남은 질문은 하나다. 살다 보면 당신이 돈을 좇기 위해 필요한 모든 일을 했음에도 불구하고 그만큼의 보상을 받지 못할 때가 있을 것이다. 시너지의 정의에 따르면, 시너지는 모든 분야에서 예측 불가능한 결과를 낳는다. 이는 곧 지금 추구하는 것을 얻지 못할 때도 있을 거라는 뜻이다. 상황이 더 안 좋아질 수도 있고, 실패할 때도 있을 것이다.

자, 그렇다면 이럴 때는 어떻게 해야 할까?

8장

부자는
일단 실패하고 다시 시작한다

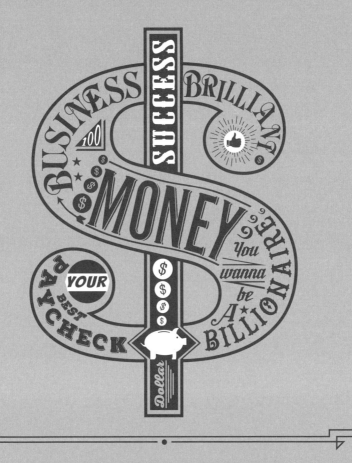

평범한 사람들은 20퍼센트만이 '실패의 중요성'에 동의했다.
그러나 부자들 중 80퍼센트는 어느 분야에서든 다시 일어나
넘어졌던 그 자리에서 다시 한 번 재빠르게 돌진했다.
그들은 실패를 피하려 하면 얻을 수 있는 것이 아무것도 없다고 믿는다.

BUSINESS BRILLIANT

처음부터 부자인
사람은 없다

2007년 2월 14일, 거대한 눈보라가 미국 동해안으로 접근하고 있었다. 제트블루Jet Blue 항공의 CEO 데이비드 닐리먼David Neeleman은 이날 내린 결정으로 결국 일자리를 잃고 만다.

제트블루 항공기 10여 대가 그날 뉴욕의 JFK 공항에서 이륙할 예정이었다. JFK 공항에서 이륙할 예정이었던 다른 항공사들은 세찬 눈보라와 '어는비freezing rain' 예보에 따라 오전에 출발할 항공 일정을 전부 취소했다. 하지만 닐리먼과 그의 동료들은 눈보라가 뉴욕에 도달할 즈음에는 기온이 상승해 비로 변할 것 같다는 일기예보를 믿기로 했다. 그들은 제트블루의 모든 비행 일정을 그대로 유지했다.

2월 14일 수요일 이른 아침, 승객을 가득 실은 제트블루 항공기 9대가 칸쿤이나 아루바 같은 따뜻한 곳으로 출발하기 위해 터미널을 빠져나갔다. 하지만 거대한 눈보라는 비가 아닌 어는비가 되어 뉴욕에 도착했다. 연방 규정에 따르면 비가 얼어붙는 상황에서 이륙은 금지되어 있었기 때문에 항공기들은 그 자리에 서서 눈보라가 멈추기를 기다려야 했다. 닐리먼은 나중에 CNBC와의 인터뷰에서 이렇게 말했다. "이륙 바로 몇 분 전에 얼음 알갱이들이 떨어지기 시작했습니다. 우리는 날씨가 개길 기다리고 또 기다렸죠. 그러다가 걷잡을 수 없는 상황에 처하고 만 겁니다."

9대의 비행기가 이륙을 기다리는 동안 다른 제트블루 항공기들이 속속 JFK 공항에 도착해 제트블루 터미널의 모든 게이트가 가득 찼다. 몇 시간 후 제트블루 관계자들이 결국 출발하지 못한 항공편을 전부 취소하기로 결정했을 때, 터미널에는 이미 승객들이 내릴 수 있는 게이트가 하나도 없었다. 제트블루의 모든 업무는 마비되고 말았고, 결국 오후 3시가 되어서야 셔틀버스가 도착해 줄줄이 늘어선 9대의 비행기에서 승객들을 실어 갔다.

그날 제트블루 항공기 안에 최장 9시간까지 갇혀 있던 승객들도 있었다. 터미널로 돌아온 승객들은 퉁명스러웠던 승무원들과 너무 더웠던 항공기, 고약한 냄새가 진동하는 화장실, 그리고 부족했던 음식과 물에 대한 이야기로 몰려든 언론 앞에서 열을 냈다. 티셔츠를 찢어 아기 기저귀를 만들어 써야 했던 승객도 있었다. 한 승객은 〈뉴욕포스트New York Post〉에 이렇게 말했다. "정말, 베트남에 있던 그 수용소 이름이 뭐죠? 맥케인이 갇혀 있었다던 그, 아, 하노이 힐튼(베트남의 호아로 수용소, 현재는 박물관으로 사용하고 있다 - 옮긴이)이요. 그곳과 다름없었어요." 〈뉴욕포스트〉는 다음과 같은 헤드라인으로 이 사건을 대서특필했다. "JFK 공항에 갇힌 사람들: 제트블루가 '운이 안 따라주네, 운항 취소해!' 하고 말하기 전까지 수십 명이 하룻밤 난민 체험을 하다!"

"1999년 전 인류가 항공 여행을 할 수 있게 만들겠다"는 대담한 선언으로 닐리먼이 창업한 제트블루는 수년간 고객들의 만족도 높은 상위권 항공사로 자리잡아왔다. 그러다가 결국 "고객들을 인권 침해 직전의 상황으로 몰고 갔다"는 비난을 받게 된 것이다. 닐리먼은 어쩔 줄 몰라 말도 제대로 잇지 못하는 모습의 사과 영상을 유튜브에 올렸다. "저희는 고객을 사랑합니다. 그리고 이 사태에 큰 충격을 받았습니다." 닐리먼은 주말이 되기 전까지 제트블루의 모든 비행 일정을 다시 정상으로 돌려놓을 거라고 말하며 고객들을 안심시키기 위해 노력했지만, 이는 지킬 수 없는 약속이었다.

그날 이후 6일 동안 제트블루는 전 세계에서 1,200여 편의 비행을 취소해야 했다. 먼저 제트블루의 항공기가 뉴욕에 너무 많이 몰려 있었던 것이 문제였다. 그뿐이 아니었다. 항공편이 취소되면서 제트블루의 수많은 승무원들이 엉뚱한 곳에 있게 되었다. 반면 JFK 공항을 비롯한 몇 개 공항에 너무 많은 항공기가 몰려 있었기 때문에, 각 항공기들에 탑승할 승무원이 턱없이 부족했다. 제자리를 찾지 못한 승무원들은 호텔 방에 앉아 언제 항공기에 탑승할 수 있을지 지시를 기다리고 있었다.

제트블루는 고객의 눈에 띄지 않는 부분에서 다양한 방법으로 저렴하게 운영한다는 철학에 따라 낮은 요금으로 이윤을 창출해왔다. 고객들은 저렴한 가격에 가죽 시트와 널찍한 좌석 간격, 개인별 위성 라디오와 텔레비전 스크린이라는 고급 서비스를 즐길 수 있었다. 하지만 제트블루는 2000년부터 2006년까지 고객 수가 100만에서 1,800만 명으로 성장하는 동안 항공사의 주요 시스템 개선에는 거의 신경 쓰지 않았다. 그 결과 제트블루를 지탱해주던 가느다란 끈이 2007년 2월 14일, 밸런타인데이에 결국 툭 끊어져버린 것이다.

한 예로, 제트블루는 항공권 소지자들에게 비행편이 취소되었다고 연락할 수 있는 시스템이 마련되어 있지 않았다. 그래서 수천 명의 승객들이 눈보라가 몰아치던 그날에도 JFK 공항에 나타났던 것이다. 제트블루의 한정된 전화 회선은 고객들의 전화로 금방 먹통이 되었고, 1만 1,000명의 조종사와 승무원들의 소재를 파악할 컴퓨터 소프트웨어 또한 없었기 때문에 어떻게 해야 할지 지시를 받기 위해 전화를 건 직원들 또한 고객들과 마찬가지로 통화 중이라는 신호음만 듣고 있었다.

게다가 운항이 취소된 항공기들과 JFK 공항에 도착한 항공기들에서 내려진 수하물이 창고 천장까지 가득 쌓였지만, 수하물을 처리하는 컴퓨터 시스템도 마련되어 있지 않아서 그 모든 수하물을 일일이 손으로 분류해야 했다. 이날의 사태로 인해 제트블루는 4,400만 달러(약 468억 원)의 손해를 입었고, 제트블루 내부에서는 이 사태를 '밸런타인데이의 악몽'이라고 불렀다.

밸런타인데이 며칠 후, 닐리먼은 '제트블루 고객 권리 장전'이라는 제도를 급히 만들어 발표했다. 이 제도에 따라 제트블루의 모든 고객은 항공기가 30분 이상 연착되면 다음 항공권 구매 시 25달러 이상 할인을 받을 수 있으며, 2시간 이상 연착되면 무료 항공권을 받을 수 있었다. 제트블루 고객 권리 장전은 홍보 면에서 큰 효과를 발휘했다. 제트블루를 즐겨 타던 고객들은 바로 다음 주부터 다시 제트블루의 항공기들을 가득 채웠다.

하지만 월스트리트는 연착 보상 서비스로 인한 지출이 제트 블루의 운영체제를 뒤흔들 수 있다고 우려했다. 제트블루 고객 권리 장전은 애초에 닐리먼을 곤란하게 만들었던 바로 그 육감에 따른 신중하지 못한 계획이었다.

그 주에 제트블루의 주가는 크게 떨어졌고, 다시 오르지 않았다. 2007년 5월의 어느 날, 닐리먼이 가장 믿었던 이사회 구성원 2명이 그의 사무실을 찾아와 그의 직책을 최고경영자^{CEO}에서 최고운영책임자^{COO}로 변경하기로 했다는 이사회의 결정을 전했다.

이는 닐리먼이 여행 업계에 발을 담근 후 당한 세 번째 해고였다. 그가 스물세 살의 나이에 처음 창업했던 여행사는 1983년 주요 고객사 하나가 파산하면서 함께 문을 닫아야 했다. 이후 1994년, 그가 창업에 도움을 준 작은 항공사가 사우스웨스트 항공^{Southwest Airlines}에 매각되어 닐리먼은 사우스웨스트의 부사장으로 자리를 옮겼지만 5개월 후 결국 해고되었다. 닐리먼은 사우스웨스트와의 계약서에 언급된 동종 업체 창업 불가 조항이 효력을 상실할 때까지 5년을 기다렸다가, 1999년 제트블루를 창업해 2007년 해고당할 때까지 CEO 자리에 있었다.

자, 그렇다면 항공·여행 업계에서 세 번이나 불시착을 한 쉰다섯 살의 닐리먼은 지금 무엇을 하고 있을까? 닐리먼은 현재 브라질 국내선을 운항하는 아줄^{Azul}이라는 또 다른 신생 항공사의 설립자이자 CEO의 자리에 앉아 있다. 브라질에는 눈이 오지 않는다고 좋아하면서 말이다.

실패의 경험은
더 큰 돈으로 돌아온다

이 책에서 내가 언급한 모든 사람들은 자기 일에서 커다란 좌절과 실패를 겪었지만, 바로 그 실패의 경험을 비즈니스 브릴리언트 기술을 개발하는 데 활용했다. 앞서 소개한 데이비드 닐리먼은 몇 차례의 실패를 겪으며, 실패가 어떻게 다음 성공을 위한 토대가 될 수 있는지를 누구보다 더 잘 알게 되었다. 닐리먼은 사우스웨스트의 부사장에서 그렇게 비참하게 해고당하지 않았다면 오늘날 미국에서 8번째로 큰 국내선 항공사 제트블루는 존재하지 못했을 거라고 강조한다. 언젠가 그는 "실패는 당신한테 일어나는 일에 관한 문제가 아니라 그 일에 어떻게 대처하느냐, 그리고 그것을 통해 무엇을 얻을 수 있느냐에 관한 문제다"라고 말했다.

부를 쌓는 과정에서 엄청난 실패를 겪었던 닐리먼의 사례가 결코 특이한 경우는 아니다. 비즈니스 브릴리언트 설문조사에 따르면, 자수성가한 백만장자들은 대부분 돈을 버는 과정에서 적어도 세 번의 실패나 좌절을 겪었다. 5명 중 1명 정도는 4번 혹은 그 이상이라고 답했고, 한 응답자는 심지어 4번이나 실패했다고 답했다. 반면 중산층의 실패율은 평균 2회 미만이었다. 이는 곧 대부분의 중산층이 실패를 경험하지 못했거나, 경험했다 해도 한 번뿐이었다는 뜻이다. 이해하기 어려울 수도 있겠지만, 실패에 대해 뭔가 유용한 점을 배우고 싶다면 당신이 아는 사람 중 가장 성공한 사람을 찾아가 물으면 된다.

러스 프린스가 지난 15년 동안 진행했던 모든 연구 결과도 마찬가지였다. 가장 성공한 사람은 가장 실패를 많이 한 사람이기도 하다. 워런 버핏도 말했듯이, 실패에서 살아남았기 때문에 성공할 수 있었다. 부자의 재능은 인내심의 경주이기 때문이다. 부자들의 상식을 얻기 위한 과정은 7번의 시험에서 6번 통과하지 못하면 F학점을 받는, 고등학교나 대학교의 평범한 시험과는 다르다. 7번의 경기에서 6번 실력을 발휘하지 못하면 벤치에만 앉아 있어야 하거나 팀에서 퇴출당할 수 있는 스포츠 경기와도 다르다. 비즈니스 브릴리언트 기술이 있다면 7번 중 6번 기대에 못 미치더라도 여전히 엄청난 재정적 성공을 기대할 수 있다.

수차례의 사업 실패를 직접 겪었던 마케팅 분야의 권위자 세스 고딘Seth Godin은 이렇게 말했다. "내가 당신보다 더 많이 실패하면 내가 이기는 것이다. 지는 사람들은 한 번도 실패한 적이 없어서 그 자리에서 벗어나지 못하는 사람들, 혹은 크게 실패했을 때 다시는 일어서지 않는 사람들이다."

프린스와 공동 집필한《부의 영향력》에는 스티브 데링Steve Dering이라는 자수성가한 백만장자의 이야기가 실려 있다. 그는 오늘날 고급 리조트 부동산 업계에서 세계 최고로 손꼽히는 전문가다. 1990년대 초, 데링은 마케팅을 그만두고 유타주 파크시에 있는 한 스키 리조트의 콘도 소유권을 분산 매각하는 생소한 사업에 뛰어들었다. 75만 달러짜리 콘도 한 채의 소유권을 6분의 1로 나눠 각각 13만 달러에 판매하는 사업이었다. 그는 이 사업을 통해 콘도를 가질 엄두를 내지 못했던 사람들의 관심을 끌고, 콘도 개발 업체들의 수익 또한 늘릴 수 있기를 희망했다. 항공 업계가 개인 항공기의 소유권 분산 매각 제도로 오랫동안 이득을 보고 있었기 때문에, 같은 개념을 리조트 부동산 사업에 도입하기 위해 노력했던 데링은 모방자이자 혁신가라고 할 수 있었다.

개발팀을 구성하고 재원을 확보한 데링은 첫 번째 프로젝트에서 1,000만 달러에 달하는 예약 판매를 성사시켰는데, 그때 자금을 지원했던 한 일본 투자자가 아시아 경제 위기로 사업에서 손을 떼게 되었다. 결국 프로젝트는 취소되고 실망한 구매자들에게 예약금을 전부 돌려줘야 했지만, 데링은 자신의 판매 기록에 용기를 얻어 두 번째 프로젝트에 도전했다. 이번에는 한 스키 리조트에서 이미 콘도를 건설하고 있는 다른 개발팀과 손을 잡았다.

데링이 두 번째 프로젝트에서 판매량을 늘려가고 있을 때, 그와 손잡은 개발팀은 데링이 불리한 위치에 있다는 사실을 알아차리고 프로젝트 진행 과정에서 재협상을 통해 데링의 몫을 낮춰갔다. 하지만 데링은 리조트 부동산 소유권의 분산 매각 수익성을 증명해 보일 필요가 있었기 때문에 개발팀의 요구에 따를 수밖에 없었다. 데링은 마침내 콘도 전체를 2,200만 달러(약 234억 원)에 판매했고, 그 덕분에 개발 업체는 1인당 한 채를 판매했을 때보다 900만 달러의 수익을 더 올릴 수 있게 되었다.

하지만 데링은 자신이 창출한 수익에 거의 손을 댈 수 없었다. 그다지 아쉬울 것 없었던 개발팀이 데링의 지분이 하나도 남지 않을 정도까지 그를 압박했기 때문이었다. 데링은 이렇게 말했다. "그들이 제 확신에 대한 배짱을 의도적으로 시험한 것은 아니었지만, 결과적으로는 그렇게 되었습니다."

그 프로젝트를 통해 데링은 거의 파산 지경에 이르렀다. 그가 재기할 수 있는 유일한 방법은 새로운 동업자를 찾아 다시 시도하고, 또 시도하는 것이었다. 그로부터 약 10년 후, 데링의 회사인 DCP인터내셔널DCP International은 북미 지역과 유럽 전역에서 대략 1억 달러의 수익 창출이 가능한 소유권 분산 매각 프로젝트를 10여 개 정도 진행하게 되었다.

만약 데링에게 실패가 이어지더라도 결국 인내가 빛을 발할 거라는 신념이 없었다면 그는 부동산 사업에 뛰어들었던 첫해에 겪은 모든 실망과 좌절을 견뎌내지 못했을 것이다. 비즈니스 브릴리언트 설문조사에 따르면, 자수성가한 백만장자들은 그와 같은 신념을 한순간도 놓지 않고 있었다. 10명 중 약 9명이 "인내는 재정적 성공에 매우 중요한 요소다"라고 답했고, 10명 중 약 8명이 "실패는 부자가 되는 데 중요한 요소다"라는 데 동의했나. 하지만 그 2가지에 대한 중산층의 의견은 이상하게도 엇갈렸다. 중산층 응답자 10명 중 인내의 중요성에 동의한 사람은 약 7명이었지만, 실패의 중요성에 동의한 사람은 2명도 되지 않았다. 하지만 실패하지 않는다면 인내할 필요도 없다. 성공이 눈앞에 있는데 인내할 필요가 과연 있겠는가?

설문조사 결과에 따르면, 중산층은 실패의 가치에 대한 신념이 부족했다. 그리고 이는 그들의 행동에서도 확연히 드러났다. 중산층은 실패에 늘 포기로 대응했다. 중산층의 절반 이상이 심각한 좌절이나 실패를 겪으면 "포기하고 다른 프로젝트에 집중한다"고 답했다. 나머지 절반 중 3명은 "다시 시도하기는 하지만 다른 분야에서 시도한다"고 답했다. 이는 뒤에서 자세히 살펴보겠지만 포기와 결코 다르지 않다. 그와 반대로 자수성가한 백만장자들은 닐리먼이나 데링처럼 실패에 반응했다. 그들은 어느 분야에서든 다시 일어나 넘어졌던 그 자리에서 다시 한 번 돌진했다. 백만장자 10명 중 8명 이상이 심각한 좌절이나 실패를 겪어도 "그 자리에서 다시 한 번 시도한다"고 답했다. 중산층 10명 중에서는 단 1명만이 그와 같은 태도를 보였다.

내가 데링에게 이와 같은 결과를 이야기하자, 그는 중산층의 반응에 몹시 놀랐다. 데링은 두세 차례 실패한 뒤 다시 시도하지 않으면 "실패를 통해 배운 것을 활용할 수 없다"고 말했다. 그는 부동산 사업에 뛰어든 후 첫 번째 프로젝트가 수포로 돌아갈 거라고는 생각도 못했지만, 그 사업의 성공 가능성은 한순간도 잊지 않았다. 1,000만 달러에 달하는 예약금을 돌려줘야 하는 힘든 상황을 겪은 후였지만, 그는 시행착오를 통해 더 잘할 수 있게 된 수백 가지의 일들로 스스로 위안을 삼았다. 그는 구매 예상자를 찾아내는 가장 좋은 방법을 발견했고, 영업 기술을 연마했으며, 구매자들이 어떤 편의 시설을 가장 중시하는지도 알게 되었다. 그리고 두 번째 프로젝트가 끝날 무렵에는 동업에 관한 뼈아픈 교훈을 얻었다. 하지만 그는 소유권 분산 매각 프로젝트라는 자신의 목표를 결국 완성했다. 그는 가까스로 살아남은 뒤에 세 번째, 그리고 네 번째 시도에서 마침내 성공했다.

데링의 이야기를 통해 자수성가한 백만장자들이 왜 실패를 중시하는지, 또 실패가 반드시 필요하다고 확신하는 이유가 무엇인지 이해할 수 있을 것이다. 그런데 왜 위험부담이 크고 어려운 일에 도전해야 할까? 이유는 단순하다. 그래야 돈을 벌 수 있기 때문이다. 데링이 넘어야 했던 몇 개의 장애물은 사실 소유권 분산 매각의 가능성이 아직까지 개발되지 않았다는 증거이기도 했다. 만약 위험부담이 없고 구매자들을 설득하기도 쉬운 일이었다면, 다른 부동산 업자들이 이미 소유권 분산 매각 사업에 뛰어들고도 남았을 것이다. 또한 그처럼 생소한 프로젝트를 위한 자금 확보가 쉬웠다면, 데링은 일본에서 끌어온 불안한 자금에 의존할 필요도 없었을 것이다.

콘도 한 채의 소유권을 6분의 1로 매각한다는 것은 곧 6배나 더 많은 구매 예상자들을 만나야 하며, 한 채마다 6번씩 계약 과정을 거쳐야 한다는 뜻이다. 게다가 아깝게 성사되지 못한 계약 때문에 골치 아파질 가능성 또한 6배라는 뜻이다. 이는 결코 쉬운 일이 아니다. 그러나 위험부담과 생소한 개념이라는 어려움이 다른 부동산 업자들을 주춤하게 만들었기 때문에 소유권 분산 매각이 데링에게는 가능성 있는 기회가 된 것이다. 그리하여 데링은 망설이지 않고 도전했다.

웅덩이에 빠지면
더 들어가라

어떤 일에 종사하고 있든 비즈니스 브릴리언트를 추구하는 과정에서 무수한 좌절과 실패를 겪을 것이다. 그러나 다른 사람들이 가지 않는 길로 가는 사람만이 특별해질 수 있으며, 자기만의 독특한 가치를 발견하고 궁극적으로 부를 쌓을 수 있다. 기 랄리베르테가 태양의 서커스를 만들 때 겪었던 좌절과 희생에 대해 생각해보라. 워런 버핏이 처음 몇 명의 투자자를 구하기 위해 어떻게 수줍음을 극복하고 비판과 거절을 견뎌냈을지 떠올려보라. 빌 게이츠는 IBM이 요구한 빡빡한 개발 일정에 맞춰 몇 달 안에 MS-DOS를 건네기 위해 오류가 많았던 프로그램을 처음부터 다시 개발해야 했다.

이와 같은 몸부림과 좌절, 실패의 기간이 바로 세스 고딘이 말하는 '웅덩이the Dip'다. 고딘은 이를 "도전과 정복 사이의 지난한 고투, 초심자의 행운과 진정한 성취 사이의 긴 여정"이라고 정의했다. 이는 가장 끈기 있는 사람만이 그 분야의 정상에 올라설 수 있게 만드는 승리의 과정이다. 고딘은 《더 딥The Dip》에서 이렇게 말했다. "성공한 사람들은 웅덩이에서 그냥 빠져나오지 않는다. 그들은 웅덩이를 파고든다. 그들은 규칙을 바꿔가며 더 열심히 노력해 앞으로 나간다."

실패와 성공의 관계를 인식하지 못하면 힘들 때마다 프로젝트를 바꾸기 쉽다. 실제로 재능 있고 부지런한 수많은 사람들이 일이 힘들어지기 시작하면 자연스럽게 그만두는 것이 낫겠다는 생각을 하기 때문에 실수를 저지른다. 다시 한 번 고딘의 말을 빌려보자. "사업 초

반부에 완벽하게 시작했던 수많은 사업가들이 마땅히 거쳐야 할 과정을 앞두고 포기한다." 성공은 온 신경을 다해 실패의 고통을 극복하고 전진하는 흔치 않은 사람들에게만 주어진다고 그는 말한다. "웅덩이가 희소성을 만든다. 그리고 그 희소성이 가치를 창출한다."

언론 매체들은 '혁신적이고 기발한 아이디어'를 갖고 있는 기업에 대한 이야기를 좋아한다. 크게 성공한 대다수의 사업가들이 평범한 아이디어를 실행한 모방자라는 사실에도 불구하고 말이다. 그와 비슷하게 언론은 실패를 딛고 일어선 이야기도 좋아하지만, 모든 성공한 기업의 성장 과정에 반드시 있게 마련인 좌절과 실패에 대한 이야기보다 빛나는 성공 이야기를 더 좋아한다. 중산층이 실패가 성공에 중요하다는 사실을 잘 믿지 않는 것은 아마도 언론에서 그런 이야기를 좀처럼 언급하지 않기 때문인지도 모른다.

성공한 기업들 역시 과거의 실패 경험에 대해 널리 알리고 싶어 하지 않는다. 픽사Pixar는 오늘날 영화 역사상 가장 성공한 영화제작사로 군림하고 있다. 1995년 〈토이 스토리Toy Story〉가 개봉된 이후 픽사는 한 번도 실패한 적이 없었다. 10여 편이 넘는 픽사의 애니메이션은 모두 엄청난 수익을 거두었고, 특히 〈토이 스토리 3〉는 전 세계에서 10억 달러(1조 600억 원)의 수익을 올렸다. 픽사의 극적인 성공 이야기는 픽사의 웹사이트에서도 엿볼 수 있다. 픽사의 웹사이트에는 지금까지 픽사가 제작한 영화의 개봉 날짜와 수상 목록이 연도별로 잘 정리되어 있으며, 1980년대에 만들어진 2분짜리 컴퓨터 그래픽 애니메이션까지 볼 수 있게 해놓았다.(토이 스토리 4 역시 흥행에 크게 성공해 3억2,000만 달러, 한화 약 3,773억 원의 수익을 거뒀다-옮긴이)

그러나 이곳에서 확인할 수 없는 사실은 픽사가 원래는 영화제작사로 설립된 것이 아니라는 것이다. 1991년까지 픽사는 3D 이미지를 출력할 수 있는 거대하고 값비싼 컴퓨터를 개발해 정부나 대기업, 건강과 교육 분야 시장에 자체 제작한 소프트웨어와 함께 판매하는 컴퓨터 하드웨어 회사였다. 그러다가 우연히 장편 영화 제작에 발을 들여 놓은 것이다. 1988년 이전에 픽사가 애니메이션 관련 직원을 채용했던 이유는 단지 컴퓨터를 더 많이 판매하는 데 도움이 될 단편 홍보 영상을 제작하기 위해서였다.

애플Apple의 전설적인 창립자 스티브 잡스Steve Jobs는 애플의 CEO 자리에서 해고된 후인 1986년, 500만 달러(약 53억 원)에 픽사를 사들였다. 잡스는 12만 5,000달러짜리 픽사 영상 컴퓨터를 국방부나 정유 업체, 병원, 대학 연구 기관에 반드시 필요한 제품으로 개발해 판매할 생각이었다. 훗날 픽사의 한 간부는 이렇게 말했다. "스티브는 전 세계에 영상 컴퓨터를 보급하고 싶어 했습니다." 픽사가 렌더맨Render Man이라는 3D 소프트웨어를 출시했을 때, 잡스는 "렌더링rendering(2차원 화상에 사실감을 불어넣어 3차원 화상으로 만드는 과정을 뜻하는 컴퓨터 그래픽 용어)은 현재 매우 중요한 부분으로, 앞으로 1~2년 안에 모든 컴퓨터의 기본 부품으로 자리 잡을 것이다"라고 말했다. 잡스는 머지않아 모든 가정에서 데스크톱 잉크젯 프린터로 사진과 같은 수준의 3D 이미지를 만들어낼 수 있을 거라고 생각했다.

그러나 이는 잡스의 대단한 착각이었다. 렌더맨에 대한 수요는 거의 없었을 뿐만 아니라, 픽사의 영상 컴퓨터 또한 판매량이 서서히 감소하다가 전혀 팔리지 않았다. 기업들은 그렇게 비싸고 증명되지 않은 생소한 장비를 구입하려 하지 않았고, 의학계는 특히나 더 그랬다. 잡스는 3D 이미지가 X-선을 사용하는 2차원 단층 촬영을 대신할 수 있을 거라고 생각했지만, 방사선과 의사들은 현재 사용하고 있는 방법을 고수하고 싶어 했다. 픽사는 곧 자금이 바닥나기 시작했다.

1988년까지 픽사의 애니메이션팀은 3D 제품의 역량을 보여주기 위한 짧고 재치 있는 애니메이션 몇 편만 제작했을 뿐 픽사에 단 한 푼의 수익도 올려주지 못했다. 하지만 그해 새로 취임한 CEO 잡스는 애니메이션팀에게 회사가 재정 위기를 겪고 있으니 어떻게든 힘을 보태주어야 한다고 말했다. 오직 살아남아야 한다는 절박함으로 픽사는 트로피카나^{Tropicana}와 리스테린^{Listerine} 같은 기업들을 위한 텔레비전 광고를 제작하기 시작했다. 그러는 사이 애니메이션팀은 렌더맨 소프트웨어의 가장 최신 버전을 홍보하기 위한 단편 영상을 하나 제작했다.

〈틴 토이^{Tin Toy}〉라는 4분짜리 영화는 1989년 최고의 애니메이션 단편 영화로 아카데미상을 수상하는 쾌거를 이루었다.

1991년, 픽사는 당시 광고 제작으로 한 해 200만 달러의 수익을 올리던 애니메이션팀만 남기고 거의 모든 직원을 해고하며 영상 컴퓨터 제작을 중단했다. 그리고 그해 말, 〈틴 토이〉와 픽사의 텔레비전 광고에 깊은 인상을 받은 디즈니^{Disney}가 2,600만 달러(약 276억 원)에 세 편의 장편 영화를 제작하자고 픽사에 제안했다. 첫 번째 영화 〈토이 스토리〉를 제작하는 데 4년이라는 긴 시간이 걸렸는데 이 작품은 디즈니와 픽사가 대본을 두고 싸우는 바람에 제작 단계에서 무산될 뻔하기도 했다. 1995년 드디어 〈토이 스토리〉가 개봉했을 때,

1년간의 노력 끝에 비로소 수익을 기대할 수 있게 된 잡스는 1억 달러 정도의 수익을 올렸으면 좋겠다고 말했다. 그러나 〈토이 스토리〉는 무려 3억 6,500만 달러(약 3,885억 원)의 수익을 올렸고, 연이은 네 편의 애니메이션은 그보다 더 많은 수익을 올리게 되었다. 이렇게 픽사는 다섯 편의 애니메이션으로 총 25억 달러(2조 6,600억 원) 이상을 벌어들였고, 픽사는 할리우드 역사상 극장당 평균 매출 최고치를 기록했다. 2006년 1월, 디즈니는 76억 달러(약 8조 원)에 픽사를 사들였다. 50.1퍼센트의 픽사 지분을 가진 스티브 잡스는 전혀 발 들여놓을 생각이 없던 분야에서 두 번째로 억만장자가 되었다.

인내와 끈기, 집요함에 대한 멋진 이야기라고 생각하지 않는가? 이 이야기에는 비즈니스 브릴리언트의 원칙이 모두 담겨 있다. 데이비드 프라이스David Price는 《픽사 이야기The Pixar Touch》에서 "픽사의 이야기는 평범한 것을 잘 실행할 때 얼마나 크게 성공할 수 있는지를 보여준다"고 말했다. 그는 또한 잡스를 비롯해 성공을 향한 그 지난한 길을 묵묵히 걸었던 유명 인사들은 "사회적 통념에 따르면 그 당시에는 모두 실패자였다"고 이야기했다. 이는 픽사 애니메이션에 언제나 등장하는, 모든 역경을 딛고 과감하게 재도전해 결국 승리하는 주인공의 이야기와 다르지 않다.

그런데 이는 잡스가 밝히고 싶어 하지 않는 이야기이기도 하다.

1996년 〈찰리 로즈 쇼Charlie Rose Show〉에 출연한 잡스는 픽사가 어떻게 만들어졌는지에 대해 실제와 달리 한껏 과장해 말했다. "처음 발을 들이게 된 건 조지 루카스George Lucas 감독이 매각하고 싶어 했던 루카스필름Lucasfilm의 대단한 그래픽 전문가들에 대한 이야기를 듣고 나서였습니다. 그리고 그들이 어떤 작업을 하는지 보았죠. 이어 팀장인 에드 캣멀^{Ed Catmull} 박사를 만났습니다. 에드는 저에게 자신의 꿈에 대해 이야기했습니다. 그의 꿈은 언제가 최초로 컴퓨터 장면 애니메이션을 제작하는 것이었고, 에드는 이를 위해 자기 팀원들이 어떤 작업을 하고 있는지 보여주었습니다. 저는 그들에게 반했습니다. 그리고 그 꿈에 투자한 겁니다. 정신적으로도, 재정적으로도 말입니다. 그리고 우리는 조지에게서 데리고 나온 컴퓨터 전문가들과 함께 '픽사'라는 회사를 설립한 겁니다. 10년이 걸렸습니다. 우리는 모든 단계를 개척해나갔습니다."

이것이 바로 잡스가 1996년 언론에 공개한 픽사의 성장담이다. 아무도 원하지 않았던 픽사 영상 컴퓨터로 엄청난 시간과 돈을 낭비했다는 이야기는 쏙 빼놓았다. 하지만 작가 월터 아이작슨이 전기를 집필하기 위해 잡스를 인터뷰할 즈음에 그는 픽사의 성공이 스쳐 지나가버릴 수도 있었던 우연 덕분이었다고 겸손한 자세를 보였다.

아이작슨은 이렇게 기록했다. "잡스는 과거를 회상하며 이렇게 말했다. '내가 좀 더 잘 알았더라면, 보다 빨리 애니메이션에 집중하고 픽사의 하드웨어나 소프트웨어 프로그램 판매에 대한 걱정은 덜할 수 있었을 것입니다.' 하지만 하드웨어나 소프트에어가 수익성이 없다는 사실을 알았다면, 그는 픽사를 인수하지도 않았을 것이다. 그는 이렇게 말했다. '삶이 나를 그 길로 밀어넣었습니다. 어쩌면 더 나은 미래를 위해서였는지도 모르죠.'"

부자는 시행착오로 찾은
퍼즐 한 조각에 집중한다

픽사는 처음부터 뛰어난 직원들과 예술의 경지에 이른 기술을 보유하고 있었다. 픽사에게 없었던 것은 단지 수익을 창출할 확실한 방법이었다. 그것이 바로 1년 동안 가슴 졸이며 겪은 시행착오를 통해 발견한 퍼즐 한 조각이었다. 1년간 잡스가 픽사의 성공을 위해 꾸준히 했던 일은 단 하나였다. 바로 역경을 이겨내는 것이었다. 픽사의 궁극적인 성공은 작품의 질이나 시장조사, 혹은 기술적 혁신의 결과가 아니었다. 픽사는 장편 애니메이션 제작이 자신들의 최첨단 기술로 가장 큰 수익을 올릴 수 있는 최고의 방법이라는 사실이 증명될 때까지 지독한 실패를 겪고 또 겪으며 적극적으로 기회를 좇은 끝에 역사상 가장 성공적인 영화제작사가 되었다. 그들은 실패했을 때 멈추기보다 일단 다시 시작했다.

하버드대학교 심리학과 앨렌 랭어^{Ellen Langer} 교수는 좌절과 실패에 대처하는 방법의 하나로 '마음챙김'이라는 개념을 널리 알리기 위해 앞장서고 있다. 랭어는 창조성과 배움에 관한 자신의 연구에서, 사람들은 실패를 겪으면 너무 쉽게 좌절한다고 말한다. 그리고 생산적인 접근법은 자신이 원래 의도했던 바 이상을 생각하는 것이라고 덧붙였다. 실패가 예상치 못했던 새로운 가능성을 가져다줄 수도 있다는 사실을 기억한다면, 실패를 열린 마음으로 받아들일 수 있을 것이다. 랭어는 스키 슬로프에 최초로 설치된 인공 눈 기계가 실패한 '농작물용살수차 디자인'을 적용한 것이었다고 말한다. 또 고혈압 약으로 개발된 미녹시딜^{Minoxidil}은 몇 가지 부작용을 나타냈는데, 그중에는 머리카락을 자라게 하는 부작용도 있었다. 이후 미녹시딜은 그 부작용을 활용해 로게인^{Rogaine}이라는 탈모 치료제로 개발되었다.

이 2가지 경우에서, 각 제품의 개발자들은 처음에는 '얼어버린 살수차'와 '의도치 않은 머리카락 성장'을 반갑지 않은 결과로 받아들였을 것이다. 그러나 자칫 실패라고 여겨질 수 있는 결과에 대해 심사숙고하고, 여기에서 다시 새로운 가능성을 찾아보려는 창조적인 사고를 거듭한 끝에 실패는 성공으로 재탄생했다.

하지만 랭어 교수가 내린 처방의 문제는 대부분의 사람들이 '실패에 대해 전혀 생각하고 싶어 하지 않는다'는 것이다. 실패에서 생산적인 교훈을 얻을 수 있을 만큼 충분히 생각하는 것은 더 싫어한다. 한 심리학 논문에 따르면, 대부분의 사람들은 실패를 겪고 나면 자신감과 자존감에 상처를 입는다. 반대로 어떤 일에서 실패했더라도 다시 도전하기보다 재빨리 손을 뗄 수 있게 되면 기분이 훨씬 좋아진다. 중산층 설문조사 응답자 10명 중 9명이 "실패했을 때 포기하거나 다른 것에 도전한다"고 답한 것을 보면, 실패에서 달아나고자 하는 마음이 인간의 본능이라고 생각할 수 있다. 중산층 응답자 10명 중 "자신이 무엇을 잘하는지 알 수 있다는 면에서 실패가 중요하다"고 답한 사람은 2명도 되지 않았다(자수성가한 백만장자 10명 중에서는 7명이 그렇게 답했다). 이 심리학 논문과 비즈니스 브릴리언트 설문조사의 결과를 종합해보면, 중산층은 대부분 실패를 고통스럽게만 여긴다는 사실을 알 수 있다.

실패는 다음에 무엇을 해야 할지 모르게 되는 불확실성을 초래한다. 왜 실패했는지, 어떤 것이 바꿀 수 있는 부분인지 아니면 없어도 될 부분인지 궁금할 수도 있다. 하지만 랭어의 연구에 따르면, 대부분의 사람들은 아주 약간의 불확실성에도 불편함을 느낀다. 자신의 삶을 통제하지 못하고 있다는 생각에 불쾌한 감정을 느끼는 것이다. 하지만 랭어의 관점으로 바라보면 "불확실성은 의미를 발견할 수 있는 자유를 선사"한다. 성공이 돈을 벌 수 있게 해준다면, 실패는 생각을 하게 만든다.

자수성가한 백만장자들은 대부분 실패를 기회의 샘으로 여긴다. 실패가 예상치 못했던 다양한 결과, 즉 눈앞을 가리는 재를 걸러내고 이를 통해 무엇을 이룰 수 있는지 생각해볼 수 있게 만드는 매력적인 교훈과 경험, 관계를 선사하기 때문이다. 데이비드 닐리먼의 경력은 견디기 힘든 불확실성과 혼란으로 가득 차 있었다고 생각하는 사람도 있을 것이다. 하지만 닐리먼은 실패에 대한 충분한 고찰이 얼마나 큰 보상과 개인적 성장을 가져다주는지에 대한 살아 있는 사례나 마찬가지다. 빛나는 성공과 처참한 패배를 반복했던 그를 통해 우리는 그가 앞선 실패에서 얻은 의미와 교훈 덕분에 모든 성공을 이룰 수 있었다는 사실을 확인할 수 있다.

1983년으로 돌아가보자. 닐리먼은 솔트레이크시티에서 하와이행 항공편과 호텔 패키지를 전문으로 취급하는 여행사를 운영하고 있었다. 대학을 그만둔 지 얼마 안 된 닐리먼은 20명의 직원에 빚도 전혀 없는 깨끗한 상태로 한 해에 800만 달러의 수입을 올리고 있었다. 하지만 그해 12월, 하와이 익스프레스 항공Hawaii Express Airline이 갑자기 파산하고 말았다. 닐리먼의 여행 상품에는 대부분 하와이 익스프레스의 항공편이 포함되어 있었기 때문에, 항공기가 운항을 멈추고 하와이 호텔들이 닐리먼의 선입금액 환불을 거절하자 그의 여행사는 현금이 부족해 쩔쩔매다가 결국 문을 닫아야 했다.

실패에 대한 좌절은 자연스러운 반응이며, 닐리먼도 그 부분에 있어서 보통 사람들과 크게 다르지 않았다. 갑자기 회사를 잃고 몹시 좌절한 그는 애리조나로 거주지를 옮겨 친척이 운영하던 직물 사업에 뛰어들 생각을 했다. 하지만 유타주의 가장 큰 여행사인 모리스 트래블Morris Travel 사장이 그에게 일자리를 제안하면서 닐리먼은 다시 일어설 기회를 얻었다. 그리고 얼마 지나지 않아 닐리먼은 현금을 충분히 보유하지 못한 채 여행사를 운영했던 것이 실패의 가장 큰 원인이었다는 사실을 깨달았다. 닐리먼은 하와이 익스프레스 항공이 파산해도 타격을 받지 않을 수 있을 만큼 현금을 확보하고 있지 못했다. 그것이 바로 그가 다시는 하지 말아야 할 실수였다.

1984년부터 1993년까지 닐리먼은 모리스 트래블이 모리스 에어Morris Air라는 항공사로 성장하는 데 힘을 보탰다. 미 서부 지역을 운항하는 23대의 항공기를 관리했던 닐리먼의 가장 큰 걱정거리는 항공사가 커지면서 보유 현금이 점점 줄어들고 있다는 점이었다. 그는 모리스 일가에게 더 많은 돈을 투자하라고 설득했고, 다른 투자자들에게서도 400만 달러의 추가 투자금을 확보했다. 하지만 모리스 에어는 결국 그 돈에 전혀 손을 댈 필요가 없게 되었다.

1993년, 항공 업계는 힘든 시기를 겪고 있었다. 그해 수익을 올린 항공사는 단 두 곳뿐이었는데, 그중 하나가 바로 모리스 에어였다. 그리고 사우스웨스트 항공이 1억 2,900만 달러에 모리스 에어를 매입하고 싶다는 의사를 전해왔다. 사우스웨스트 항공의 설립자 허브 켈러허HerbKelleher는 닐리먼의 우상이었다. 닐리먼은 사우스웨스트를 마음에 품고 모리스 에어를 설립했으며, 켈러허의 경영 전략 또한 최대한 모방하고 있었다. 결국 모리스 에어를 매각하면서 닐리먼은 2,500만 달러에 달하는 사우스웨스트 항공의 주식을 소유하게 되었고, 사우스웨스트 항공 부사장이라는 새로운 자리에 앉았다.

당시 켈러허는 닐리먼이 자신과 비슷한 사람이라고 생각하고 있었다. 닐리먼의 전기에 따르면, 켈러허는 닐리먼에게 이렇게 말했다. "우리는 당신 같은 사람이 필요합니다." 하지만 다소 충동적이었던 닐리먼은 사우스웨스트의 신중한 기업 문화에 잘 맞지 않았다. 닐리먼은 사우스웨스트 항공의 낡은 매표 시스템을 개선할 야심찬 계획을 갖고 있었지만 결국 이를 실행할 수 없었다. 사우스웨스트 항공은 아직 증명되지 않았고 위험부담이 큰 새로운 기술로 힘겨워하는 경쟁사들의 틈바구니에 끼지 않겠다는 정책을 고수했기 때문이었다. 닐리먼의 다른 아이디어들도 결국 사장되거나 무시되었다. 닐리먼은 이사회의 끝없는 회의에 점점 지치고, 사우스웨스트 항공의 경영진 또한 닐리먼에 대한 불만이 커졌다. 결국 닐리먼이 부사장에 취임한 지 5개월 만에 켈러허는 점심식사 자리에서 그를 해고했다. 닐리먼은 자신의 우상이었던 켈러허에게 다음과 같은 말을 들어야만 했다. "자네는 골칫덩어리네."

닐리먼은 5년 동안 경쟁 업체에서 근무할 수 없다는 조항 때문에 가진 돈으로 벤처 기업에 투자하며 스스로를 위로했다. 닐리먼은 프레첼 베이커리, 피부 관리 제품 제조업체, 건강관리 기업 등에 투자했다가 돈만 잃었다. 그때 닐리먼이 얻은 교훈은 자기가 잘 알고 좋아하는 분야에 집중해야 한다는 것이었다. 그래서 닐리먼은 사우스웨스트 항공과 경쟁하지 않는 항공 업계 분야에서 2가지 사업을 벌였다. 하나는 항공권 자동 매표 기업을 공동 설립한 것이었고, 다른 하나는 사우스웨스트 항공이 운항하지 않는 캐나다의 한 항공사와 일한 것이었다.

1999년, 마침내 제트블루를 창업하기 위한 투자금을 모을 수 있게 되면서 닐리먼은 앞선 실패를 통해 힘들게 얻은 3가지 교훈을 잊지 않았다. 그 3가지 교훈은 다음과 같았다. '충분한 자금을 투자하라. 좋아하는 일을 하라. 그리고 직접 경영하라.'

2000년, 닐리먼은 1억 3,000만 달러(약 1,380억 원)의 투자금으로 제트블루를 창업했다. 항공 업계 역사상 초기 투자금으로는 가장 큰 금액이었다. 제트블루는 최단 시간에 주식을 상장했고, CEO 닐리먼은 1억 1,800만 달러를 벌어들였다.

2007년까지 제트블루는 미국에서 8번째로 큰 항공사가 되었고, 제트블루의 주가는 상장가의 40배 가격으로 거래되었다. 어느비가 닐리먼의 자리를 얼어붙게 만들었던 바로 그날까지 말이다.

2008년 닐리먼은 또 다른 항공사를 설립할 생각은 없다고 언론에 발표했지만, 실패를 통해 그가 배운 네 번째 교훈은 다시 한 번 CEO가 된다면 이사회의 의결권을 확보해야 한다는 것이었다. 그리고 2009년, 한 투자 그룹이 닐리먼의 계약 조건에 동의하며 브라질에서 새로운 항공사를 설립하자고 제안했다. 투자 그룹이 1억 3,500만 달러를 투자하고, 닐리먼은 단 1,500만 달러만을 투자하고도 이사회에서 80퍼센트의 의결권을 갖는다는 조건이었다. 닐리먼은 〈포천〉에 이렇게 말했다. "다시는 불시의 타격을 받지 않기 위해 그런 조건을 마련한 겁니다."

닐리먼의 연이은 실패를 다른 관점으로 바라볼 수도 있다. 어쩌면 닐리먼이 정상은 아니라고 생각할 사람들도 있을 것이다. 현금을 충분히 보유해야 한다는 것은 첫 번째 사업이 실패하기 전에도 알 수 있는 사실 아닌가? 사업가 기질로 사우스웨스트 항공에서 일하기는 힘들 거라는 사실도 마찬가지 아닌가? 또 CEO는 이사회의 의견에 따라야 한다는 것도 누구나 다 아는 사실 아닌가?

닐리먼은 평범한 사람이 아닐지도 모른다. 그는 서른세 살 때 주의력 결핍 장애 진단을 받은 후부터 늘 충동적이고 강박적이었다. 하지만 그것이 자금을 확보하지 않았던 이유, 사우스웨스트 항공에서 일하기로 결심했던 이유, 제트블루 이사회의 손발을 묶어놓아야만 했던 이유는 될 수 없다. 그러나 그런 성향은 실패했을 때 다시 일어서는 힘이 되었다.

실패를 딛고 일어설 때마다 이번에는 무엇을 잘못했는지 돌이켜보는 작업은 닐리먼에게도 결코 쉬운 일이 아니었다. 그는 실패를 겪을 때마다 다른 시각과 방법을 찾았다. 실패를 자기 성찰의 기회로 삼은 닐리먼은 보통 사람은 아니었다. 자수성가한 백만장자 10명 중 7명이 "사업상 잘못 내린 결정을 통해 교훈을 얻기 위해서는 자기 안의 변화가 가장 중요하다"고 말했다. "동업자의 행동을 바꾸기 위해 노력한다"고 답한 사람은 고작 2퍼센트 미만이었다. 그들은 대부분 자기 자신에 집중했다.

실패는 고통스럽다. 하지만 우리는 실패를 통해 교훈을 얻을 수 있다. 실패의 고통을 고스란히 감내하면 엄청난 보상이 따라온다. 실리콘밸리의 유명 스타트업들의 창업을 지원한 랜디 코미사르^{Randy Komisar} 역시 그 점에 대해 이렇게 말했다. "실패에서 배움을 얻으려면 먼저 실패를 느껴야 한다. 궁극적으로 실패에서 투자한 돈만큼의 가치 있는 교훈을 얻을 유일한 방법은 '실패를 자신의 것으로 받아들이는 것'이다. 그리고 좌절에 대한 공허감, 가족과 삶을 당신에게 의지하고 있는 250명의 직원들의 실망, 이사회 구성원들의 유감을 고스란히 느껴야 한다."

코미사르는 현재 실리콘밸리의 한 사모펀드에 몸담고 있다. 스탠퍼드 경영대학원에서 녹화한 몇 차례의 강연에서 코미사르는 학생들에게 좌절을 이겨내고 다시 과감하게 시도하고 "그 경험을 자산으로 활용할 수 있도록 실패를 건설적으로 들여다보라"고 조언한다.

특히 기술 분야나 약학 분야에서는 건설적인 실패의 과정이 반드시 필요하다. 하지만 이를 제외한 기업 세계에서 실패는 친구가 거의 없다. 하버드 비즈니스 스쿨 교수이자 조직 내 실패에 대한 권위자인 에이미 에드먼슨^{Amy Edmondson}은 이렇게 말한다. "실패를 통해 배워야 한다는 생각은 상당히 대중적인 지지를 받는 명료한 개념 같지만, 사실 실패를 통해 체계적으로 배우는 집단은 거의 없다." 하버드 비즈니스 스쿨 스테판 톰케^{Stefan Thomke} 교수는 사업가들을 대상으로 강연을 할 때 이렇게 말했다. "나는 일부러 이렇게 그들을 자극합니다. '실패는 나쁜 것이 아닙니다.' 그럴 때마다 사람들은 '저 사람 제정신인가?' 하는 표정으로 나를 바라봅니다."

투자자들을 모집하고 주가를 보호하는 데 관심 많은 공기업들은 최대한 실패를 드러내지 않으려고 노력한다. 〈Inc.〉이 선정한 가장 빠른 속도로 성장하고 있는 기업 CEO의 3분의 1이 예전에 다니던 회사에서 해고당한 다음, 자기 회사를 창업했으며 W. H. 메이시W.H.Macy, 헨리 하인즈Henry Heinz, 커넬 샌더스Colonel Sanders 등과 같은 전설의 창업자들을 통해 실패를 극복할 인내와 투지를 배웠다고 말했다. 하지만 그중 어느 기업도 설립자들의 유산을 계승하고 실패가 성공으로 이르는 길임을 증명하고 있는 것 같지는 않다.

에이미 에드먼슨의 연구에서 가장 충격적인 결과는 병원에서 진행했던 연구 결과였다. 에드먼슨은 잘 운영되고 있는 병동에서 실수에 대한 보고 건수가 의외로 많다는 점을 발견했다. 그런데 그보다 운영이 서툰 병동이 실제로는 더 많은 실수를 저지르지만 그중 대부분을 제대로 보고하지 않는다는 사실도 발견했다. 병원 관계자들은 병원 내 안전 보장 프로그램과 의료 서비스 개선을 위해 노력하고 있다고 공언하고 있었지만, 에드먼슨이 연구했던 병원 직원들은 실수를 통해 아무것도 배우지 못하고 있었다. 대부분의 병원에서 일어난 실수들 중 90퍼센트 이상에 대해 이를 만회하기 위한 조치만 취할 뿐, 그런 실수가 생길 수밖에 없는 원인은 파악하지 못하고 있었다.

이러한 결과는 도요타의 품질 관리 제조 공정을 병원 중환자실에 도입했던 리처드 섀넌의 열정을 떠올리게 한다. 섀넌에 따르면 해마다 중환자실에서 수십 명의 환자가 감염으로 사망하고 있었지만, 그 원인을 규명하려는 노력은 전혀 없었다. 섀넌은 환자 대부분의 감염이 성기 부분에 삽입한 기구와 관련이 있다는 사실을 발견하고는, 감염을 막겠다는 결연한 의지로 모든 삽입관을 환자의 어깨로 옮겼다. 그 후로 감염으로 사망한 환자는 없었다.

하지만 지금까지 어떤 병원도 감염률 제로라는 섀넌의 위대한 성공을 모방하려는 시도조차 하지 않았다. 의학계는 어떤 분야보다도 특히 실패를 쉽게 인정하지 못하는 분야이기 때문에 여전히 실패에서 배울 수 없는 분야로 남아 있다.

실패는 부를
얻기 위한 필수 조건

실패가 성공을 위해 반드시 필요하다는 믿음, 중산층은 아니지만 자수성가한 백만장자들은 널리 공유하고 있는 그 믿음이 비즈니스 브릴리언트 설문조사를 통해 도출한 가장 중요한 결론일 것이다. 실패가 도움이 될 수 있는 좋은 기회라는 믿음은 비즈니스 브릴리언트 기술, 부자들의 남다른 상식을 개발하기 위해 꼭 필요하다. 이를 '실패에 대한 신념'이라고 하자. 실패에 대한 신념은 무언가 특별한 것을 성취하거나 성공에 이르기 위해 노력할 때마다 실패가 그 토대이고, 뜻밖의 장점과 교훈을 가져다주며, 경쟁자들을 차단해줄 장애물 또한 설치해준다는 사실에 대한 확신이다.

지금까지 살펴본 백만장자들의 상식과 특징, 그리고 태도에 대해 생각해보자. 그리고 실패에 대한 신념이 거기에 무엇을 더해줄 수 있을지 생각해보자. 자수성가한 백만장자들이 사업가, 전략가, 협상가,

네트워커로서 가진 모든 능력은 실패가 성공을 위해 꼭 필요하다는 단순한 믿음과 결합될 때 더욱 강력해진다. 실패에 대한 신념, 실패할 수도 있다는 생각을 받아들일 때, 그 대가가 거의 없는 상황에서도 실패를 각오할 수 있게 된다. 실패에 대한 신념은 거절당할지도 모른다는 두려움을 이겨낼 수 있게 해준다. 거절 또한 잃을 것 없는 실패의 하나이기 때문이다. 일자리를 구하지 못하거나 고객과 계약하지 못했을 때, 이를 다음 시도를 위한 연습 경기라고 생각하라. 연습 경기를 하면서 접근법을 연마하고, 새로운 사실을 배우고, 또 도움받을 수 있는 두세 사람을 만났을 것이다. 거절은 아무것도 잃을 것 없는 실패다. 거절당한다고 해도 크게 손해 볼 일은 없기 때문에 최대한 많이 적극적으로 시도하는 것이 좋다. 그러니 일단 행동하라!

실패에 대한 신념이 있다면 직장에서 한두 차례 지분을 요구할 수 있다. 요구한다고 손해 볼 일은 없기 때문이다. 다른 곳에서 받은 일자리 제안을 발판 삼아 임금 인상을 요구할 수도 있다. 사업에 실패했을 때 보호막이 되어줄 투자자들도 확보할 수 있다. 또 실패의 위험을 안고 있는 모든 협상에서도 자신한테 유리한 점을 최대화하고 불리한 점을 최소화하기 위해 노력할 수 있다. 위임할 수 있는 일은 최대한 다른 사람에게 맡기고, 가장 큰 가치를 창출할 수 있는 일에 집중할 수 있다. 그리고 마지막으로 실패가 성공을 이루는 데 꼭 필요하다고 믿는다면 그 과정에서 겪는 모든 좌절, 놓쳐버린 기회, 안타까운 실수를 '여기에서 무엇을 배울 수 있을 것인가'라는 비판적인 눈으로 주의 깊게 들여다보게 된다. 앨런 랭어의 말을 빌리자면, 실패에 대한 신념이 있을 때 다른 사람들이 고통과 좌절, 상처로만 받아

260   8장

들이는 모든 상황에서 의미를 발견할 수 있다.

만약 실패에 대한 신념이 부족하다면? 실패가 필요하다는 사실을 믿지 않는다면? 거절이나 실패의 목적과 의미를 받아들이지 못하면 언제나 망설이고, 위험부담이나 고통이 없는 기회만 찾을 것이다. 지분은커녕 '예스'라는 대답을 들을 것이 확실하지 않다면 임금 인상조차 요구하지 못할 것이다. 이미 잘 알고 있는 분야에서 성공하기 위해 노력하는 대신, 확실한 한 방이 될 수 있는 기발한 아이디어만 바랄 것이다. 다른 사람들에게 돈을 투자하라고 요구했다가 거절당할까 두려워 자기 돈만 투자할 것이다. 상대방이 나에 대해 어떻게 생각할지 중요하기 때문에 윈-윈이라는 듣기 좋은 말에 속아 협상을 마무리하려고 노력할 것이다. 모든 일을 직접 통제하지 못하게 될까 두려워 다른 사람에게 아무 일도 맡기지 못할 것이다.

마지막으로 어떤 일에서든 실패할 때마다 그것이 이성적이고 논리적인 반응이라 여기며 다시 행동하지 않고 바로 포기할 것이다. 실패했다는 것은 사실 그 일이 당신에게 어울리지 않았거나 고생을 감내할 만한 가치가 없다는 증거다. 그러니 더 깊이 파고들 필요는 없다. 엎질러진 우유 앞에서 울 필요도 없다. 그런 일이 일어났다는 사실 자체를 잊어버리면 된다.

자수성가한 백만장자들과 중산층은 돈에 대해 서로 다른 두 세계에 살고 있는 것 같다. 실패에 대한 사고방식도 마찬가지다. 자수성가한 백만장자들은 "시도할 만한 가치가 있는 것은 무엇이든 계속 시도해볼 가치가 있다"고 믿었지만, 중산층은 "첫 번째 시도에서 실패한 것은 무엇이든 두 번 시도할 가치가 없다"고 믿었다. 두 부류의 상식이 너무나 다름을 알 수 있다. 중산층의 태도는 실패의 모든 고통과 지난한 과정을 고스란히 겪되, 진정한 인내의 결실은 맛보지 않겠다는 뜻과 같다. 이는 마치 강의 절반을 헤엄쳐 갔다가 더 이상 갈 수 없을 것 같다는 생각에 다시 절반을 헤엄쳐 돌아오는 이야기와 비슷하다.

비즈니스 브릴리언트의 모든 이야기들을 살펴보면, 실패의 생산적인 가치에 대한 인내와 신념이 성공의 가장 중요한 요소였다는 사실을 알 수 있다. 그에 대한 살아 있는 예가 바로 첫 번째 캐나다 투어에서 실패했던 랄리베르테이고, 스쿨 오브 락을 살리기 위해 웨이터로 일해야 했던 폴 그린이며, 주유소 사업 실패로 전 예금의 5분의 1을 잃었던 워런 버핏이다. 고통스럽고 보잘것없는 실패였지만, 그것이 바로 자수성가한 백만장자와 억만장자들이 피할 수 없던 삶의 현실이었다.

모든 실패는 고통스럽지만, 차이가 있다면 자수성가한 백만장자들에게 실패는 치과 검진과 비슷했다. 그들에게 실패란 치과 검진처럼 정기적으로 마주해야 하는 일이며, 좋아할 수 없는 일이지만 일단 겪고 나면 훨씬 나아진다. 하지만 중산층에게 실패는 얼굴을 움켜쥐게 만드는 강력한 주먹 한 방이었다. 결코 일어나지 말았어야 할 깜짝 놀랄 일이며, 자존심 상하고 고통스러워서 일어났다는 사실조차 잊고 싶은 일이다.

비즈니스 브릴리언트 설문조사 결과에서 거의 모든 응답자가 적어도 한 번 이상 실패나 좌절을 겪었다고 답했다. 중산층의 70퍼센트, 자수성가한 백만장자들의 80퍼센트가 그렇게 말했다. 자수성가한 백만장자들의 약 80퍼센트는 실패와 좌절을 겪은 사람들을 알고 있다고 답했다. 당연한 일이다. 하지만 놀랄 만한 점이 있다. 중산층 응답자 중 적어도 한 번의 좌절이나 실패를 경험한 사람을 알고 있다고 답한 사람은 20퍼센트밖에 되지 않았다.

중산층의 약 70퍼센트가 실패를 겪었지만, 실패한 적 있는 사람을 알고 있다고 답한 사람은 20퍼센트밖에 되지 않는다. 그 차이는 곧 대부분의 중산층이 자신의 실패를 다른 사람에게 숨기려고 한다는 뜻이다. 실패에 얼굴을 찡그리는 기업 문화가 그 원인일 수도 있을 것이다. 하지만 실패를 경험하려면 이미 실패를 경험해본 적 있는, 실패에 대한 신념을 공유할 수 있는 동료와 함께하는 것이 좋다.

그래야 하는 이유는 실패에 대한 토론이 성공에 대한 토론보다 언제나 더 생산적이기 때문이다. 에이미 에드먼슨의 말을 들어보자. "불확실한 길 앞에서 실패할 수 있더라도, 어떤 방법이 통할 것인지 생각해보는 태도가 좋은 결과를 보장한다. 하지만 가장 좋은 결과를 얻기 위해서는 실패할 수 있더라도 과감하게 시도해보고, 이제 어떤 방법이 통할 것인지 생각한 다음, 성공과 실패 모두에 관해 동료들과 나누어야 한다." 그 결과가 바로 에드먼슨이 말하는 '배우면서 실행하기'다. 실패한 과정에 대한 토론이 곧 일을 진행하는 방법에 대한 토론이자, 어떻게 더 잘할 것인가에 대한 심사숙고다.

6장에서 집단의 행동 규칙에 순응하려는 욕구가 사람들의 체중이나 흡연 습관은 물론 수입에까지 영향을 끼칠 수 있다는 사회 연구에 대해 언급했다. 그렇다면 중산층이 자수성가한 백만장자들과 다르게 행동하는 이유도 바로 사회적 순응 때문일까? 친구들이나 지역 주민 중에서 혼자 연이은 사업 실패로 고생하고 있는 사람이 있다면,

그는 주변 사람들의 위로를 받기 힘들 것이다. 그들은 처음 실패했을 때 다른 사람들처럼 왜 그냥 포기하지 않았는지 궁금해할 것이다. 이제 어떻게 해야 할지에 대해 어떤 정보나 조언도 받지 못할 것이고, 투자금 또한 한 푼도 유치하지 못할 것이다.

자수성가한 백만장자들의 80퍼센트가 실패한 적 있는 사람을 알고 있다는 사실은 곧 그들이 실패를 받아들일 수 있는 사람들을 알고 있다는 뜻이다. 그들은 좌절과 실패에 대한 이야기를 아무 문제없이 나눌 수 있다. 실패에 대한 신념을 공유하고 있기 때문이다. 실패는 누구에게든 고통스럽지만 실패한 중산층은 사회적 고립과 외로움이라는 정신적인 고통까지 짊어질 가능성이 크다.

실패를 수용하는 기업 문화, 실패를 통해 배우고 새로운 기회를 창조할 수 있는 힘에 대해 믿는 기업 문화가 바로 1장에서 언급했던 성공을 위한 시너지의 중요한 요소다. 러스 프린스는 이렇게 말했다. "우리는 이미 위험을 감수하는 것이 일상생활에서 꼭 필요한 시대에 살고 있다. 매 순간 실패를 회피하려고만 한다면, 당신이 얻을 수 있는 특별한 보상은 없다. 운 좋은 사람이라면 가슴을 활짝 펴고 한 번도 넘어진 적 없다고 말할 수 있겠지만, 그것이 그렇게 자랑할 만한 일은 아닐 것이다."

부자를
만드는 상식 밖의 도구 17

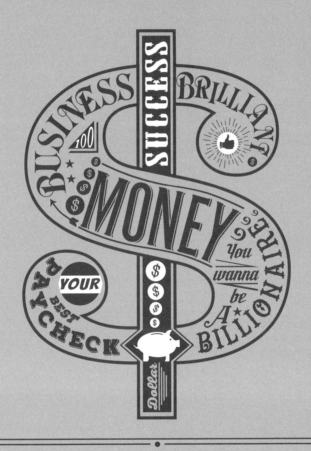

이 장에서는 자수성가한 백만장자들이 실천했던 습관과 행동을 정리했다.
'학습, 수입 창출, 지원, 인내' 4가지 단계를 나아가면서 17가지 실천 도구를 통해
그들의 방식을 자연스럽게 익힐 수 있을 것이다.

BUSINESS BRILLIANT

SURPRISING LESSONS FROM THE GREATEST SELF-MADE BUSINESS ICONS

누구나 비즈니스 브릴리언트가 될 수 있을까? 비즈니스 브릴리언트 기술은 과연 소수의 사람들만 타고나는 재능일까, 아니면 누구나 의지만 있다면 자기 것으로 만들 수 있는 기술일까? 비즈니스 브릴리언트 기술의 최고 형태라고 할 수 있는 '기업가 정신' 즉 부자들의 상식에 대해 연구하는 학자들은 오랫동안 이 질문과 씨름해왔다.

질문에 대해서는 러스 프린스 또한 확신하지 못한다. 전 세계에서 가장 부유한 가문들의 코치를 맡고 있는 그는 비즈니스 브릴리언트 기술을 타고나는 사람들도 있지만, 다년간의 지도 경험에 비추어볼 때 학습과 훈련을 통해 강화시킬 수 있다고 말한다.

그런데 성공한 기업가들의 상당수가 경영대학원 근처에도 가보지 않고 수차례 비즈니스 브릴리언트 기술을 발휘했다는 사실이 혼란을 야기하기도 한다. 비즈니스 브릴리언트에 가장 가까운 사람들은 수년간 돈에 대한 훈련을 받아온 덕분에 그 자리에 올랐을 것이다. 하지만 몇 년 전 그에 관한 연구를 진행했던 명망 있는 와튼스쿨의 교수 2명은 그 연구 결과에 깜짝 놀랐다. 펜실베이니아대학교 졸업생들을 무작위로 선정해 조사한 결과에 따르면, 역사·생물학·수학과 같은 분야를 전공한 예술·과학 대학 졸업생들이 와튼스쿨을 졸업한 학생들보다 기업가가 될 확률이 2~3배 정도 더 높았다.

자영업자들을 대상으로 했던 실험에서도 그와 비슷한 놀라운 결과가 나왔다. 예를 들면, 자주 이직하는 사람들이 결국 자기 사업을 하게 될 가능성이 훨씬 컸는데, 이는 곧 비즈니스 브릴리언트 기술이 가만히 있지 못하고 일단 행동하는 선천적인 특성과 관계가 있다는 뜻이다. 또 다른 연구에 따르면, 10대 시절에 마약을 했던 사람들이 중년의 나이가 되었을 때 다른 사람들보다 기업가가 될 확률이 훨씬 높았다.

이 같은 결과와 더불어 수많은 사업가들이 제대로 교육받지 못한 이민자 출신이라는 사실 또한 비즈니스 브릴리언트 기술이 타고난 재능이 아닐까라는 의문을 갖게 만든다. 외모나 카리스마, 혹은 리듬감처럼 비즈니스 브릴리언트 또한 타고나는 능력인 것처럼 보인다. 훌륭한 교사들에 대한 생각 역시 이와 크게 다르지 않다. 사람들은 가르침에 대한 헌신, 학생들과 관계를 맺는 타고난 능력, 그들을 배움으로 이끄는 창조적인 사고방식 등을 타고난 사람들이 훌륭한 교사가 된다고 생각한다. 할리우드에서도 〈위험한 아이들Dangerous Minds〉이나 〈스탠드 업Stand And Deliver〉과 같은 영화를 통해 쇠락한 학교는 아무나 일으켜 세울 수 없다는 생각을 널리 퍼뜨리는 데 기여했다. 아이들을 변화시키기 위해 필요한 것은 자신이 받은 교육이 아니라 열정과 특별한 본능을 따르는 한 사람의 영웅이라는 것이다.

하지만 그러한 생각에 반기를 든 더그 레모브^{Doug Lemov}라는 교육자가 있었다. 그는 수년 동안 경제 수준이 낮은 도심 지역 학생들을 위한 차터 스쿨^{charter school}(공적 자금을 받아 교사·부모·지역 단체 등이 설립한 학교)을 세우고 관리하는 기업에서 일해왔다. 그는 학생들의 성공을 위해 가장 중요한 요소는 바로 훌륭한 교사라는 사실을 연구를 통해 알고 있었다. 그래서 그는 미국 내 최고의 교사들이 학생들의 성공을 위해 무엇을 하고 있는지 알아내기 위한 연구를 시작했다.

재능 있는 교사를 찾아내는 일은 그리 어렵지 않았다. 초등학교와 중학교 학생들의 시험 성적은 가족의 경제적 능력과 밀접한 관계가 있었다. 전교생의 90퍼센트가 경제적으로 어려운 가정 출신인 학교의 표준 시험 점수는 거의 언제나 평균 이하였고, 반대로 전교생의 90퍼센트가 경제적으로 풍족한 가정 출신인 학교의 표준 시험 점수는 그보다 높았다. 훌륭한 교사를 찾아내기 위해서는 경제적으로 어려운 학생 비율과 그에 따른 표준 시험 예상 평균 점수가 일치하지 않는 학교만 찾아내면 되었다.

레모브는 자칭 정보광이었다. 그는 무수한 분산 그래프의 가외치를 검토해 가난한 학생 비율이 높지만 표준 시험 평균 점수 또한 높은 특별한 공립학교들을 찾아냈다.

그런 다음 그 학교들을 방문해 경제적인 어려움을 극복하고 표준 시험에서 높은 점수를 받은 학생들의 수업을 참관했다. 그리고 엄청난 분량의 수업을 비디오로 녹화하고 기록했다.

레모브의 친구이자 멘토였던 노먼 앳킨스$^{Norman Atkins}$는 이렇게 말했다. "레모브는 마법의 약을 마신 마법사들이나 카리스마를 타고난 보기 드문 사람들을 찾은 것이 아니었습니다. 그가 가장 밝혀내고 싶었던 것은 훌륭한 교사들이 학생들을 배움의 길로 이끌어내는 방법이었습니다."

수년이 걸렸지만 레모브는 결국 '최고의 교사들'이 공유하고 있는 효과적인 교수법들을 수집했다. 그리고 그 방법들은 25번의 수정을 거쳐 49가지의 교수법으로 정리되었다. 그 교수법에는 교수 계획, 학습 목표 달성, 수업 질서 유지 등을 위한 최고의 기술들이 망라되어 있었다. 레모브는 49가지 항목 각각에 대해 '상세하고 구체적이며 실행 가능한' 방법 또한 제시하고 있다. 다시 말하자면, 그대로 따라 할 수 있고 누구나 배울 수 있다는 뜻이다. 2007년, 앳킨스는 49가지 교수법을 중심으로 한 혁신적인 교사 훈련 프로그램 '티처U^{TeacherU}'를 만들었다. "놀랄 만큼 단순한 레모브의 교수법은 교직에 몸담고 있는 모든 사람들에게 희소식이 될 것"이라고 앳킨스는 확신했다.

흥미롭게도 레모브의 연구와 비즈니스 브릴리언트에 관한 연구에는 비슷한 점이 많았다. 나 역시 오랫동안 비즈니스 브릴리언트에 대해 연구해왔고, 레모브가 한계가 뚜렷했던 공립학교 교사들에게서 탁월함을 발견했던 것처럼 나 역시 중산층 가정에서 자라 재정적으로 성공한 사람들에 대해 연구했다. 평범함 가운데서 비범함의 흔적을 샅샅이 찾아내는 것이 최고의 결과와 성공을 보장하는 결정적인 요소를 밝혀내는 가장 좋은 방법이었다. 그리고 레모브와 나의 연구 결과는 마찬가지로 무척 단순했다. 레모브가 49가지 교수법을 정리했듯이 자수성가한 기업가들이 4가지 광범위한 영역에서 대부분의 사람들보다 더 효과적이고 끈기 있게 실행했던 일상 활동을 밝혀냈다. 나는 그 4가지를 '학습Learning, 수입 창출Earning, 지원Assistance, 인내Persistence'의 머리글자를 따서 '립LEAP'이라고 부른다.

학습

자수성가한 백만장자들은 자신이 가장 잘하는 일을 찾고, 그와 관련된 기회를 추구하는 데 더 많은 시간과 노력을 기울인다.

수입 창출

자수성가한 백만장자들은 돈을 벌 수 있는 가능성을 최대화하고 실패할 위험은 최소화할 수 있는 프로젝트에 착수하거나 협상을 진행한다.

지원

자수성가한 백만장자들은 자신이 가장 잘하는 일에서 벗어난 모든 업무에 대해 도움이나 조언을 받을 수 있는 친구와 지인, 동업자들의 네트워크를 핵심적으로 파고든다.

이 4가지 범주를 세분화해 비즈니스 브릴리언트가 되기 위한 17가지 도구를 만들었다. 이는 프린스의 비즈니스 브릴리언트 고객 지도 방법과도 매우 비슷하다. 그리고 17가지 도구 각각에 대해 일반적인 전략을 제시하고 레모브의 세분화된 교수법과 비슷한 구체적이며 실행 가능한 방법을 제시했다.

각각의 방법을 통해 재정적 성공을 보장하는 확실하고 간단한 행동들을 실천에 옮길 수 있을 것이다. 또한 여기에는 보통 10분 정도 걸리는 의사결정 훈련도 포함되어 있다. 전부 1시간 이내에 끝낼 수 있을 것이다.

나는 17가지 도구를 규칙적으로 실천하기 위해 최선을 다한다면 누구나 비즈니스 브릴리언트가 될 수 있으며, 수익의 획기적인 증대도 경험할 수 있다고 확신한다. 경제적 목표를 세우고, 그 목표를 마음에 품고 프로젝트를 준비하라. 주변 사람들에게 의지하고 실패에 대한 본능적인 두려움을 받아들이면, 돈과 당신의 관계는 근본적으로 바뀔 것이다.

이러한 변화는 결코 예상치 못했던 방향으로 전개될 것이다. 왜냐하면 17가지 도구가 비즈니스 브릴리언트가 되기 위한 완벽한 시너지를 제공하기 때문이다. 1장을 다시 살펴보면 시너지는 그 본래의 특성상 예상치 못했던, 어쩌면 충격적일 수도 있는 결과를 일으키기 때문이다.

레모브의 49가지 교수법 중 '신속한 전달Tight Transitions'이라는 지침이 있다. 초등학교 교실의 혼란과 시간 낭비의 주된 원인은 수업 자료를 나눠주고 거두어들이는 단순한 행동이었다. 하루에 스무 번 정도 거쳐야 하는 일이었고, 그때마다 1~2분이 지나갔다. 레모브는 코네티컷의 한 교사가 한 반 학생 전체에게 8~10초 안에 수업 자료를 전부 나눠주는 법을 가르치는 비디오를 보여주었다. 그 단순한 절차를 그처럼 빨리 실행하게 되면 학생들의 정신이 흐트러지지 않고, 교사는 매일 30분의 수업 시간을 더 확보할 수 있다. 수업 자료를 빨리 돌리는 방법 덕분에 학생들은 바로 옆 교실 학생들에 비해 1년 동안 약 8일 정도의 수업을 더 받는 효과를 볼 수 있었고, 그것이 바로 그 교사의 학생들이 표준 시험에서 다른 학생들보다 우수한 성적을 낼 수 있었던 이유였다. 모든 정신적인 업무에서 가장 중요한 2가지 자원인 '시간'과 '집중력'이 그처럼 무척 단순한 작업을 효율적으로 바꿈으로써 확보될 수 있었던 것이다. 무엇이든 단순하고 일상적인 방법으로 시작하는 것이 가장 좋다. 비즈니스 브릴리언트 설문조사에 참가했던 중산층 응답자들은 대부분 할 일을 미루는 습관으로 고생하고 있었다. 자수성가한 백만장자들에게서는 거의 찾아볼 수 없는 습관이었다. 일단 집중해 빨리 움직이는 것이 중요하다. 그것이 바로 '인내Persistence'의 진짜 의미다. 그리고 빨리 움직일 수 없다면 도움을 청하라. 그것이 바로 '지원Assistance'의 전부다. 다음 중 적어도 하나는 날마다 실행할 수 있도록 노력하라.

- ☑ 가장 잘하는 것이 무엇인지 파악하라
- ☑ 그것으로 돈을 벌어라
- ☑ 가장 잘하지 못하는 분야에 대해서는 도움을 받아라
- ☑ 인내로 회의적인 생각을 극복하라

학습·수입 창출·지원·인내, 이 4가지를 더 빨리 실행할수록 재정적 성공은 물론 인생의 성공을 향해 더 빨리 다가갈 수 있을 것이다.

STEP
1

학습
Learning

비즈니스 브릴리언트가 되기 위해 가장 먼저 필요한 것은 학습이다.
자신에 대해, 자신의 목표에 대해,
그리고 그 목표를 이루기 위한 가장 좋은 방법을 알아야 한다.

도구 1 목표를 수치로 기록하라

비즈니스 브릴리언트가 되기 위해서는 장기적인 경제적 목표를 세우고 구체적인 수치로 명시해 노력해야 한다. 정확한 수치로 설정한 목표는 달성 정도를 파악하기도 쉽다. 그리하여 해낼 가능성도 높아진다. 구체적인 목표를 수립해야 비즈니스 브릴리언트가 될 수 있다.

날마다 해야 할 모든 일들의 우선순위는 지금으로부터 10년 동안 쌓고 싶은 부의 양에 달려 있다. 만약 10년 안에 1,000만 달러 이상의 수익을 올리겠다는 목표를 설정했다면, 먼저 적당한 사업 1~2가지에서 지분을 확보한다는 세부 목표가 필요할 것이다. 사업 분야나 동업자, 프로젝트에 대한 선택은 10년 안에 달성해야 할 목표에 부합

해야 한다. 그렇다면 어떤 사업에 종사할 것인가? 우선 중요한 것은 목표다. 목표는 그것을 이루는 과정에서 마주하게 될 다른 모든 질문에서 자기만의 답을 찾을 수 있는 힘을 제공한다.

일단 10년 후 목표를 세웠다면 그 목표를 성취하기 위한 단계적 목표가 필요하다. 10년 후 목표가 '투자할 수 있는 자산 200만 달러'라고 해보자. 그 목표를 달성하기 위해 앞으로 5년 동안 해마다 얼마의 돈을 벌어야 하는가? 그리고 바로 다음 해에는 매달 얼마의 돈을 벌어야 하는가? 만약 시간당 돈을 받는 전문직 종사자라면 시간당 얼마를 받아야 하는가? 단계적 목표는 해야 할 일을 명확하고 단순하게 만들어준다. 하지만 단계적 목표는 이에 도달하지 못할 때 최고의 효과를 발휘하기도 한다. 매달 수입 목표를 달성하지 못한다는 것은 목표를 조정해야 할 필요가 있다는 뜻이다. 반대로 더 빨리 단계별 목표에 도달한다면 당신의 능력을 과소평가했던 것이기 때문에 장기적 목표를 재조정해야 한다.

20분 훈련법 ─────────────────

종이를 1장 준비한다. 순수익에 대한 목표를 설정하고, 이를 종이의 오른쪽 끝 '10년'이라는 항목 아래 기록한다. 그런 다음 오른쪽에서 왼쪽으로 오면서 5년, 4년, 3년, 2년째의 한 달 평균 목표 수입을 기록한다. 마지막으로 다음 달부터 1년 동안의 매달 목표 수입을 기록한다. 그리고 책상 앞이나 자주 볼 수 있는 곳에 붙여놓는다. 목표를 완수하거나 실패할 때마다 이 과정을 반복한다.

도구 2 가장 잘하는 일에 집중하라

빌 게이츠부터 비틀즈에 이르기까지 전 세계에서 가장 성공한 사람들은 자신이 가장 잘하는 일에 에너지를 집중했다. 이는 성공한 모든 사람들이 선택한 길이기도 하다. 그들은 시행착오를 통해 자신이 가장 잘하는 일을 발견하고, 장애물과 우회로를 차단하며 자신의 비즈니스 브릴리언트 기술을 발휘할 수 있는 특별한 재능을 실천했다.

이는 흔히 강점 파악하기, 타고난 적성 발견하기, 특별한 능력 개발하기 등으로 표현되기도 한다. 하지만 나는 이를 '나만의 중심 발견하기' 혹은 단순하게 '중심 찾기'라고 부르고 싶다.

하지만 대부분의 사람들은 자신의 중심을 잘 찾지 못한다. 갤럽의 여론 조사에 따르면, 직장인 3명 중 "직장에서 매일 내가 가장 잘하는 일을 할 기회가 있다"고 답한 사람은 단 1명뿐이었다. 그것이 바로 대학을 졸업한 직장인들의 평균 연봉이 지난 15년 동안 거의 오르지 않은 가장 큰 이유다. 그들은 노동력의 대가를 올릴 만한 장치를 아무것도 갖고 있지 않았다. 자신이 맡은 일에 적당히 길들여져 있기 때문이다. 가장 잘하는 일을 매일 할 수 없다면 비즈니스 브릴리언트가 되기는 쉽지 않을 것이다.

중심 찾기를 통해 발견한 나만의 중심은 일상생활의 중심이 되어야 한다. 중심 찾기의 가장 큰 이점이 있다면, 바로 최악의 좌절이나 실패에 대해서도 그 가치와 의미를 찾을 수 있다는 것이다. 가장 잘하는 일을 한다면 처참한 패배마저도 자신에 대해 알 수 있는 중요한 계기로 여기고, 자신의 중심을 밀고 나갈 수 있다. 자수성가한 백만장자들은 자신이 가장 잘하는 것이 무엇인지 파악하는 데 실패가 큰 도움이 되었다고 확신했다. 그들은 시행착오를 겪을 때마다 자신의 중심에 더 가까이 다가갔다. 이를 통해 그들은 최선의 노력이 아무런 보상을 받지 못했을 때에도 자신의 전문 분야를 더욱 갈고 닦을 수 있었다.

10분 훈련법 ─────────────

자신이 특별히 잘한다고 생각하는 일에 대해 최대한 많이 기록해본다. 그 분야에 대해 잘 모르는 사람에게도 자세히 설명해줄 수 있을 만큼 자신 있는 일들을 선택한다. 다음 날 10분 동안 이 작업을 다시 한 번 진행한다. 그런 다음 그중 3가지만 고른다. 그 3가지 항목 각각에 대해 자신이 가장 잘하는 일이라고 확신하는 근거를 3가지씩 작성한다.

<u>도구 3</u> 돈을 좇아라

어느 분야에서든 최고가 된 사람들을 살펴보면 돈을 좇았기 때문에 그 자리에 오를 수 있었다는 사실을 알 수 있다. 그들은 자신의 중심과 관련된 일을 했고, 가치 있는 일을 창조함으로써 얻은 보상을 다른 사람들과 나누었다.

성공한 요리사는 다른 사람과 함께 레스토랑을 경영하고, 요리책을 집필하고, 케이블 방송에 출연한다. 성공한 목수는 자기 작업장을 갖고, 최고급 제품을 주문 생산하거나, 부동산 개발 협상에 힘을 보탠다. 최고의 기업 매니저들은 고수익을 낸 대가로 보너스를 받거나 회사의 지분을 획득한다.

그들은 모두 '머니 라인^{the Line of Money}'을 붙잡고 있는 사람들이다. 그들은 가치를 창출하거나 수익이 발생할 때마다 보상을 공유할 수 있는 라인(줄)을 붙잡고 있었다. 비즈니스 브릴리언트 기술은 그 머니 라인을 붙잡고 있는 사람들만 발휘할 수 있다.

무슨 일에서든, 어떤 직장에서든 최고의 보상은 바로 자신의 중심을 잘 찾고, 동시에 머니 라인을 꼭 붙잡고 있는 사람들을 위한 것이다. 의사들은 오늘날 고수익을 올리는 전문가들 중 하나다. 하지만 수익이 상위 10퍼센트에 해당되는 의사들이 가장 똑똑하거나 능력 있는 의사들은 아니다. 가장 인기 있는 의사들도 아니다. 가장 많은 돈을 버는 의사들은 먼저 자신의 능력에 가장 부합하는 전문 분야를 찾은 다음, 그 분야의 병원에서 지분을 확보한 의사들이다. 즉, 중심을 찾아 머니 라인을 붙잡은 의사들인 것이다. 이는 변호사, 기술자, 학자들도 마찬가지다.

돈을 좇는 것은 보통 붙잡고 있는 머니 라인이 수입의 주요 원천이라는 뜻이다. 머니 라인을 붙잡기 위해 일자리를 그만둘 필요는 없지만, 비즈니스 브릴리언트 설문조사에 따르면 자수성가한 백만장자 10명 중 다른 사람 밑에서 일하면서 부자가 된 사람은 단 1명뿐이었다. 대부분은 월급을 받고 일하면서 기술을 연마하고 자신의 중심을 찾은 다음, 혼자서든 동업이든 사업을 시작했다.

20분 훈련법 ────────────────────────

중심 찾기 훈련을 통해 발견한 특별히 잘하는 3가지 분야를 다시 살펴보며, 자신이 아는 선에서 그 능력을 활용해 가장 많은 돈을 벌 수 있는 직업을 적는다. 조금만 생각해보아도 지금까지 한 번도 생각지 못했던 직업을 떠올릴 수 있을 것이다.

도구 4 머니 라인 사다리를 올라라

중심이 무엇이든 그 중심을 활용해 머니 라인을 붙잡을 수 있는 방법은 많다. 그중에서 다른 방법보다 더 보상이 큰 몇 가지를 선택하는 것이 중요하다. 돈을 좇을 수 있는 다양한 방법들을 전부 그려볼 수 있다면, 이제 머니 라인이라는 사다리를 더 자세히 살펴볼 준비가 된 것이다. 머니 라인 사다리의 가로대는 능력에 대한 '가격 책정'의 형태로 정의할 수 있다. 사다리를 한 칸씩 올라갈 때마다 보상은 더 커지며, 사다리의 맨 꼭대기는 바로 지분이다. 가격 책정 방법은 다음 4가지로 나눌 수 있다.

보수 기준

머니 라인 사다리의 맨 아래 칸이다. 맨 아래 칸은 투자한 시간에 따라 보수를 받는 독립 계약자들이 차지하고 있다. 독자적인 컨설턴트 등이 여기에 속한다.

시간은 한정되어 있기 때문에 여기가 바로 비즈니스 브릴리언트가 되기 가장 어려운 곳이지만, 일류 코치나 가정교사, 정신분석가, 그리고 개인 서비스업 전문가들이 좋은 본보기가 될 것이다. 그들은 자기 시간에 대한 높은 수요를 창출해 시간당 수익을 올림으로써 비즈니스 브릴리언트 기술을 발휘하고 있다.

프로젝트 기준

머니 라인 사다리의 아래에서 두 번째 칸이다. 프로젝트를 기준으로 보수를 받는다면, 일하는 데 투자한 시간과 상관없이 목표를 성취함으로써 받는 보상을 누릴 수 있다. 여기서 비즈니스 브릴리언트 기술은 최대한 많은 금액을 요구하고, 업무 일부를 다른 전문가들에게 맡겨 빨리 프로젝트를 완수하는 과정에서 확보된다.

비율 기준

프로젝트 기준보다 한 칸 높은 칸이다. 비율이라는 말 자체에 성공에 대한 보상의 확실한 일부를 받는다는 뜻이 포함되어 있기 때문이다. 이는 보통 프로젝트별 가격 책정의 추가 수입이 되는 경우가 많다. 프로젝트 계약 시, 비율에 대한 조항을 포함시키면 성공을 위해 기울인 노력에 대한 추가 보상을 받을 수 있다.

지분 기준

'지분 소유'의 다른 이름으로, 여기가 바로 머니 라인 사다리의 꼭대기다. 사업체를 소유하고 있다는 것은 단지 게임에 참여하고 있다는 뜻이 아니라, 팀을 소유하고 있다는 뜻이다. 프로젝트의 성공과 이를 통해 얻은 수익이 혼자서든 다른 사람과 함께든 당신이 소유하고 있는 사업에 더 큰 가치를 창출할 것이다. 개인이 소유한 부의 대부분은 지분을 통해 확보된 것이다. 이는 비즈니스 브릴리언트 기술을 최대한 발휘한 것이며, 협상의 궁극적인 목표여야 한다. 어느 분야에서든 아주 적더라도 현재 가치의 수십 배 이상으로 나중에 매각할 수 있는 지분을 확보해야 한다.

30분 훈련법 ————————————————

종이에 네 칸짜리 사다리를 그리고, 맨 위 칸부터 '지분', '비율', '프로젝트', '보수'라고 차례로 적는다. 각 항목의 아래

에는 5줄 정도의 빈 칸을 남겨놓는다. 그리고 맨 아래 칸부터 맨 위 칸까지 각각 3가지의 프로젝트를 적어 넣는다. 이렇게 만들어진 12가지 단계별 프로젝트는 비즈니스 브릴리언트가 되기 위한 지도다. 새로운 프로젝트에 착수할 때마다 이 작업을 반복한다.

STEP
2

수입 창출
Earning

일단 특정한 프로젝트에 착수할 준비가 되면 학습에서 수입 창출로
집중 대상을 변경할 필요가 있다.
수입 창출은 곧 아이디어가 기회로 바뀌는 과정이다.

<u>도구 5</u> 단계별 예상 수치를 산출하라

가능성 있는 모든 프로젝트에는 프로젝트 크기에 상관없는 5가지 중
요한 특징이 있다. 프로젝트에 너무 많은 시간이나 돈을 투자하기 전
에 각각의 특징에 대해 자세히 살펴보아야 한다.

1. 프로젝트에 착수하기 위해 필요한 것은 무엇인가?

프로젝트에 착수하기 전까지 투자해야 할 비용은 얼마인가? 최초 수
익을 얻기 전까지 구입해야 할 모든 장비, 고용해야 할 모든 노동력,
동업자와 함께 써야 할 모든 노력이 어느 정도인지 계산해본다.

2. 프로젝트를 진행하기 위해 필요한 것은 무엇인가?

일단 착수한 프로젝트를 운영하기 위해 투자해야 할 것은 무엇인가? 매달 예상 지출과 인건비를 산출해본다. 그리고 시간당 벌 수 있는 돈의 가치도 계산해본다.

3. 천장은 얼마나 높은가?

잠재 수익을 산출해본다. 모든 과정이 완벽하게 진행될 때 그 프로젝트를 통해 벌어들일 수 있는 최대 예상 수익이다. 프로젝트의 최대 수익에 영향을 끼치는 한계 요소가 무엇인지도 알아야 한다. 예를 들어 레스토랑의 수익은 요리의 가격과 테이블 개수에 영향을 받는다.

4. 바닥은 얼마나 단단한가?

예상할 수 있는 최악의 결과는 무엇인가? 모든 프로젝트가 어느 정도의 수익은 창출할 수 있을 것이다. 하지만 그 프로젝트를 통해 얻을 수 있는 수익의 최저 금액이 한 달에 얼마 정도일지 알아야 한다. 프로젝트가 실패했을 때 손실을 받아들일 수 있는가? 최악의 상황을 그려보고 그 상황에서 어떻게 할지 생각해본다.

5. 꼭대기의 체리는 얼마나 큰가?

자신의 중심과 관련된 일을 하고 있다면, 프로젝트 자체가 성공하지 못하더라도 장기적으로 결국 이익이 될 '약간의 보상'은 얻을 수 있을 것이다. 그러한 보상 목록을 작성해본다. 경력 인정, 관계 확장, 인지도 상승 등이 여기에 속한다. 하지만 '프로포르마 proforma(예측 가능한 모든 비용을 명시하여 투자 수익률을 계산하는 틀)'를 위해서는 예상 수치가 필요하다. 꼭대기에 있는 체리의 가치를 산출하는 것은 그리 어려운 일이 아니다. 만약 프로젝트에 착수하기 전에 지분을 구입하려는 사람이 있다면 지분을 넘기는 대가로 받을 수 있는 최저 금액은 얼마인가? 그 금액에서 프로젝트에 투자한 현금을 제외한 금액이 바로 꼭대기에 있는 체리의 정확한 가치다.

프로포르마의 첫 번째 역할은 문제에 휘말리지 않도록 해주는 것이다. 프로포르마를 통해 중요한 수치들을 확인하고 프로젝트에 대해 재고하거나 아예 포기할지 생각해볼 수 있다. 프로젝트 착수와 진행에 필요한 최저 경비가 최고 예상 수익에 너무 가까울 수도 있다. 그처럼 잠재 수익이 적다면 프로젝트에 착수해야 하는 이유를 다시 생각해볼 필요가 있다. 아닐 수도 있겠지만 꼭대기의 체리가 그 답이 될 수도 있다.

'착수, 진행, 천장, 바닥, 꼭대기의 체리.' 햄버거를 뒤집든 부동산을 뒤집든 이 5가지가 프로젝트에 결정적인 영향을 끼친다.

30분 훈련법 ——————————
프로포르마를 작성해본다. 아직 모르는 지점과 더 알아내야 할 지점을 위해 충분한 여백을 남겨놓는다. 프로포르마에 사용할 수치는 전부 근사치일 뿐이겠지만, 그 근사치가 성공을 위해 필요한 단계를 디딜 수 있도록 도와줄 것이다.

<u>도구 6</u> 마지노선을 확보하라

일단 모든 수치들을 검토하고 진행하기로 결정했다면, 프로포르마를 통해 마지노선도 확인했을 것이다. 이 마지노선은 프로젝트의 마지노선이 아닌 자신의 마지노선이다. 그리고 프로젝트를 진행하기 전에 반드시 알고 있어야 할 최소한의 보상이자 최대한의 위험 기준이다. 마지노선을 확정하기 전까지는 누구와도 협상할 준비가 되어 있지 않은 것이다.

윈-윈 해결책을 도출하는 데만 신경 쓰면, 결국 자신한테 불리하게 협상을 마무리할 가능성이 크다. 자수성가한 백만장자들은 부당한 협상에서 훨씬 잘 물러선다. 그 능력은 그들의 자존감 크기에 따른 것이겠지만, 그것만이 전부는 아니다. 자신의 이익을 당연히 최우선에 놓는 사람들은 미리 세워놓은 계획을 실행하고 있는 것뿐이다. 그들은 협상에서 무엇을 얻어야 하는지 정확히 알고 협상에 임한다. 자존감의 문제가 아니라 '자신의 목표'에 관한 문제일 뿐이다. 린다 뱁콕 역시 협상 수업에서 그와 같은 태도로 급여 제안 수용 여부를 결정하라고 말했다. 더 이상 양보할 수 없는 마지노선을 가지고 있어야 한다. 그것이 협상의 핵심이지만 대부분의 사람들이 마지노선 없이 협상에 임한다.

비즈니스 협상에서 그와 같은 마지노선은 자신이 짊어질 수 있는 위험부담의 한계 또한 설정해준다. 누구든 가능하면 자신한테 불리한 점을 줄이고, 위험해 보이면 물러나고 싶어 한다. 막 사업에 뛰어든 사람들은 보통 (프랜차이즈 사업이나 부동산 투자 등에서) 자기 자본을 너무 많이 투자하는 방향으로 협상을 마무리한다. 그 치명적인 실수 때문에 실패할 경우 다시 기회를 만들 수 있는 자산을 조금도 남기지 못한다.

20분 훈련법 ─────────────────

단기 목표를 설정하고, 그 목표를 완수하기 위해 이번 협상에서 얼마나 많은 돈을 확보해야 하는지 생각해본다. 협상을 성사시키기 위해 목표를 조정하는 것은 비즈니스 브릴리언트에서 멀어지는 가장 빠른 방법이다. 그 협상에서 너무 많은 돈을 투자해버리면 앞으로 몇 년 동안 머니 라인을 붙잡을 수 없게 될 것이다. 너무 큰 위험부담은 반드시 피하라. 프로젝트가 실패해도 다시 도전할 수 있는 자산은 남겨놓아야 한다.

도구 7 상대의 약점을 활용하라

일단 모든 목표가 명확해졌다면, 비즈니스 브릴리언트가 되기 위한 기본적인 협상 공식은 다음과 같다. 먼저 상대방의 강점을 보고 협상 대상을 선정한다. 그리고 그들의 약점에 따라 협상한다.

조금 냉정해 보일지도 모르겠지만 거의 모든 비즈니스 협상에서 당신 또한 그와 같은 상황에 처한다는 사실을 받아들여야 한다. 그러므로 만약 자신의 목표를 달성할 수 있는 유리한 방향으로 협상을 진행하고 싶다면, 자신의 마지노선에 대해 구체적으로 생각한 다음 협상에 임하는 것만으로는 충분하지 않다. 상대방의 마지노선이 어디인지도 확실히 알아야 한다. 어떤 협상에서든 돈 문제를 넘어 상대방이 협상에 나선 동기가 무엇인지 반드시 알아야 한다.

전문 지식은 다소 부족하지만 자금이 충분한 사람이 있다고 해보자. 당신은 자금은 부족하지만 전문 지식을 갖고 있다. 상대방은 자금 투자에 대한 수익을 확보하기 위해 당신의 전문 지식을 최대한 낮은 금액으로 확보하고 싶을 것이다. 그래서 당신을 압박해 프로젝트에 대한 보수나 수익 비율, 지분을 최대한 낮추려고 노력할 것이다.

그렇다면 반대로 당신이 상대방을 압박하기 위해 활용할 수 있는 능력은 무엇인가? 이는 보통 상대방에 대해 얼마나 알고 있느냐에 따라 달라진다. 상대방은 얼마나 당신을 필요로 하는가? 당신 말고 다른 사람은 얼마나 쉽게 구할 수 있는가? 상대방은 그 프로젝트와 얼마나 사랑에 빠져 있는가? 사랑을 하면 눈이 멀게 되므로 이는 매우 중요한 부분이다. 가장 성공한 사업가들조차 당장 프로젝트에 착수하고 싶은 마음 때문에 충분히 생각하지 않고 자기 것을 양보하는 경우가 많다. 상대방의 약점에 대해 더 많이 알고 있을수록 자신에게 유리한 기회를 만들어낼 수 있다.

말론 브란도Marlon Brando는 자신이 일부 지분을 갖고 있는 영화를 촬영하고 있었다. 그런데 그는 연방 정부에 세금 10만 달러를 체납한 상태였다. 그래서 브란도의 매니저는 영화제작자에게 전화해 브란도의 상황에 대해 설명하며 현금을 먼저 받을 수 있는지 물었다. 이를 전해 들은 제작사 사장은 흔쾌히 이렇게 말했다. "돈을 주겠네. 그 대신에 지분은 돌려주게." 브란도는 10만 달러에 자신의 영화 지분을 포기하는 데 동의했다. 그 영화가 바로 흥행에 크게 성공한 〈대부The Godfather〉였고, 브란도가 지분을 포기하고 받은 돈 10만 달러는 1,100만 달러(약 116억 원)가 될 수 있는 돈이었다.

제작사 사장은 브란도가 갖고 있는 배우로서의 장점 때문에 그를 캐스팅했다. 하지만 세금 체납자라는 그의 약점을 이용해 브란도와 협상을 진행했다. 그것이 바로 파라마운트가 〈대부〉로 돈방석에 앉았지만 브란도는 그럴 수 없던 이유였다.

30분 훈련법

보수나 지분으로 협상을 진행하기 전에 그 협상에 관한 프로포르마를 상대방의 관점으로 다시 작성해본다. 만약 땅을 갖고 있다면 임차인의 관점으로 프로포르마를 작성한다. 그런 다음 중요한 질문들에 동그라미를 친다. 상대방으로부터 얻을 수 있는 비금전적 혜택은 무엇인가? 상대방은 어떻게 자신의 위험부담을 줄이려고 하는가? 그 질문들에 쉽게 답할 수 없다면 주위 사람들에게 조언을 구하라. 상대방의 협상 동기에 관한 모든 정보가 당신에게 유리한 기회를 만들어줄 것이다.

도구 8 협상 파기를 대비하라

결혼을 앞둔 성인들이 혼전 합의서를 작성하듯 바람직한 동업 관계에도 협상 파기 조건이 미리 마련되어 있어야 한다. 잘 풀리지 않은 협상은 발목에 걸린 족쇄가 될 수 있으므로 그 족쇄를 풀어버릴 수 있는 수단을 갖고 있어야 한다.

협상 파기 조건은 마지노선을 지키기 위한 방어선이다. 만약 협상 결과 성공 가능성이 전혀 없음에도 불구하고 당신이 계속 과도한 자금과 노동력을 제공해야 하는 상황에 처한다면 협상을 파기할 수 있도록 당신을 보호해줄 사전 합의가 필요하다. '기회비용'에 대해 늘 생각해야 한다. 불리한 협상 결과 때문에 날마다 고생하고 있다는 것은 성공에서 하루씩 더 멀어지고 있다는 뜻이다.

협상 파기 조건의 가장 큰 힘은 유용한 프로젝트를 그대로 유지할 필요가 없다는 것이다. 협상 파기 조건은 재협상 시 당신의 마지노선을 보호해줄 수 있다. '더 많은 수익을 얻지 못하면 프로젝트를 계속 진행할 수 없다'고 말할 수 있다. 그렇다면 이제 당신의 능력이 얼마나 가치가 있는지 상대방이 결정해야 한다. 어떻게 되든 당신은 당신의 목표를 고수할 수 있다.

10분 훈련법

어떤 협상이든 시작하기 전에 프로포르마를 이용해 어떤

점이 잘못될 수 있는지, 그리고 어떤 상황에서 협상 파기 조건을 이용해 최소한의 손실로 계약을 파기하거나 더 많은 돈을 요구할 수 있을지 미리 예측해본다. 협상 파기 조건을 자신한테 유리하게 활용하고 싶다면 이를 제안하고 초안을 마련하는 것은 당신 몫이다.

지원
ASSISTANCE

돈을 벌기 위해 반드시 돈이 필요한 것은 아니지만 팀워크와 지원은 반드시 필요하다.
혼자서 다 할 수도 없고 혼자서 다 하려고 노력해서도 안 된다.
그렇게 하면 가장 잘하는 일을 할 수 없다.

<u>도구 9</u> 소규모 네트워크에 집중하라

당신이 제과점을 경영하고 있다고 해보자. 그렇다면 당신의 매개체 네트워크는 적재적소에서 당신의 케이크 판매 매출을 올려줄 6명으로 구성되어야 한다. 결혼 기획자 1명, 파티 기획자 1명, 그리고 음식 공급업자 4명일수도 있다. 그들은 당신이 만든 케이크를 좋아하고, 당신을 신뢰하며, 기쁜 마음으로 고객들에게 당신을 추천해줄 사람들이다. 당신 또한 그들을 소중히 여기고 우정을 쌓기 위해 노력하며 관계를 지속해나간다. 당신의 생계가 그들에게 달렸기 때문이다. 하지만 왜 꼭 6명이어야 하는가? 음식 공급업자나 파티 기획자 10명이나 20명이라면 더 좋지 않을까?

베이커리 주인은 수익의 약 80퍼센트를 6명으로 구성된 매개체 네트워크에 '의지'하고 있다. 6명 이상의 사람들에게 의지할 수는 없다. 그 6명에게 적절한 관심을 기울이는 데에도 많은 노력이 필요하기 때문이다. 매개체 네트워크를 충실하게 잘 관리하는 데에는 10명이나 20명의 사람들에게 그저 관심을 기울이는 것보다 훨씬 많은 노력이 필요하다.

10명이나 20명과 가장 친한 친구라고 할 수 없다면, 매개체 네트워크 또한 10명 내지 20명으로 구성할 수 없다. 10명 이상의 사람들과 깊은 관계를 맺고 있다고 말하는 사람의 네트워크는 아마 조금도 유용하지 않을 것이다. 진정한 매개체 네트워크는 그 규모가 작고 긴밀할 경우에만 효과를 발휘한다.

10분 훈련법 ─────────────

내일이라도 당장 찾아가 자신이 가장 잘하는 일에 관한 새로운 프로젝트에 대해 조언을 구할 수 있는 사람 10명 정도의 목록을 작성해본다. 그중에서 가장 가깝거나 도움을 받기 쉬운 사람 6명을 고른다. 그것이 바로 매개체 네트워크의 시작이다. 만약 월급을 받는 일을 하고 있다면, 승진이나 이직 중 무엇이 더 좋을지 조언을 구할 수 있는 사람들에 대한 목록을 작성해본다.

도구 10 핵심 인맥을 관리하라

매개체 네트워크는 늘 변한다. 구성원이 바뀔 수도 있고, 사업 방향이나 일의 우선순위가 변할 수도 있다. 변화에 대처하는 가장 좋은 방법은 변화를 직접 마주하는 것이다. 만약 매개체 네트워크가 가장 소중한 자산이라는 가정을 받아들인다면 당연히 자산의 일부처럼 관리해야 한다. 도움이 될 새로운 구성원을 찾고, 기량을 발휘하지 못하는 관계들은 정리해야 한다. 결혼 기획자, 파티 기획자, 음식 공급업자로 이루어진 베이커리 사장의 매개체 네트워크에 대해 다시 한 번 살펴보자. 어쩌면 그는 가장 큰 수익을 남길 수 있는 결혼식 케이크 매출을 더 늘리고 싶을지도 모른다. 마침 수익이 높지 않은 케이크를 주문하는 음식 공급업자의 주문이 줄어든다. 그렇다면 이제 매개체 네트워크를 채워줄 두 번째 결혼 기획자를 신중하게 찾아나서야 한다.

네트워크 관리에 대한 이미지가 나쁜 것도 사실이다. 가장 큰 함정은 바로 우연성이다. 게다가 '소셜네트워킹'의 등장이 상황을 더욱 악화시켰다. 대학 동창과 전 직장 동기가 예고 없이 엮이거나 각자의 네트워크에 당신을 추가할 수 있기 때문에 소규모 네트워크에 집중하기가 어려워졌다.

만약 매개체 네트워크를 구성하기 위해 진지한 노력을 기울이고 있다면 잠재적 네트워크 구성원에 관한 정보를 수집하고, 그를 알고 있는 지인에게 연락을 취한다. 불쑥 전화해 상품을 판매하는 사람 같다는 느낌은 받지 않을 것이다. 서로의 네트워크에 속해 있을 때 더 도움이 될 사업에 관해 같은 생각을 하고 있는 훌륭한 동업자를 찾고 싶다는 바람으로 당신의 서비스를 홍보하고 있는 것뿐이다.

만약 몸담고 있는 분야의 네트워킹 이벤트에 참가할 일이 있다면 해야 할 일을 미리 생각해보아야 한다. 거기에서 미래의 네트워크 구성원 3명을 만날 것이고, 그들에게 당신이 겪고 있는 문제들에 대한 조언을 구하겠다는 식으로 말이다. 번지르르한 홍보의 말을 좋아하는 사람은 별로 없지만, 조언을 구하는 사람은 누구나 좋아한다. 이와 같은 준비를 통해 그 자리에서 하게 될 대화의 방향이 정해진다. 도움받기 힘든 사람과는 1분 이상 대화하지 말고, 도움받을 수 있는 사람을 찾고 있다며 정중하게 사과한 후 자리를 뜬다. 그것이 바로 러스 프린스의 네트워크 전략이다.

10분 훈련법 ——————————————

7개의 폴더가 필요하다. 종이 서류철도 좋고 컴퓨터 안의 폴더도 좋다. 폴더마다 '도구 9'에서 작성했던 6명의 이름을 적는다. 그들이 바로 당신이 생계를 의지하고 있는 매개체 네트워크 구성원들이다. 6명에 대해 몰라도 될 부분이 있을까? 각각의 폴더에 그들이 다니는 회사의 웹사이트 항목, 회사에 대한 정보, 이사회 구성원, 참여하고 있는 자선 사업, 그리고 그의 배우자의 이름과 아이들의 이름, 나이 등을 적는다.

그들의 비즈니스 포부에 대해 최대한 많이 아는 것이 좋다.

돈은 얼마나 벌고 있는가? 얼마나 벌고 싶어 하는가? 그들의 재정적, 직업적 최종 목표는 무엇인가? 이러한 것들에 대해 낱낱이 기록한다.

마지막 일곱 번째 폴더에는 '벤치Bench'라고 적는다. 벤치는 모든 잠재적 네트워크 구성원에 관한 정보를 기록하는 폴더다. 일주일에 한 번씩 폴더를 확인하며 매개체 네트워크의 상태를 검토한다.

<u>도구 11</u> 일을 함께할 팀을 꾸려라

이 방법은 가장 잘하는 일에 집중하라는 두 번째 방법과 반드시 병행되어야 한다. 경제적으로 성공하기 위해서는 최대한 많은 시간을 특별한 재능과 기술에 집중해야 한다. 그 밖의 다른 모든 일을 위해서는 팀이 필요하다.

팀 구성은 이미 알고 있는 사람들에게 바로 접근하는 것보다는 어려울 것이다. 일단 잘하는 일에 집중하다 보면 부족한 능력을 보완해줄 사람들을 주변에서 찾을 수 있다. 잘 모르는 사람이라도 매개체 네트워크를 통해 한 다리만 건너면 알게 될 사람들이다.

한 건축가가 있다고 해보자. 그는 자신의 강점이 디자인이 아니라 프로젝트 관리라는 확신이 들었다. 그래서 자신의 강점을 활용해 부동산 개발 사업에 뛰어들어 땅에 대한 지분을 확보하고 싶었다. 그 분야에 대해 모르는 점이 많았지만 도움받을 수 있는 사람들은 이미 많이 알고 있다. 건물 부지를 찾아줄 부동산 중개업자, 건설비용을 마련해줄 은행 관계자, 자본을 제공할 투자자, 그리고 개발을 진행할 도급업자들이다.

아무리 처박혀 일하기 좋아하는 건축가라도 부동산 중개업자나 도급업자, 변호사 몇 명은 알고 있을 것이다. 그들이 바로 매개체 네트워크 구성원이 될 것이다. 그들이 그에게 필요한 분야, 즉 투자자들과 은행가들에게 자연스럽게 접근할 수 있는 다리가 되어줄 것이다. 매개체 네트워크를 통하면 한 다리만 건너도 네트워크상의 모든 사람들을 만날 수 있다. 그 다리를 건너다보면 어느새 프로젝트를 위한 팀이 꾸려져 있을 것이다. 다리를 건너 팀을 꾸리기 위해서는 다른 방법들도 따라야 하지만, 가장 기본적인 매개체 네트워크가 있다면 필요한 사람이 없어 프로젝트를 진행하지 못하는 상황은 결코 생기지 않을 것이다.

꾸려진 팀을 잘 관리하는 것은 물론 벅찰 수 있다. 돈을 좇으라는 세 번째 도구에 대해 생각해보자. 요리는 정말 좋아하지만, 레스토랑을 경영할 생각만 하면 머리가 아플 수도 있다. 나무를 깎아 작품을 만들기는 좋아하지만, 부동산 시장에는 발도 들여놓기 싫을 수 있다. 아무리 사람들을 다루는 재주가 있다 해도 기업 내 사다리는 올라가기 쉽지 않을 것이고, 사업에 뛰어들 능력도 부족하다고 느낄 수 있다. 그 모든 일들을 생각하면 배가 아프지 않은가?

비즈니스 브릴리언트가 된 사람들도 그와 똑같은 복통을 느꼈다.

불안함 때문에, 알 수 없는 미래 때문에, 잘 알지 못하고 스스로 해낼 수 없는 분야 때문에, 그리고 성공하지 못할 수도 있다는 의심 때문이다. 문제는 그 복통을 어떻게 받아들이느냐 하는 것이다. 자수성가한 백만장자들은 이를 동업자를 찾아 일을 맡겨야 한다는 신호로 받아들였다. 그들에게 복통은 소중한 정보의 원천이었다. 그 복통은 그들에게 자신이 잘 모르는 분야가 있고, 잘하지 못하는 일이 있기 때문에 매개체 네트워크를 동원해 일이 자신의 중심에서 벗어나면 도움을 청해야 한다고 일러주었다.

다시 한 번 말하지만 매개체 네트워크는 가장 소중한 자산이다. 시간과 집중력은 가장 소중한 2가지 자원이다. 비즈니스 브릴리언트가 되기 위해서는 가장 소중한 자산을 통해 가장 소중한 자원을 보호할 수 있는 도움을 청할 수 있어야 한다.

10분 훈련법

직접 하면 안 된다고 생각하거나 잘하지 못해 시간만 걸리는 일에 대한 프로포르마를 작성해본다. 만약 다른 사람이 그 일을 위해 시간을 투자할 때 당신이 창출할 수 있는 최소한의 가치를 산출해본다. 그 수치가 당신이 지불할 수 있는 비용이다. 매개체 네트워크를 검토하며 그 비용으로 그 일을 맡을 수 있는 적당한 사람을 찾는다. 비용이 매우 낮다 해도 창의성을 발휘하면 분명 찾을 수 있을 것이다.

도구 12 당신만의 코치를 구하라

돈을 벌기 위해 필요한 것은 돈이 아니라 사람이다. 사람들에게 접근하는 것이 현금에 접근하는 것보다 훨씬 쉽고 재미있다.

한 가지 문제는 네트워크 구성원들, 팀원들, 고객들은 저마다 다양한 바람과 욕구, 특성과 한계를 지니고 있기 때문에 이를 이해하고 받아들여야 한다는 것이다. 그들이 당신의 경제적 목표를 위한 열쇠를 쥐고 있지만, 그들은 당연히 가장 먼저 자신의 목표를 위해 움직일 것이다. 그러므로 다른 사람의 요구와 관심사라는 소용돌이에 말려 자신의 목표를 무시하게 되는 위험한 상황에 처하게 될 수도 있다. 바로 이때 코치가 필요하다. 자신의 목표를 달성하고 프로젝트를 미루지 않을 수 있도록 도와줄 누군가 말이다. 적절한 코치가 있다는 것은 일과 생활에서 자신의 목표를 최우선에 둘 수 있도록 도와줄 사람이 있다는 뜻이다.

아무리 능력이 뛰어나고 목표 지향적인 사람이라고 해도 코치의 도움 없이는 목표를 이루기 힘들다. 훌륭한 코치는 그를 더 나은 사람으로 만들어줄 것이다. 코칭 서비스의 종류는 매우 다양하지만, 적절한 코칭 서비스는 고객의 수익을 25퍼센트 이상까지 올려줄 수 있다. 당신이 코치를 의지할 수 있지만 당신의 상사는 아닌, 즉 '해고할 수 있는 사장'으로 생각한다면 목표를 이루는 과정에서 산만해지지 않고, 목표를 잊지 않을 수 있도록 도와줄 수 있는 사람을 언제든 찾을 수 있을 것이다.

30분 훈련법 ————————

만약 이 책을 당신의 비즈니스 브릴리언트 기술을 개발하는 안내서로 사용하고자 한다면, 내가 제시한 17가지 실천 도구에 대해 함께 고민해줄 수 있는 코치를 찾아야 한다. 코치를 찾을 수 있는 온라인 웹사이트가 무수히 많지만, 일단 자신의 매개체 네트워크를 살펴 먼저 찾아보는 것이 가장 좋다. 개인 서비스 전문 코치는 몇 명의 코치와 인터뷰를 해본 다음 결정해야 한다.

인내
PERSISTENCE

자수성가한 백만장자들은 보통 다른 사람들보다 더 자주 '실패'하는 데도
어떻게 결국 성공을 이루는 것일까? 이유는 간단하다.
그들은 더 자주 시도하기 때문에 더 자주 실패하는 것뿐이다.

<u>도구 13</u> 실패해도 과감히 시도하라

프로젝트의 결과가 원하는 만큼 나오지 않으면 전혀 즐겁지 않다. 하지만 실패보다 더 나쁜 한 가지는 바로 실패에서 아무것도 배우지 못하는 것이다. 비즈니스 브릴리언트 기술을 개발하기 위해서는 실패를 겸허히 받아들여야 한다. 실패를 겪을 때마다 주의 깊게 살펴보고 두 번째 시도에서 무엇을 바꿀지 생각해보아야 한다. 그 이유는, 시도할 만한 가치가 있는 일은 실패해도 다시 시도할 만한 가치가 있기 때문이다.

실패의 고통에서 달아나거나 포기하고 싶은 마음이 드는 것은 자연스러운 반응이다. 어떤 일에서든 한 번 시도했다가 실패했다는 것

은 프로젝트가 근본적으로 적절하지 않았거나 자신에게 꼭 맞는 일이 아니었을지도 모른다는 근거가 된다. 그것이 바로 실패가 우리 앞에 숨겨놓은 덫이다. 중산층 설문조사 응답자의 대부분이 걸려들었던 바로 그 덫 말이다. 내가 진행했던 2가지 설문조사 결과에 따르면, 실패에 대한 중산층의 일반적인 반응은 포기하고 다른 일을 시도하는 것이었다. 하지만 자수성가한 백만장자들은 대부분 그렇지 않았다. 그들은 무슨 일에서든 실패했던 바로 그 지점으로 되돌아갔다. 그들은 어떤 일에서든 성공하기 위해 필요한 지식과 통찰력을 얻기 위해서는 한 번 이상 시도해볼 필요가 있다는 사실을 알고 있었다. 그들은 과녁을 맞히지 못했을 때마다 한 걸음 과녁에 더 가까이 다가갈 수 있었다. 그들을 특별하게 만든 것은 바로 인내라는 흔치 않은 특성이었고, 결국 그들은 비즈니스 브릴리언트가 될 수 있었다.

10분 훈련법 ───────────────────

실패했던 프로젝트에 대한 프로포르마를 살펴본다. 그리고 기대에 미치지 못했던 예상 수치를 기록으로 남긴다. 무엇이 잘못되었는지 확실히 안다는 생각이 들더라도 다음번에 이를 현실화시키기 위해서는 기록이 필요하다. 경제적 목표를 기록하는 것과 같은 이유로 말이다. 기대에 미치지 못했던 이유를 구체적으로 기록하는 것은 확실한 참고 지점이 될 뿐만 아니라, 다음 시도를 위한 기초가 될 수 있다.

도구 14 변하는 것은 자신이어야 한다

자수성가한 백만장자들이 만장일치로 동의했던 한 가지는 바로 실패를 극복하는 과정에서 다른 사람들을 변화시키려고 하지 말라는 것이다. 백만장자들 중 "다음번에 시도할 때는 동업자의 행동이나 사고방식을 바꾸기 위해 노력한다"고 답한 사람은 단 1퍼센트밖에 되지 않았다. 그들은 모든 책임이 오로지 자신에게 있다고 생각했다. 10명 중 약 7명이 "다음번에 시도할 때는 자신의 행동이나 사고방식을 바꾸려고 노력한다"고 답했다. 그리고 나머지 3명은 "상황을 바꾸기 위해 노력한다"고 답했다.

무슨 일이 일어나든 70퍼센트는 자기 책임이고, 나머지 30퍼센트는 상황 때문이라고 생각해야 한다. 결과가 기대에 미치지 못했거나 실패했던 어떤 일에서든 두 번째 시도에서 이것만 기억한다면 많은 노력을 낭비하지 않을 수 있을 것이다.

20분 훈련법 ————————————————

도구 13에서 살펴보았던 프로포르마를 다시 한 번 살펴본다. 잘못되었던 각각의 요소에 대해 다음번에는 확실하게 진행될 수 있도록 만들어줄 언어로 다시 작성해본다.

동업자 때문에 실패한 것 같은 항목은 제외시킨다. 그가 실수에서 무엇을 배웠는지 직접 확인해보기에는 위험부담이

크다. 그 부분에 대해 새로운 동업자를 구하는 일 말고 할
수 있는 일은 거의 없다.

도구 15 망설이지 말고 다시 시도하라

수학자들은 먼저 정답을 추측해놓고 계산을 반복한다. 근사치의 오
차를 줄여가며 점점 더 정확한 결과에 도달해가는 것이다. 수학자들
이 계산을 반복하는 것에서 한 가지 배울 점이 있다. 정확한 수학 공
식으로 계산된 어떤 방정식은 그것을 푸는 데 한평생이 걸리기도 한
다는 것이다.

이는 비즈니스 브릴리언트 기술에도 똑같이 적용된다. 비즈니스
브릴리언트 기술을 완벽하고 정확하게 실행할 수는 없다. 첫 번째 시
도에서 이를 발휘할 수 있는 정확한 방법을 찾으려면 24시간은커녕
평생이 걸릴지도 모른다. 차라리 반복하겠다고 마음먹고 오늘 당장
시작하는 것이 나을 것이다. 어쩌면 성공할 수도 있다. 그럭저럭 나쁘
지 않은 결과를 얻을 수도 있다. 하지만 실패하거나 자신한테 실망하
게 되더라도 목표를 향한 첫발만 뗀 것뿐이라는 사실을 기억하라. 이
제 예전보다 아는 것이 더 많아졌고, 어디쯤 위험이 도사리고 있는지
도 알게 되었다. 두 번째 시도에서 더 큰 위험을 겪을 수도 있겠지만,
위험에 대처할 준비는 더 잘되어 있을 것이다.

30분 훈련법 ————————————

도구 13과 도구 14에서 작성한 점검표를 다시 한 번 확인
한다. 그런 다음 도구 5로 돌아가 모든 수치를 검토해 새로
운 프로포르마를 작성한다.

도구 16 무엇이든 미루지 마라

미루는 습관은 대부분 실패에 대한 두려움 때문이다. 자주 부딪히게
될 실망과 좌절에 적응할 수 있다면 앞으로 나가기가 훨씬 쉬울 것이
다. 미루기 위해 필요한 연료가 공급되지 않기 때문이다.

미루는 습관은 완벽주의와도 관련이 있다. 수많은 사람들이 자신
의 꿈을 미루고 있다. 작은 것이라도 성취하기 위해 역경을 이겨내는
것보다 큰 것을 이루는 모습을 상상하는 편이 훨씬 즐겁기 때문이다.

비즈니스 브릴리언트가 되려면 그와 반대로 하면 된다. 정보가 부
족해도 계속 결정하고 실행한다. 잘못된 행동보다 옳은 행동만 더 많
이 한다면 그릇된 결정을 내리고 실행하는 것이 아무런 행동도 하지
않는 것보다 더 낫기 때문이다. 그것이 17가지 방법의 시너지 효과
다. 명확한 목표를 세우고, 중심에 집중해 머니 라인을 붙잡고, 능력
있는 팀과 강력한 팀워크가 있는데도 범할 수 있는 단 하나의 실수는
아무것도 시도하지 않는 것이다.

30분 훈련법 ─────────────────

17가지 도구 전부를 차례로 살펴본다. 지금 혹시 뭔가를 미루고 있다면, 어떤 실천법을 미루고 있는지 확인해본다. 답을 못 찾겠다면 네트워크에 의지하라. 그래도 안 된다면 새로운 코치가 필요할지도 모른다.

<u>도구 17</u> 스스로 행운을 만들어라

자수성가한 백만장자들은 스스로 운이 좋은 사람이라고 생각한다. 스스로 운이 좋다고 생각하는 사람들에 대한 연구에 따르면, 그들은 자수성가한 백만장자들에게서 내가 발견한 것과 똑같은 특성과 기호를 갖고 있었다. 운이 좋은 사람들은 높은 목표를 설정하고 그 목표가 이루어지길 기대한다. 또한 자신에게 다가온 모든 기회를 활용했다. 그리고 자신처럼 운이 좋다고 생각하는 사람들과 관계를 맺었다. 그들은 인내를 통해, 그리고 최악의 상황에서도 긍정적으로 생각함으로써 불행을 행운으로 둔갑시켰다.

비즈니스 브릴리언트 기술과 스스로 행운을 만드는 것은 조금도 다르지 않다. 2가지 모두 학습, 수입 창출, 지원, 인내, 즉 '립LEAP'을 바탕으로 평범하고 일상적인 습관을 실천하는 것이다. 결국 '립'은 행운의 다른 이름이나 마찬가지다.

가장 잘하는 일에 2배를 걸어라. 수익을 창출할 수 있는 모든 곳에서 최대한의 수익을 창출하라. 네트워크를 관리하라. 시도하고 또 시도하라.

무엇보다도 가장 중요한 것은 요구하는 것이다. 원하는 것을 요구하라. 불편한 마음이 들더라도 요구하라. 필요한 것 이상을 요구하라. 요구하기 두려운 것을 요구하고, 한 번 이상 요구하라. '안 된다'는 대답을 듣지 못할 때까지 요구하라. '안 된다'는 대답에 웃을 수 있고, 모든 실패에서 교훈을 찾을 수 있다면, 당신은 결국 비즈니스 브릴리언트가 될 수밖에 없는 운 좋은 사람이다.

경제적 자유를 보장하는
새로운 이정표를 찾아서

2009년 초, 전 세계는 금융 위기의 심각성을 체감하기 시작하고 있다. 다들 알다시피 2009년은 영원할 거라고 생각하며 누려왔던 미국의 경기 확장 국면이 마침내 끝나버린 해로 기억되고 있다. 제2차 세계대전 이후 반세기 이상 미국은 번영으로 가는 확실한 로드맵을 의심 없이 따라왔다. 그 로드맵은 바로 좋은 학교를 졸업하고 좋은 회사에 취직해, 오랫동안 열심히 일하면서 든든하고 행복한 노후를 준비하는 것이었다. 하지만 그 익숙한 시나리오는 더 이상 실현 가능하지 않다. 평균 수명의 연장, 건강보험료 증가, 천연 자원의 감소, 그리고 세계화 등 그 이상적인 시나리오를 방해하는 요소들이 너무 많기 때문이다.

바야흐로 전 세계가 점차 복잡해지고 있기 때문에 성공을 향한 전략 또한 변해야 한다. 목표를 다시 설정하고, 목표를 이루기 위한 방법 또한 바꿔야 할 때가 온 것이다. 이 책은 오늘날 부가 만들어지는 과정에 대한 이야기이며, 이 시대의 위대한 성공 신화를 들려준다. 성공신화는 널리 퍼져야 제 맛이기 때문이다. 겨우 용기를 내 연봉을 5퍼센트 올려달라고 말했던 남자의 이야기보다는 글로벌 제국을 세운 리처드 브랜슨의 특별한 모험 이야기를 읽고 싶은 사람이 더 많을 것이다. 하지만 착각하지 마라. 이 책을 읽는 여러분들과 리처드 브랜슨, 그리고 이 책에 등장하는 엄청난 부자들은 결국 모두 한 배를 타고 있는 사람들이다. 자기 자신과 가족의 경제적 자유를 보장하고 싶은 사람이라면 누구나 자신의 행동, 태도, 기질, 능력을 어떻게 사용해야 할지 알아야 한다. 각자가 가진 능력이 다르기 때문에 결론은 저마다 다르겠지만, 그 과정은 근본적으로 조금도 다르지 않다.

이 책에서 제시한 부를 창조하기 위한 7가지 원칙은 단지 많은 돈을 벌기 위한 것이 아니다. 몇몇 사람들은 그 원칙들을 통해 많은 돈을 벌 수 있을 것이다. 7가지 원칙은 오늘날 우리가 살고 있는 세계에 맞게 부를 창조하는 방식을 조정하라고 말한다.

첫 번째 장에서는 낡은 신념을 기꺼이 새로운 시각으로 바라보았던 사람들의 이야기를 들려주었다. 그것이 바로 새로운 불황에서 경제적 자유를 보장하기 위해 여러분들이 통과해야 할 첫 번째 관문이자, 여러분들이 이 여정을 얼마나 잘 헤쳐나갈 수 있을지 보여주는 첫 번째 이정표였기 때문이다.

여러분들이 이 책에서 얻게 될 모든 정보에 대해 감사해야 할 사람들이 많다. 이 책을 준비하던 기간은 사업가이자 부를 창조하는 사람으로서 가장 흥미진진했던 배움을 얻을 수 있는 시간이었다. 예전에도 나와 함께 책을 집필했던 러스 앨런 프린스와 〈Inc.〉 잡지팀은 나의 훌륭한 스승이었고, 보벌링햄Bo Burlingham과 밥 라프앙트Bob Lapointe는 그중에서도 최고였다. 또한 놈 브로드스키, 잭 스택Jack Stack, 폴 슈피겔만Paul Spiegelman 등과 같은 〈Inc.〉 커뮤니티의 위대한 기업가들과 모든 '작은 거인'들 역시 마찬가지다. 아낌없이 훌륭한 조언을 해준 아서 클레바노프Arthur Klebanoff에게 큰 감사를 전하며 이 7가지 원칙의 우수함을 한눈에 알아봐주었던 홀리스 하임바우크Hollis Heimbouch에게도 마찬가지다. 멋진 책이 만들어질 때까지 돌아서지 않고 헌신해준 노엘 웨이리치Noel Weyrich에게도 감사한다.

마지막으로 최고의 기업가들로 이루어진 〈Inc.〉 경영자협회Business Owners Council 구성원들에게 가장 큰 감사를 전하고 싶다. 그들은 모든 일에서 '브릴리언트하다'는 것이 무슨 뜻인지 가르쳐주었다.

상식 밖의 부자들

1판 1쇄 인쇄 2019년 9월 25일
1판 1쇄 발행 2019년 10월 2일

지은이 루이스 쉬프
옮긴이 임현경
펴낸이 고병욱

기획편집실장 김성수 **책임편집** 박혜정 **기획편집** 윤현주 장지연
마케팅 이일권 송만석 현나래 김재욱 김은지 이애주 오정민
디자인 공희 진미나 백은주 **외서기획** 이슬
제작 김기창 **관리** 주동은 조재언 **총무** 문준기 노재경 송민진

펴낸곳 청림출판(주)
등록 제1989-000026호

본사 06048 서울시 강남구 도산대로 38길 11 청림출판(주) (논현동 63)
제2사옥 10881 경기 도 파주시 회동길 173 청림아트스페이스 (문발동 518-6)
전화 02-546-4341 **팩스** 02-546-8053
홈페이지 www.chungrim.com
이메일 cr1@chungrim.com
블로그 blog.naver.com/chungrimpub
페이스북 www.facebook.com/chungrimpub

ISBN 978-89-352-1289-7 03320